AF273860

IFCD0121

PROGRAMACIÓN WEB CON PHP

IFCD0121

PROGRAMACIÓN WEB CON PHP

Santiago Aguirre

La ley prohíbe
fotocopiar este libro

IFCD0121 - PROGRAMACIÓN WEB CON PHP
Thema: UMW Programación Web
Bisac: COM060160
© Santiago Aguirre
© De la edición: Ra-Ma 2024

Edición original publicada por Six Ediciones. Ciudad Autónoma de Buenos Aires, Argentina.
Título original: PHP avanzado - Bases de datos Vol.1, Vol.2, Vol.3, Vol.4
Colección: USERS ebooks
Derechos Reservados © Six Ediciones. Ciudad Autónoma de Buenos Aires, Argentina.

MARCAS COMERCIALES. Las designaciones utilizadas por las empresas para distinguir sus productos (hardware, software, sistemas operativos, etc.) suelen ser marcas registradas. RA-MA ha intentado a lo largo de este libro distinguir las marcas comerciales de los términos descriptivos, siguiendo el estilo que utiliza el fabricante, sin intención de infringir la marca y solo en beneficio del propietario de la misma. Los datos de los ejemplos y pantallas son ficticios a no ser que se especifique lo contrario.

RA-MA es marca comercial registrada.

Se ha puesto el máximo empeño en ofrecer al lector una información completa y precisa. Sin embargo, RA-MA Editorial no asume ninguna responsabilidad derivada de su uso ni tampoco de cualquier violación de patentes ni otros derechos de terceras partes que pudieran ocurrir. Esta publicación tiene por objeto proporcionar unos conocimientos precisos y acreditados sobre el tema tratado. Su venta no supone para el editor ninguna forma de asistencia legal, administrativa o de ningún otro tipo. En caso de precisarse asesoría legal u otra forma de ayuda experta, deben buscarse los servicios de un profesional competente.

Reservados todos los derechos de publicación en cualquier idioma.

Según lo dispuesto en el Código Penal vigente, ninguna parte de este libro puede ser reproducida, grabada en sistema de almacenamiento o transmitida en forma alguna ni por cualquier procedimiento, ya sea electrónico, mecánico, reprográfico, magnético o cualquier otro sin autorización previa y por escrito de RA-MA; su contenido está protegido por la ley vigente, que establece penas de prisión y/o multas a quienes, intencionadamente, reprodujeren o plagiaren, en todo o en parte, una obra literaria, artística o científica.

Editado por:
RA-MA Editorial
Calle Jarama, 3A, Polígono Industrial Igarsa
28860 PARACUELLOS DE JARAMA, Madrid
Teléfono: 91 658 42 80
Fax: 91 662 81 39
Correo electrónico: *info@grupoeditorialrama.com*
Internet: *www.ra-ma.es* y *www.ra-ma.com*
ISBN: 978-84-1036-056-3
Depósito legal: M-19894-2024
Maquetación: Antonio García Tomé
Diseño de portada: Antonio García Tomé
Filmación e impresión: Safekat
Impreso en España en septiembre de 2024

ÍNDICE

ACERCA DEL AUTOR

Santiago Aguirre Pérez es programador y desarrollador web, además de entusiasta de la tecnología.

Trabajó durante cinco años en servicio técnico, y estudió las carreras de Comunicación Social y Desarrollo Web en la Universidad de La Matanza. Es desarrollador en Java, PHP, Python, JavaScript, y en tecnologías como Angular y Bootstrap. Actualmente se desempeña como redactor para esta editorial y como desarrollador web en empresas de consultoría tecnológica.

PRÓLOGO

PHP es, hoy en día, uno de los lenguajes más utilizados y demandados en el mundo del desarrollo, tanto en solitario, trabajando bajo patrones de desarrollo; como en conjunto con sus frameworks y librerías; junto con otras tecnologías; como así también bajo el uso de distintos CMS, entornos para la creación de sitios y sistemas, que permiten utilizar menor cantidad de código. Lleva muchos años al frente del desarrollo web, y la aparición de tecnologías nuevas y de diversas características, además de su comunidad creciente, parecen implicar que seguirá así por más tiempo.

Si deseas aprender a desarrollar en PHP de manera completa, con diversas herramientas y en distintos entornos, esta colección es para ti.

SOBRE ESTA OBRA

En esta colección estudiarás todos los aspectos avanzados del desarrollo en PHP, trabajando bajo el patrón de programación Modelo Vista Controlador y utilizando conceptos como relaciones entre tablas, programación orientada a objetos y elementos de las últimas versiones del lenguaje. Crearás un sistema base, sobre el cual irás agregando nuevas e interesantes características en cada capítulo y en cada entrega de la obra, así que no te lo pierdas.

En cada volumen, trabajarás con distintos aspectos de PHP y crearás funcionalidades nuevas, que siempre son demandadas y suelen requerir experiencia en el ámbito laboral.

Este aprendizaje te servirá parar manejarte con mayor velocidad, y con conocimiento que te respalde y te permita llevar a cabo cualquier tarea fácilmente.

Aprenderás a utilizar sesiones, sistemas de login y contraseñas encriptadas; trabajarás con librerías de desarrollo en PHP como PHPMailer, la librería por excelencia del lenguaje para el envío de correos electrónicos; verás cómo utilizar pasarelas de pago y sistemas de integración de tarjetas de crédito y cobros en línea; conocerás el manejo seguro de productos y envío de newsletters; crearás sistemas modernos basados en aplicaciones reales, con usuarios y clientes; y podrás gestionar sus compras.

- ▶ **Parte 1:** Trabajarás con PHP para crear un sistema base, el cual utilizarás en los distintos volúmenes de esta colección. Para comenzar, vas a desarrollar el sistema de login, que permitirá acceder al panel de control.

- ▶ **Parte 2:** Avanzarás en la creación del front-end, generando una interfaz interesante que permita vender tus productos al cliente final, desde la cual podrán acceder a distintos pagos y obtener tu contenido.

▶ **Parte 3:** Utilizarás PHP para crear un sistema API que te permita aprovechar todo el potencial de AJAX, las ventajas de JavaScript asíncrono, que divide la aplicación en front-end y back-end, y crearás un sistema de calificaciones y opiniones en el sistema.

▶ **Parte 4:** Aprenderás a trabajar más en profundidad con PHPMailer y el envío de correos electrónicos, así como también a realizar newsletters, mejorar todo el sistema para dejarlo listo para producción y crear un sistema documental.

Parte 1

PDO. ENCRIPTACIÓN. SISTEMA DE LOGIN

Introducción
Conceptos iniciales
Interfaz
Perfil
Cuentas

1

INTRODUCCIÓN

El objetivo de esta colección es mostrarte cómo trabajar con PHP de manera profesional, avanzada, y bajo entornos y patrones de desarrollo modernos, como los principios SOLID y el patrón de diseño de sistemas Modelo Vista Controlador.

1.1 EL LENGUAJE

PHP es uno de los lenguajes más conocidos en el mundo del desarrollo orientado a la Web. Creado como un lenguaje del lado del servidor para programar sitios dinámicos, su popularidad fue creciendo desde el momento en que salió al mercado.

Las distintas mejoras que obtuvo, y los diversos programas que se crearon con él y se popularizaron en el mundo entero le dieron una inmensa difusión y generaron una enorme comunidad que lo utiliza.

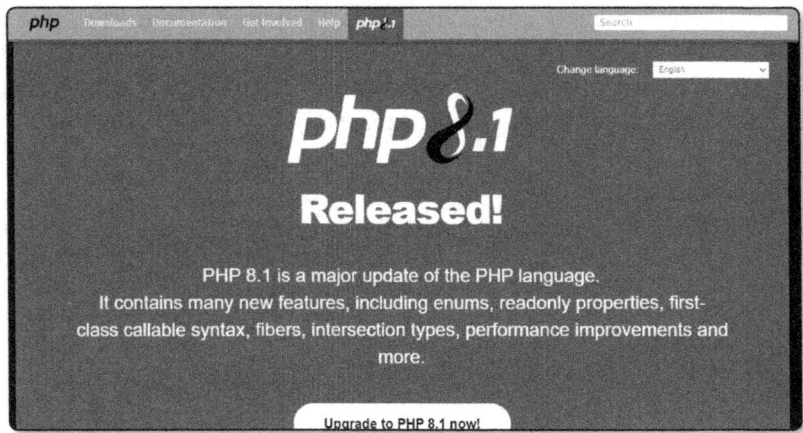

Figura 1.1. PHP es uno de los lenguajes más populares del mercado.

Además de ser una herramienta ampliamente distribuida, PHP se caracteriza por ser muy versátil, y por poseer muchas alternativas entre sus frameworks y librerías. Desde Laravel, uno de los entornos de trabajo más populares; pasando por Symphony, una opción muy interesante y utilizada en este lenguaje; hasta otros recursos como CodeIgniter, conocido como el peso pluma o framework ligero de PHP. También están los CMS, creados por lo general en PHP debido a su orientación a la Web. Se trata de programas que permiten desarrollar sitios web sobre la base de distintos contenidos, como sucede con Wordpress, Drupal o Magento, herramientas destinadas a instalar y gestionar el sitio sin necesidad de trabajar con código en todos los casos, ya que el sistema viene preparado y ready-to-work.

1.2 HERRAMIENTAS Y CONOCIMIENTOS PREVIOS

Esta colección está pensada para aquellas personas que cuentan con conocimientos básicos o intermedios en PHP, es decir, que conocen la sintaxis del lenguaje, saben crear o interpretar condicionales, bucles y variables, modificar o leer funciones, así como también escribirlas desde cero. También se requiere conocer el paradigma de Programación Orientada a Objetos, al menos en forma básica, entendiendo qué es una clase, qué son las interfaces y traits, qué es la herencia y qué son los modificadores de acceso o niveles de acceso en clases. En este capítulo introductorio, verás dónde puedes obtener este conocimiento si aún no lo tienes.

1.3 ¿QUÉ DEBO SABER?

Además de tener cierta noción sobre PHP y entender los conceptos antes mencionados, se recomienda conocer sobre la Web en general; tener una idea de cómo está creada y formada; saber qué es un servidor y un cliente; manejar los conceptos de front-end y back-end; saber qué es HTML5, CSS3 y JavaScript; y poder utilizar, al menos un poco, estos lenguajes.

1.4 PHP

Si no conoces este lenguaje y te gustaría iniciarte como desarrollador back-end o full stack, es aconsejable comenzar por el libro PHP7, de esta misma editorial, donde verás conceptos clave para introducirte en el desarrollo en general y en PHP en particular.

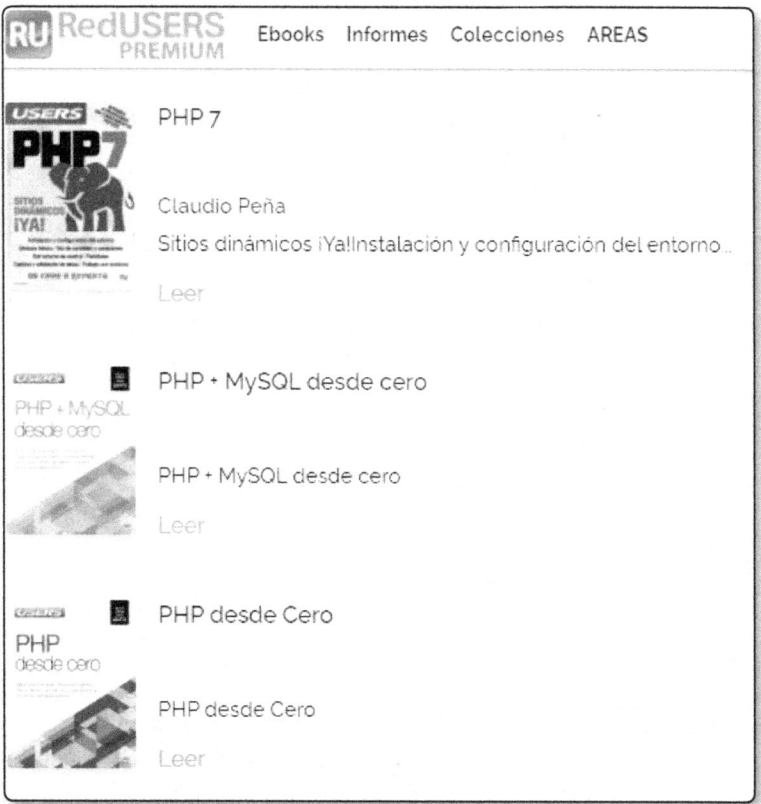

Figura 1.2. Obras de PHP desde cero en RedUSERS.

Para aprender PHP desde cero si no tienes conocimientos sobre este lenguaje de programación, RedUSERS cuenta con libros que te permitirán introducirte a este tema. Por otro lado, si ya conoces un poco sobre PHP y deseas profundizar tus bases con elementos avanzados, también hay disponibles colecciones con esta clase de contenido.

PHP7 es un volumen que te permitirá aprender conceptos muy importantes para cualquier desarrollador, y puedes tomarlo como puntapié inicial del camino para convertirte en uno de ellos.

En caso de que ya tengas conocimientos sobre el lenguaje, sepas cómo es su sintaxis y comprendas los elementos básicos, puedes pasar al siguiente nivel y aprender algunos aspectos más avanzados, como la Programación Orientada a Objetos.

Figura 1.3. Obras de PHP avanzado en RedUSERS.

En esta colección de tres volúmenes, verás conceptos más complejos de PHP, como creación de clases, constructores, campos de clase, métodos accesorios, herencia, abstracción, interfaces, y mucho más. Este roadmap, o camino de tres colecciones, te dará un gran conocimiento sobre el mundo del desarrollo que te permitirá crear cualquier tipo de sitio web.

Una vez que hayas leído las tres colecciones –PHP7, Programación orientada a objetos en PHP y PHP Avanzado–, puedes continuar aprendiendo un framework como Laravel, en RedUSERS Premium, donde encontrarás un libro completo introductorio, con conceptos básicos y avanzados, así como una colección completa del framework que integra otras tecnologías.

Figura 1.4. Laravel en RedUSERS.

1.5 LENGUAJE DE MARCADO HTML5

HTML es un lenguaje de etiquetas, cuya sigla en inglés proviene de HyperText MarkUp Language, o Lenguaje de Marcado de Hipertexto; fue creado para almacenar información dentro de sus etiquetas definidas. No se trata de un lenguaje de programación, sino de un lenguaje estructurado, cuyo objetivo es guardar información por medio de sus etiquetas, que se escriben con los signos <>. Dentro de ellos, se debe colocar el nombre de las etiquetas que se desea utilizar, y entre la de apertura y la de cierre, incluir la información por guardar.

El lenguaje es una de las bases más importantes para la creación de sitios web en la actualidad, siendo una de las herramientas principales que reemplazó al sistema de Adobe Flash Player. Su estándar es definido por el WWW Consortium, organismo que se dedica a la revisión y el mantenimiento del lenguaje, junto con otras tecnologías ligadas al desarrollo web.

1.6 HOJAS DE ESTILO EN CASCADA–CSS

El lenguaje CSS es un estándar creado para dar estilo visual a la información almacenada en etiquetas HTML. Así como las etiquetas HTML se encargan de almacenar información con su notación, no tienen como objetivo mostrar la información con distintos estilos visuales, sino solo en texto plano, con cierta semántica.

CSS, o Cascade Style Sheets (hojas de estilo en cascada), es un lenguaje creado para dar estilo a los elementos HTML, y así lograr interfaces visuales que pueden renderizarse en un navegador, de forma visualmente agradable.

1.7 JAVASCRIPT

JavaScript es el lenguaje estándar de programación de los navegadores web. Es un dialecto o derivado del estándar ECMAScript, el cual fue desarrollado en 1996, con inspiración en lenguajes como Java y C.

Este lenguaje es un estándar dentro de los navegadores porque todos poseen un motor de intérprete para él, que les permite ejecutar las instrucciones de los programas creados en JavaScript. JavaScript permite trabajar con HTML y CSS en conjunto, para crear páginas web dinámicas que pueden realizar todo tipo de funcionalidades. Esto hace que sea uno de los lenguajes más solicitados en el mercado actual.

Además de poder utilizarse en navegadores, existen marcos de trabajo como Node que permiten su uso para la creación de servidores y programas fuera del mundo de los navegadores web, algo que será útil para la instalación de elementos de Bootstrap en esta colección.

Figura 1.5. La programación orientada a objetos es un concepto
muy importante que todo desarrollador debe saber.

1.8 ¿DÓNDE APRENDER TODO ESTO?

El punto de partida en el cual te basarás para adquirir o reforzar conocimientos en uno o más de los temas mencionados es el sitio web RedUSERS Premium: **https://premium.redusers.com**. Con la experiencia y las décadas de evolución del ecosistema de la información, RedUSERS Premium cuenta con manuales, e-books y guías necesarias para potenciar tu conocimiento básico y así entender a la perfección esta obra.

1.8.1 HTML5 y CSS

RedUSERS Premium tiene varias obras orientadas al aprendizaje a fondo, y desde cero, de los lenguajes de la Web HTML5 y CSS.

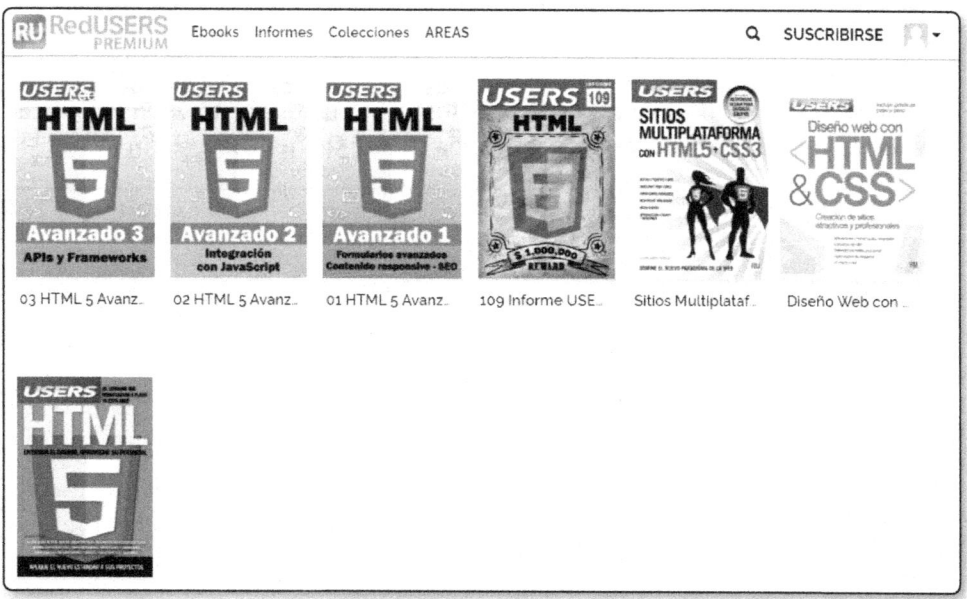

Figura 1.6. HTML5 y CSS en RedUSERS.

Figura 1.7. Sitios Multiplataforma con HTML5 y CSS3 en RedUSERS.

1.8.2 JavaScript

El lenguaje de programación de la Web es uno de los más demandados en la actualidad, y RedUSERS pone a tu disposición varias obras que te serán de utilidad para aprenderlo, tanto si tienes conocimientos como si partes desde cero.

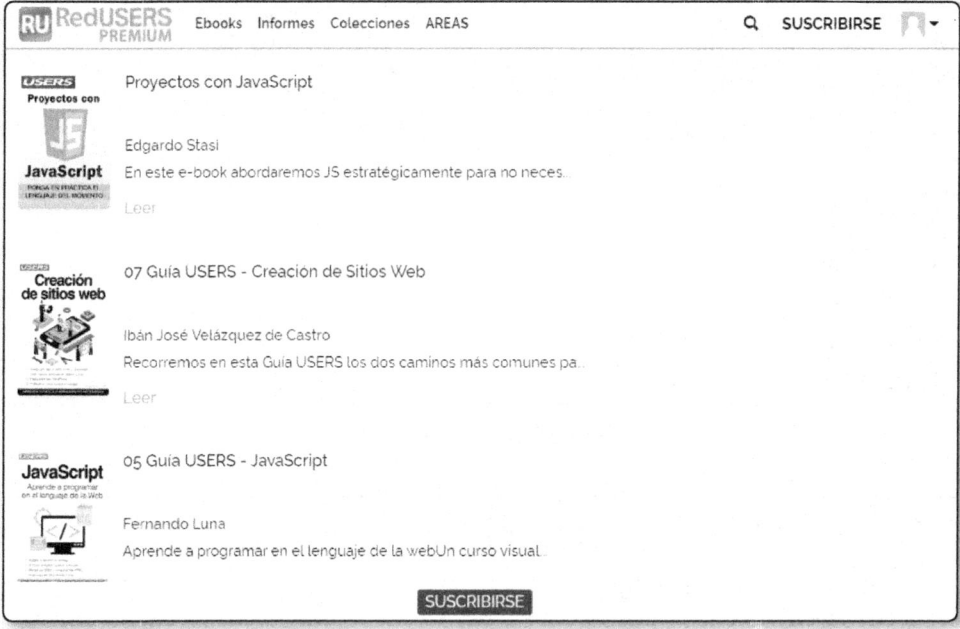

Figura 1.8. JavaScript en RedUSERS.

1.9 ACTIVIDADES

A continuación se presentan las preguntas que deberías saber responder para considerar aprendido el capítulo.

1.9.1 Test de autoevaluación

1. ¿Qué es PHP?

2. ¿Qué es HTML y qué es CSS?

3. ¿Qué es JavaScript y en dónde se ejecuta?

4. ¿Qué conceptos es necesario conocer para avanzar con esta colección?

5. ¿Qué frameworks de PHP conoces?

6. ¿Qué se recomienda conocer antes de trabajar con un framework?

CONCEPTOS INICIALES

PHP ha sido, desde sus comienzos, uno de los lenguajes de programación más demandados del mundo, y lo sigue siendo en la actualidad. Es utilizado para generar todo tipo de aplicaciones web, desde sistemas CMS hasta páginas dinámicas como Ecommerce, tiendas electrónicas, y más. Su versatilidad para crear servidores web lo ha llevado a ser el lenguaje más difundido dentro de Internet.

2.1 PHP

PHP es un lenguaje que permite crear toda clase de programas para la Web. Se lo utiliza dentro de sistemas para páginas dinámicas, permite crear APIs que conectan servicios entre sí, y su versatilidad para el uso orientado a objetos o mediante funciones lo ha llevado a ser el elegido para la mayoría de los sistemas en Internet. En entregas anteriores, puedes acceder a una introducción al lenguaje de programación de la Web, donde se te iniciará en la sintaxis de PHP, el uso de bucles, condicionales, funciones, variables, y otras características interesantes. Esto te permitirá aprender lo básico sobre el lenguaje para poder comenzar a trabajar creando tus propias páginas web. Si deseas consultar dicha obra, puedes hacerlo desde el siguiente *enlace*.

Figura 2.1. PHP es un lenguaje de código abierto, con una amplia comunidad de desarrollo.

Una vez que domines las características básicas del lenguaje, será una gran idea que aproveches la orientación a objetos que este posee. El paradigma de la programación orientada a objetos es una característica de los lenguajes modernos, como **Java**, **C#** o **JavaScript**, que permite desarrollar de manera escalable, creando código limpio, fácil de leer e interpretar, y de una forma segura. PHP posee una fuerte orientación a este paradigma, y puedes aprender sobre clases, objetos, métodos, herencia y otras particularidades interesantes en la colección Programación Orientada a Objetos en PHP, donde verás a fondo las características más relevantes de este lenguaje y del paradigma. Accede a la colección en este *enlace*.

Luego de aprender sobre estos temas, puedes continuar conociendo las herramientas más utilizadas del lenguaje: las librerías de bases de datos avanzadas, como PDO, el uso de servidores de correo electrónico, las librerías creadas para PHP, los gestores de paquetes de software, el tratamiento de pagos y dinero online, y otras características muy demandadas dentro de la industria del software, que se tratan en esta colección.

Esta obra se centrará en aprovechar todos tus conocimientos sobre PHP, y en explotarlos al máximo para que puedas crear sistemas web avanzados, con características como las mencionadas anteriormente. De este modo, estarás preparado para afrontar cualquier desafío laboral que implique el manejo de este lenguaje.

En este caso, para comprender cómo se trabaja con cada una de estas herramientas, utilizarás un sistema base que podrás manejar a lo largo de los próximos volúmenes de esta obra. En esta primera entrega, crearás este sistema que se encargará de generar una conexión con la base de datos y el sistema de login, para que los usuarios puedan ingresar e iniciar sesión. Para hacerlo, necesitarás instalar en tu computadora una serie de tecnologías y herramientas destinadas a desarrollar en PHP con bases de datos. En primer lugar, tendrás que instalar el lenguaje de programación PHP, junto con el servidor Apache. Luego, necesitarás instalar el motor de bases de datos MySQL, para poder ejecutar tu aplicación. Para esto, si te encuentras en Windows, la forma más sencilla de trabajar con estas tecnologías es mediante un paquete de desarrollo como XAMPP o WAMP, los cuales te permiten adquirirlas en una sola instalación.

Figura 2.2. El paquete de instalación XAMPP ofrece PHP, MySQL, Perl y Apache Server.

Una vez que hayas descargado e instalado el paquete en tu equipo, es recomendable definir en el **PATH** una variable de entorno para PHP, que te permitirá utilizar Composer y PHP en la terminal de tu sistema operativo. También podrás instalar de forma individual cada tecnología, pero esta es una tarea más compleja.

Si trabajas con un sistema operativo Mac, puedes recurrir a un paquete como MAMP, que instala las mismas tecnologías pero en los sistemas de Apple.

Figura 2.3. MAMP es un paquete de software para desarrollar con PHP y MySQL en MacOS.

En sistemas Linux, tendrás que actualizar la lista de **repositorios disponibles** para tu sistema, y luego instalar el lenguaje mediante el comando **sudo apt install php8.0 libapache2-mod-php8.0**. Además, deberás instalar Apache2 y MySQL, y reiniciar el servidor con el comando correspondiente. También puedes instalar el paquete de desarrollo LAMP en tu computadora, para instalar el lenguaje PHP junto con el motor de bases de datos y el servidor Apache, todo en una misma instalación. Si deseas conocer más acerca de la manera de instalar estas tecnologías, puedes leer la primera entrega de la colección Programación Orientada a Objetos en PHP, en el siguiente *enlace*.

Una vez que tengas todo instalado en tu sistema operativo, deberás instalar Composer, el gestor de paquetes de PHP, que te permite trabajar con el lenguaje, instalar librerías o incluso frameworks como Laravel o **Symphony**, de manera rápida y cómoda.

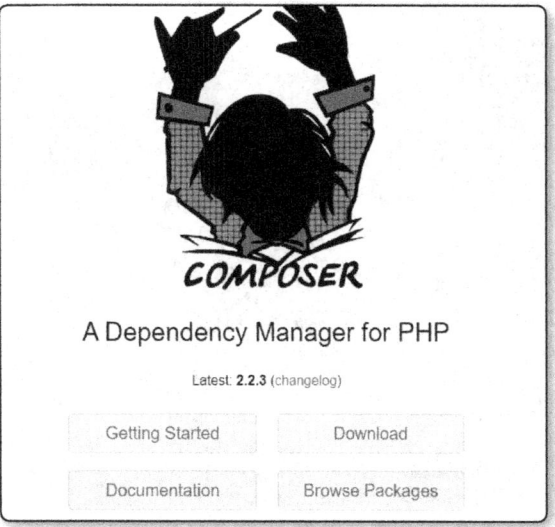

Figura 2.4. Composer es el gestor de paquetes de PHP por excelencia.

Para instalar Composer, debes dirigirte en tu navegador a *https://getcomposer.org*, donde podrás acceder a un instalador o a las instrucciones necesarias para instalar este software. Una vez que tengas el lenguaje de programación junto con el gestor de paquetes, para verificar que todo esté como corresponde, abre una terminal y ejecuta los comandos **php —version** y **composer –version**. Estos deberían indicarte qué versión de cada tecnología tienes instalada.

```
Símbolo del sistema
Microsoft Windows [Versión 10.0.19043.1415]
(c) Microsoft Corporation. Todos los derechos reservados.

C:\Users\Santiago>php --version
PHP 8.0.6 (cli) (built: May  4 2021 23:31:45) ( ZTS Visual C++ 2019 x64 )
Copyright (c) The PHP Group
Zend Engine v4.0.6, Copyright (c) Zend Technologies

C:\Users\Santiago>composer --version
Composer version 2.0.14 2021-05-21 17:03:37

C:\Users\Santiago>
```

Figura 2.5. Ambos comandos deberían devolver las versiones instaladas de cada programa.

A continuación, podrás comenzar a desarrollar y a aprender las características más avanzadas del lenguaje. Para finalizar, tendrás que utilizar un editor de código destinado a desarrollar en PHP. Una alternativa ligera e interesante es Visual Studio Code, que permite desarrollar en cualquier lenguaje, e instalar plugins para ayudarte a programar con sugerencias y corrección de errores en la sintaxis.

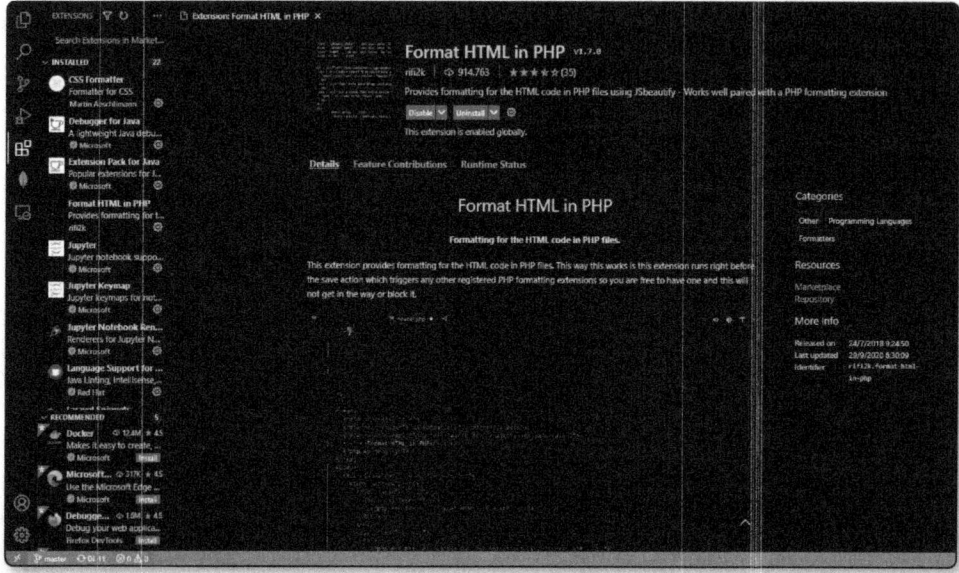

Figura 2.6. Visual Studio Code permite instalar plugins para desarrollar en PHP o en cualquier otro lenguaje.

Dentro de los entornos de desarrollo integrados, se encuentra Eclipse, un software de código abierto que posee distintas herramientas muy útiles, como aquellas destinadas a ejecución de software, integración con **PHPUnit**, trabajo con Git y repositorios remotos, entre otras.

Para finalizar, otra alternativa popular, aunque paga, es PHPStorm, un IDE de la empresa Jetbrains que ofrece una gran cantidad de herramientas, como control de código, conexión a servidores remotos y trabajo con bases de datos. Si tienes una cuenta de correo universitaria como alumno o profesor, puedes obtener acceso gratuito a la versión community del software.

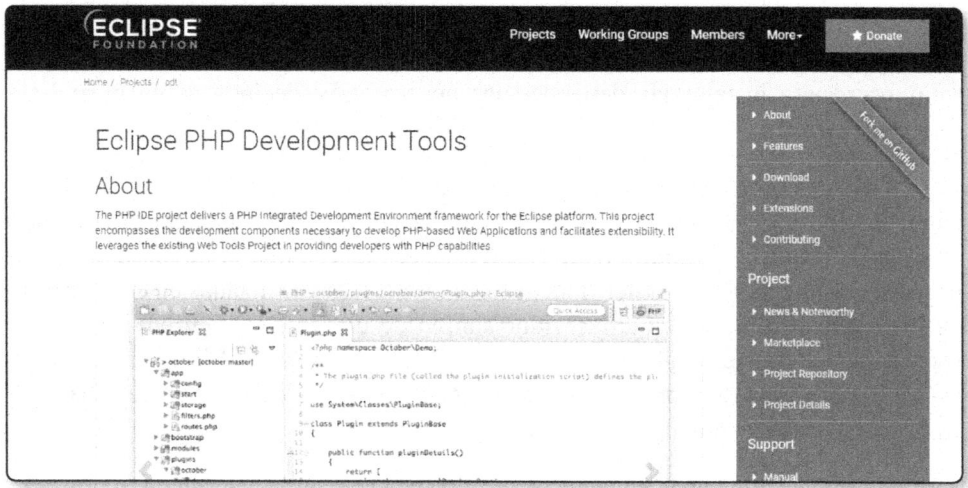

Figura 2.7. Eclipse permite desarrollar en PHP de manera cómoda.

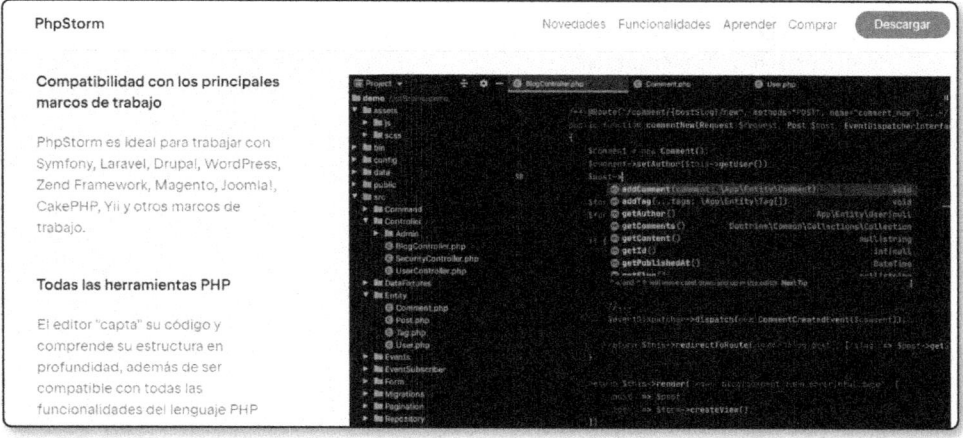

Figura 2.8. PHPStorm es uno de los IDEs más utilizados y completos dentro de la comunidad.

La elección del IDE o editor de código es totalmente personal, y depende de los gustos y las necesidades de cada desarrollador.

2.2 CREACIÓN DEL PROYECTO EN PHP

Ahora que cuentas con las herramientas necesarias para trabajar, es momento de empezar a crear un proyecto de PHP. Si trabajas con XAMPP, como en este ejemplo, sería recomendable generar una nueva carpeta dentro del paquete en Apache, en la carpeta **htdocs**, y abrirla con tu editor de código. En caso de que uses otro entorno, puedes hacerlo en la ubicación que más te convenga. Para comenzar a trabajar, tendrás que dividir tu proyecto en algunas carpetas e inicializarlo con Composer, para instalar las dependencias necesarias y declararlas en el archivo **Composer.json**.

Dentro de la terminal del sistema operativo, o en la terminal integrada del editor de código, ubicado dentro de la carpeta del proyecto, ejecuta el comando **composer require phpmailer/phpmailer**. Este se encargará de instalar en tu proyecto la librería **PHPMailer**, una de las más clásicas y utilizadas en el desarrollo en PHP, que permite crear un servidor simple de correo SMTP y enviar correos electrónicos con este lenguaje de programación, utilizando plantillas de correo en HTML, una cuenta de e-mail preparada para el envío, uso de nombre de usuario, y varias características interesantes.

Una vez que hayas instalado esta librería, verás en la carpeta de tu proyecto un archivo **composer.json**, en cuyo interior hay un código como el siguiente:

```
{
    "name": "vendor_name/proyecto-php",
    "description": "description",
    "minimum-stability": "stable",
    "license": "GPLv3",
    "authors": [
        {
        "name": "Santiago",
        "email": "aguirresantiago@gmail.com"
        }
    ],
    "require": {
        "phpmailer/phpmailer": "^6.5",
        "ext-pdo": "*"
    }
}
```

Como puedes observar en este archivo, Composer genera un código en formato JSON que permite especificar una serie de parámetros para todo aquel que desee instalar en su computadora tu proyecto, o para ti mismo si deseas subir el código de tu proyecto a GitHub o GitLab, y reinstalar las dependencias.

Dentro de este archivo, se coloca un nombre para el proyecto, una descripción, una versión mínima estable, una licencia y el nombre del autor, junto con su correo electrónico, para propósitos de contacto o soporte, casos de dudas en su uso, contacto para señalar bugs, errores o mejoras, o cuestiones similares.

Además, se establece una sección llamada Requiere, con un objeto JSON en su interior, donde ya se listan algunas cuestiones.

En tu caso, probablemente solo exista la librería **PHPMailer** con la versión instalada. Esto significa que has instalado correctamente el paquete para el envío de correos electrónicos, y que cualquier persona que utilice el proyecto en su equipo necesitará ejecutar el comando **composer install** para instalar esta dependencia y que funcione en su entorno local. Además, indica la versión mínima de la librería para trabajar en el proyecto; en este caso, se requiere al menos la versión 6.5. En tu ejemplo, la versión puede diferir, dependiendo del momento en que la hayas instalado.

Luego de instalar la librería, es momento de comenzar a trabajar con tus modelos de esta aplicación.

En primer lugar, será necesario que el proyecto tenga algún tipo de sistema de login, por lo cual precisarás un modelo de usuario que trabaje para registrar en la base de datos tus usuarios, les permita iniciar sesión chequeando sus credenciales, e inicie sesiones en el servidor cuando un usuario ingrese.

Para lograrlo, lo primero será crear una carpeta llamada **models**, y en su interior, crear una clase **Model**, de la cual heredarán las demás clases modelo:

```php
<?php

namespace models;

use Controller\Connection;

abstract class Model
{
    public abstract function save(
        Connection $connection);
}
```

La clase abstracta **Model**, que no deberá ser instanciada, tendría que verse de esta manera. Debería poseer un método llamado **save()**, que te permitirá guardar métodos dentro de la base de datos (**Figura 2.9.**)

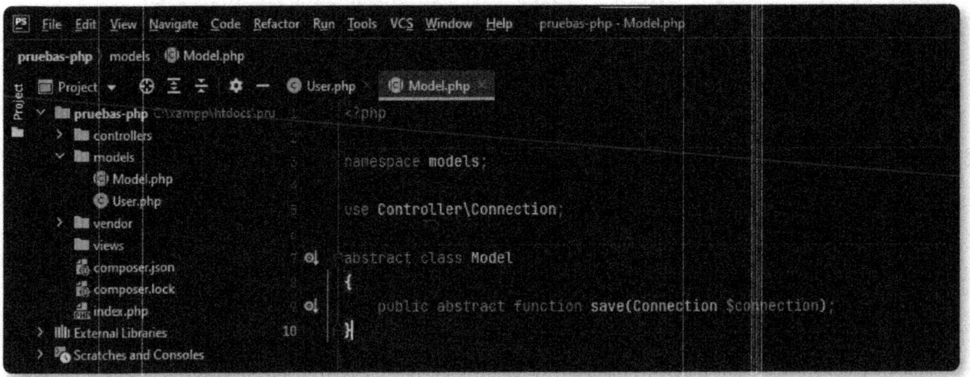

Figura 2.9. PHPStorm permite crear clases con su asistente, y especificar la herencia, un namespace y otros datos.

Este método será sobrescrito por cada modelo que herede de la clase **Model**, utilizando el código que requiera en cada caso. Además, la función necesitará como parámetro un objeto de la clase **Connection**, que aún no has creado, dentro de la carpeta **controllers**. Ahora, crea el directorio **controllers**, dentro de la raíz de tu proyecto, y en su interior, genera una nueva clase llamada **Connection**, la cual debería lucir de este modo:

```php
<?php

namespace Controller;

use PDO;
use PDOException;

class Connection
{
    protected $connection;
    protected $servername;
    protected $username;
    protected $password;

    public function __construct()
    {
    }

    public function get_connection()
    {
    }
```

```
    public function close_connection()
    {
    }
}
```

Como puedes ver, la clase **Connection** tendrá cuatro campos de clase, cada uno **protected**, y tres métodos que funcionarán para abrir una conexión a la base de datos, dentro del constructor, un método para obtener esa conexión, y otro para cerrarla.

Habrás notado que, dentro del archivo **composer.json**, se especifica la extensión PDO, la librería de conexiones a la base de datos que te permite trabajar con MySQL, SQLite, PostgreSQL, o casi cualquier otra del mercado. Esta será la librería que utilizarás para trabajar con la base de datos y MySQL, en este proyecto. PDO u Objetos de Datos en PHP, como lo define la documentación oficial, permite abstraer las características de la base de datos y trabajar de forma más segura con las conexiones, creando consultas preparadas. Al trabajar con una capa de abstracción del acceso a los datos, PDO se utiliza para cualquier base de datos, empleando las mismas funciones. Por lo tanto, si necesitas comenzar a trabajar con una base de datos distinta, es decir, migrar de MySQL a MS SQL Server, SQLite, u otra, las funciones serán las mismas, sin necesidad de cambiar el código general de la aplicación.

En la mayoría de las instalaciones de PHP, la librería PDO viene instalada por defecto y activada, pero para evitar errores a la hora de reinstalar el proyecto, en el archivo **composer.json** se especifica que se utilizará la extensión PDO. Si tienes que activar la extensión de PDO, puedes hacerlo desde tu archivo **php.ini**, dentro de la instalación del lenguaje en el sistema operativo.

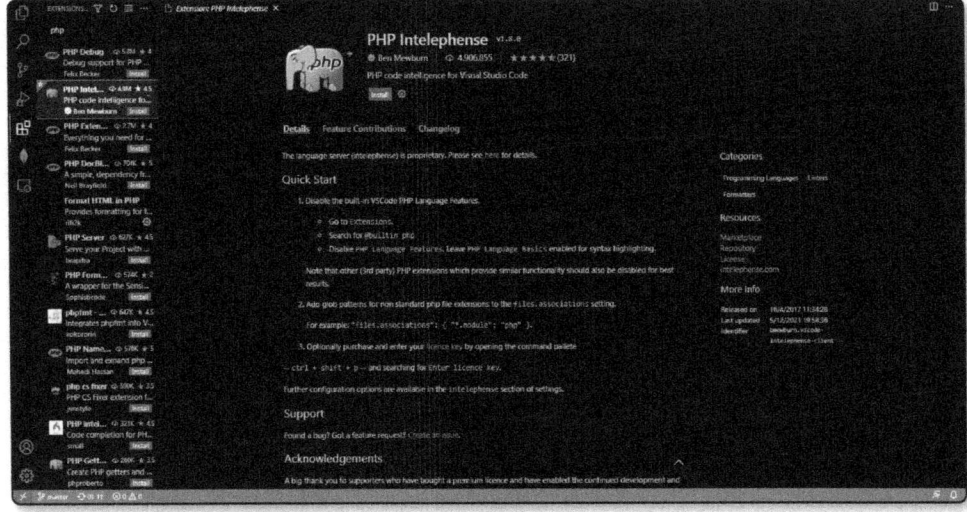

Figura 2.10. Si trabajas con VS Code, puedes instalar extensiones para formatear el código, PHP o HTML dentro de archivos de este lenguaje.

Dentro de la función __construct(), de la clase **Connection**, coloca el siguiente código:

```php
public function __construct()
{
  try {
    $this->username = "root";
    $this->password = "";
    $this->servername = "localhost";

    $this->connection = new
  PDO("mysql:host=$this->servername;dbname=test",    $this->username, $this-
>password);
    $this->connection
      ->setAttribute(PDO::ATTR_ERRMODE,
        PDO::ERRMODE_EXCEPTION);
  } catch(PDOException $e) {
    echo "Connection failed: " . $e
      ->getMessage();
  }
}
```

Una vez que hayas incluido este código, al generar un nuevo objeto de la clase **Connection**, se creará una conexión a la base de datos, con los campos de clase ya definidos.

El siguiente paso será definir el código de los métodos que retornan la conexión y la cierran, de esta forma:

```php
public function get_connection()
{
  return $this->connection;
}

public function close_connection()
{

  $this->connection = null;
}
```

Ahora, la clase ya está lista, y puedes comenzar a utilizarla dentro de otras clases.

A continuación, tendrás que definir una clase llamada **User**, que represente los registros de los usuarios dentro de la base de datos, la cual deberá heredar de la clase **Model**. Aquí, deberás definir cada uno de los campos que tendrá un usuario, que luego se guardarán en la base de datos:

```php
<?php

namespace models;

class User extends Model
{
    protected $name;
    protected $mail;
    protected $password;
    protected $sector;
    protected $token;
    protected $mail_verified;

    public function __construct()
    {
    }

    public function save(\Controller\Connection
        $connection)
    {
    }
}
```

En este caso, los usuarios tendrán las propiedades **name**, **mail** y **password**; estas dos últimas se utilizarán para el inicio de sesión. Luego, tendrán un sector o departamento, un **token** que servirá para el reseteo de contraseñas y un campo para aquellos que verifiquen su cuenta.

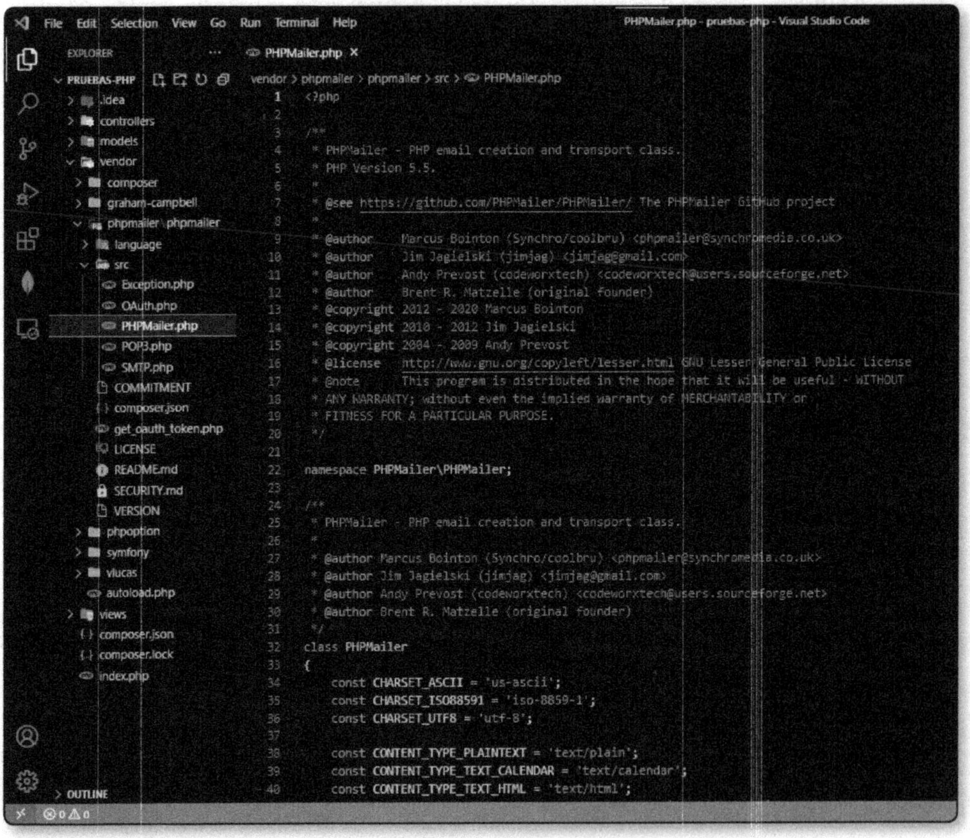

Figura 2.11. La carpeta vendor no debería commitearse, y contiene el código de las librerías instaladas con Composer.

Ahora, dentro de la función **__construct()**, tendrás que definir los valores de los campos de clase, de esta manera:

```php
public function __construct($name, $mail, $sector,    $password)
{
    $this->name = $name;
    $this->mail = $mail;
    $this->password = password_hash($password,
        PASSWORD_DEFAULT);
    $this->sector = $sector;
    $this->token = null;
    $this->mail_verified = null;
}
```

Luego, debes sobrescribir el método **save()**, que hereda de la clase **Model**, para guardar dentro de la base de datos cada registro:

```php
public function save(\Controller\Connection $connection)
{
    $con = $connection->get_connection();

    $stmt = $con->prepare("INSERT INTO users (name, mail, password, sector,
    token, creation, mail_verified) VALUES (:name, :mail, :password, :sector, :token,
    :mail_verified)");

    $stmt->bindParam(":name", $this->name);
    $stmt->bindParam(":mail", $this->mail);
    $stmt->bindParam(":password", $this->password);
    $stmt->bindParam(":sector", $this->sector);
    $stmt->bindParam(":token", $this->token);
    $stmt->bindParam(":mail_verified", $this
        ->mail_verified);

    $stmt->execute();
}
```

Por último, necesitarás un método para chequear el login de cada usuario, es decir, para verificar si el usuario ingresado y la contraseña son correctas:

```php
public static function login(Connection $connection,$email, $password)
{
    $con = $connection->get_connection();

    $stmt = $con->prepare("SELECT mail, password FROM users WHERE mail= ?");
    $stmt->execute(array($email));
    $user = $stmt->fetch();

    if($user && password_verify($password,
        $user['password']))
    {
        return true;
    }
    return false;
}
```

Ahora, cuando se llame al método **login()**, se verificará si el usuario o mail y la contraseña son los que corresponden. Para continuar y probar este código, tendrás que crear la base de datos para el proyecto y una tabla. La base deberá llevar como nombre el mismo que uses en la cadena de conexión, dentro del método constructor de la clase **Connection**. Luego, crearás una tabla dentro de tu gestor de bases de datos MySQL, llamada **users**, con la siguiente sentencia SQL:

```sql
CREATE TABLE `users` (
    `id` int(11) PRIMARY KEY AUTO_INCREMENT NOT
        NULL,
```

```
  `name` varchar(200) DEFAULT NULL,
  `mail` varchar(200) UNIQUE DEFAULT NULL,
  `sector` varchar(200) DEFAULT NULL,
  `password` varchar(255) DEFAULT NULL,
  `token` varchar(255) DEFAULT NULL,
  `mail_verified` tinyint(1) DEFAULT NULL
) ENGINE=InnoDB DEFAULT CHARSET=utf8mb4;
```

Ya puedes probar el código que has generado. Dirígete a la raíz del proyecto y, allí, registra en primer lugar un usuario, para luego verificar con un inicio de sesión. Crea un archivo llamado **index.php** dentro de la raíz del proyecto, y coloca el siguiente código en su interior:

```php
<?php

require_once './controllers/Connection.php';
require_once './models/User.php';
require_once './models/Model.php';
use Controller\Connection;
use Models\User;

$connection = new Connection();

$user = new User("Santiago", "santi@mail.com", "IT Department", "password");
$user->save($connection);

echo User::login($connection, "santi@mail.com", "password");
```

Ahora, en caso de que exista un error, en el navegador se indicará el problema generado. De lo contrario, en la pantalla se mostrará un 1, indicando que la función **login()** dio como resultado **true** al intentar iniciar la sesión.

Como ya has probado que los métodos de las clases funcionan correctamente, puedes crear un formulario para generar estos datos en forma dinámica, y métodos para validar los datos y luego escapar algunos de los caracteres que se ingresan en el formulario, de modo de tener mayor seguridad en el sistema. Dentro de la clase **User**, crea la siguiente función:

```php
public static function validate($name, $mail, $password, $sector)
{
    if($name == null || $mail == null
    || $password == null || $sector == null)
    {
        return false;
    }
    return true;
}
```

Esta función se encargará de verificar que ningún dato sea nulo o esté vacío al enviar el formulario. También puedes agregar otras reglas en este método, como solicitar un mínimo de caracteres para las contraseñas y utilizar expresiones regulares para verificar que el campo mail corresponda a un correo electrónico válido.

Luego, puedes crear un método en la clase **Model**, que será utilizado por las demás clases, para escapar los datos ingresados en el formulario, evitando así caracteres extraños que pueden llevar a vulnerabilidades de seguridad, como inyección SQL o ataques XSS.

Dentro de la clase **Model**, crea el siguiente método estático:

```
public static function escapeData($input)
{
    $input = trim($input);
    $input = htmlspecialchars($input);
    return stripslashes($input);
}
```

Ahora, en la carpeta **views** puedes crear un archivo con un formulario, para que los usuarios se registren de forma dinámica, como el siguiente:

```
<!doctype html>
<html lang="es">
<head>
  <meta charset="UTF-8">
  <meta name="viewport"
  content="width=device-width, user-scalable=no, initial-scale=1.0, maximum-scale=1.0, minimum-scale=1.0">
  <meta http-equiv="X-UA-Compatible" content="ie=edge">
  <title>Document</title>
</head>
<body>

<form action="register_end.php" method="post">
  <label for="name">Ingrese nombre</label>
  <input type="text" name="name" class="" />
  <br>

  <label for="name">Ingrese correo</label>
  <input type="email" name="email" class="" />
  <br>

  <label for="name">Ingrese una contraseña</label>
  <input type="password" name="password" class="" />
  <br>
```

```html
    <select name="sector" id="">
    <option value="IT Department">IT
        Department</option>
    <option value="Sales">Sales</option>
    <option value="Graphic Design">Graphic
        Design</option>
    <option value="Marketing">Marketing</option>
    </select>

    <button type="submit">Registrarse</button>
</form>

</body>
</html>
```

En los siguientes capítulos, verás cómo dar estilos a este formulario y al resto de la aplicación. Ahora, crea un archivo llamado **register_end.php**, y allí coloca el siguiente código:

```php
<?php
require_once '../controllers/Connection.php';
require_once '../models/User.php';
use Controller\Connection;

use Models\User;

$connection = new Connection();

$name = User::escapeData($_POST['name']);
$email = User::escapeData($_POST['email']);
$password = $_POST['password'];
$sector = User::escapeData($_POST['sector']);

if(!User::validate($name, $email, $sector, $password))
{
    echo "Error de validación, datos faltantes";
}
else
{
    $user = new User($name, $email, $sector,
        $password);
    if($user->save($connection))
    {
        echo "Registro correcto";
    }
}
```

Si pruebas a registrar un usuario, verás que en el navegador se te indica que lo has hecho de manera correcta en la base de datos, con lo cual ya puedes probar a iniciar sesión. Crea un archivo llamado **login.php** dentro de la carpeta **views**, y allí coloca otro formulario, como el siguiente:

```
<form action="inicio.php" method="post">
    <label for="name">Ingrese su email</label>
    <input type="email" name="email" class="" />
    <br>

    <label for="name">Ingrese una contraseña</label>
    <input type="password" name="password" class="" />
    <br>

    <button type="submit">Iniciar sesión</button>
</form>
```

Luego, crea un archivo llamado **inicio.php** con el siguiente código:

```
<?php
require_once '../controllers/Connection.php';
require_once '../models/User.php';
use Controller\Connection;

use Models\User;

$connection = new Connection();

$email = User::escapeData($_POST['email']);
$password = $_POST['password'];

if(User::login($connection, $email, $password))
{
    echo "Inicio de sesión correcto";
}
else
{
    echo "Error en el inicio de sesión";
}
```

En el próximo capítulo, verás cómo dar más estilos a tus formularios, mejorar el código haciendo un **refactor** y generar una sesión en el servidor para que tus usuarios puedan navegar por la aplicación.

2.3 ACTIVIDADES

A continuación se presentan las preguntas y los ejercicios que deberías saber responder y resolver, para considerar aprendido el capítulo.

2.3.1 Test de autoevaluación

1. ¿Qué es PDO?

2. ¿Para qué se utiliza Composer?

*3. ¿Para qué se usa el archivo **composer.json**?*

4. ¿Qué es PHPMailer?

2.3.2 Ejercicios prácticos

*1. Dentro de la clase **User**, crea un nuevo método llamado **userDetail**.*

*2. Este debe tomar como parámetro un objeto de tipo **Connection**, y un email de tipo **string**.*

3. Llama a la conexión de la función, y retorna los datos del usuario consultado a la base de datos con el mail.

3

INTERFAZ

En el capítulo anterior, comenzaste a trabajar con la librería PDO de PHP, un paquete de software para crear conexiones con bases de datos de forma segura, escalable y avanzada. En este capítulo, verás cómo mejorar el funcionamiento de tu aplicación.

3.1 MEJORAR LA INTERFAZ

Ahora que comenzaste a trabajar con tu aplicación y desarrollaste la base que contendrá los distintos módulos en ella, es momento de darle más forma y una interfaz más utilizable.

El sistema debe permitir a los usuarios registrarse e iniciar sesión, como pudiste ver en el capítulo anterior. Sin embargo, sería una buena idea darle un mejor diseño al sistema para que sea más amigable para el usuario y pueda utilizarse con mayor facilidad, sin precisar ayuda alguna. Para comenzar, tendrás que editar el archivo **register.php**, el cual tiene en su interior la vista que se encarga de los registros de nuevos usuarios. Dependiendo del uso que desees darle a la aplicación, esta puede permitir nuevos registros sin ninguna limitación, como si se tratara de una aplicación web regular donde cualquier visitante puede registrarse; o puedes optar por proteger esta vista para evitar registros no controlados. En este caso, para el ejemplo de práctica y para permitir las pruebas de manera más sencilla, se dejará abierto el registro para cualquier usuario, pero puedes protegerlo con unas sencillas líneas de código PHP que verás más adelante.

Dentro del archivo **register.php**, donde colocaste el formulario de registro en el capítulo anterior, agrega el siguiente código, con las etiquetas básicas de HTML:

```
<!doctype html>
<html lang="en">
<head>
    <meta charset="UTF-8">
    <meta name="viewport"
    content="width=device-width, user-scalable=no, initial-scale=1.0, maximum-
scale=1.0, minimum- scale=1.0">
    <meta http-equiv="X-UA-Compatible" content="ie=edge">
    <title>Mi aplicación</title>
</head>
<body>

</body>
</html>
```

Para facilitar el trabajo con CSS y los estilos, minimizando el código que debes escribir, puedes utilizar la librería Bootstrap, que te permite maquetar de forma mucho más rápida, sin tener que escribir todo el código del front-end necesario para la aplicación. Coloca la llamada a su **CDN** dentro de las etiquetas **<head></head>** y, luego, el **<script>** correspondiente antes del cierre del **<body>** de tu documento.

Recuerda que puedes encontrar este código en la página oficial de las librerías, **https://getbootstrap.com**, donde se ofrece la guía de inicio rápido al framework.

Figura 3.1. Bootstrap permite incluir las librerías CSS rápidamente y comenzar a programar.

Recuerda que si deseas aprender más sobre esta librería de CSS y JavaScript y la manera de utilizarlos, puedes recurrir al libro Bootstrap, desde el siguiente *enlace*.

Ahora que has agregado las librerías, dentro de la carpeta **views** crea un nuevo directorio llamado **components**, donde se guardarán pequeñas partes de la aplicación que se reutilizarán en distintas secciones; esto te permitirá modularizar más tu sistema y evitará que tengas que repetir código o copiarlo y pegarlo. Dentro de esta carpeta, crea un archivo denominado **header-inicio.php** y, en su interior, añade este código:

```
<header class="mb-5">
   <div>
      <h3 class="float-md-start mb-0">Registro en el sistema</h3>
      <nav class="nav nav-masthead
      justify-content-center float-md-end">
         <a class="nav-link active"
         href="./register.php">Registro</a>
         <a class="nav-link"
         href="./login.php">Inicio de sesión</a>
      </nav>
   </div>
</header>
```

Como puedes ver, en esta pequeña barra de navegación superior, se colocan dos links que permitirán alternar la vista entre la página de registro y la de inicio de sesión. Bootstrap les dará estilos particulares a tus elementos con clases, como los links con la clase **active**. Por esta razón, habrá que darle esta clase de forma dinámica a cada link en caso de que se encuentre en la página que lleva el nombre. Es decir, si el usuario está en **register.php**, el vínculo Registro debe poseer la clase **active**. Esto se puede logar con código JavaScript, capturando la URL y pasando la clase **active** en cada caso; o con código PHP, desde el servidor.

Si deseas hacerlo con código PHP, puedes usar la variable **superglobal $_ SERVER**, accediendo a la propiedad **'SCRIPT_NAME'**, por medio de la cual se ingresa en la ruta específica del archivo en que se encuentra:

```
<nav class="nav nav-masthead justify-content-center float-md-end">
   <a class="nav-link
   <?php if($_SERVER['SCRIPT_NAME'] == "/pruebas-php/views/register.php"){ echo
"active"; } ?>"
      href="./register.php">Registro</a>

   <a class="nav-link
   <?php if($_SERVER['SCRIPT_NAME'] == "/pruebas-php/views/login.php"){ echo
"active"; } ?>"
      href="./login.php">Inicio de sesión</a>
</nav>
```

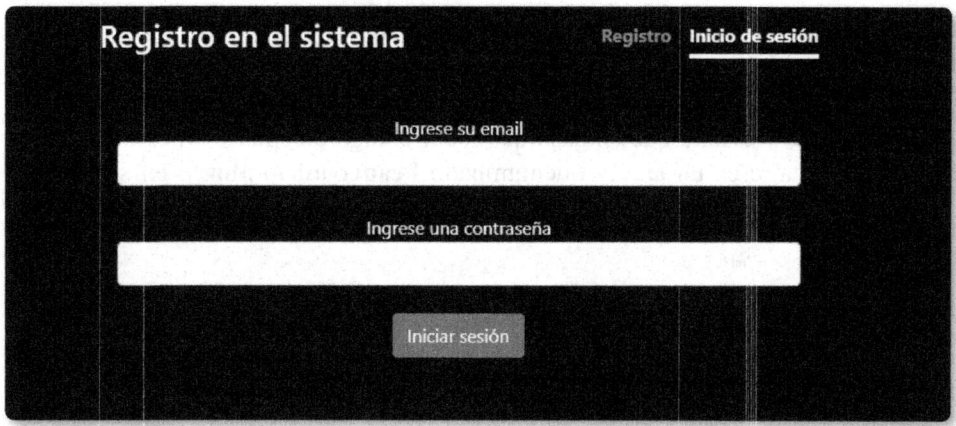

Figura 3.2. Ahora cada vista mostrará los estilos al utilizar una clase u otra.

De esta forma, en caso de encontrarse en una u en otra de las rutas, la clase de CSS cambiará en forma dinámica.

Si deseas hacerlo con JavaScript, puedes agregar el siguiente código en la parte inferior del archivo, dentro de etiquetas **<script>**:

```
<script>

if(window.location.pathname == "/pruebas-php/views/register.php"){
   document.getElementsByClassName
   ("nav-link")[0].classList.add("active");
}
```

```
else if(window.location.pathname == "/pruebas-php/views/login.php"){

    document.getElementsByClassName
    ("nav-link")[1].classList.add("active");
}

</script>
```

Ahora, tendrás que incluir en tu archivo **register.php** el nuevo archivo creado, con la instrucción **include**, de la siguiente forma:

```
<body>
    <div>
    <?php include './components/header-inicio.php'; ?>
    </div>
</body>
```

Recuerda que la instrucción **include** buscará el archivo que le indiques como parámetro, y una vez localizado, mostrará su contenido. En caso de error, al no hallar el archivo especificado, la aplicación lanzará una alerta o **warning**, y continuará con la ejecución del código. Si las alertas del servidor están activas, se mostrarán en el navegador, pero se podrá continuar utilizando la aplicación porque la ejecución del código no se detendrá. Esto puede resultar en una vulnerabilidad, y en caso de error en la búsqueda del archivo, revelar al usuario información sensible sobre la aplicación. Por esta razón, deberías considerar entre utilizar la instrucción **require**, o verificar el estado de las alertas en tu aplicación a la hora de desplegarla a producción. Mientras estés en tu entorno de desarrollo local, puedes mantener las alertas activas.

Ahora, dentro de tu archivo **register.php**, coloca el siguiente código HTML:

```
<body class="d-flex text-center text-white bg-dark" style="height: 100vh;">

<div class="cover-container d-flex w-100 h-100 p-3 mx-auto flex-column">

    <?php include './components/header-inicio.php'; ?>
    <main class="px-3">
        <form action="register_end.php"
        method="post" class="form-group">

        </form>
    </main>

</div>
</body>
```

Como puedes ver, se llama al archivo con la barra de navegación y, debajo, se encontrará el formulario de registro correspondiente. Dentro de las etiquetas **<form>**, agrega este formulario:

```html
<form action="register_end.php" method="post" class="form-group">

    <label for="name">Ingrese nombre</label>
    <input type="text" name="name" class="form-control" />
    <br>

    <label for="email">Ingrese correo</label>
    <input type="email" name="email" class="form-control" />
    <br>

    <label for="password">Ingrese una
    contraseña</label>
    <input type="password" name="password" class="form-control" />
    <br>

    <label for="sector">Departamento</label>
    <select name="sector" id="" class="form-select">
        <option value="IT Department">IT
            Department</option>
        <option value="Sales">Sales</option>
        <option value="Graphic Design">Graphic
            Design</option>
        <option value="Marketing">Marketing</option>
    </select>

    <br>
    <button type="submit" class="btn btn-
        success">Registrarse</button>
</form>
```

Por último, tendrás que utilizar algunos estilos CSS para terminar de dar forma a la aplicación. Entonces, crea una carpeta en la raíz del proyecto, llamada **public**, y allí coloca algunos archivos estáticos como CSS o JavaScript. En su interior, crea un directorio llamado CSS y, dentro, un archivo **app.css**, con el siguiente contenido:

```css
.btn-secondary,
.btn-secondary:hover,
.btn-secondary:focus {
    color: #333;
    text-shadow: none;
}

body {
    text-shadow: 0 .05rem .1rem rgba(0, 0, 0, .5);
```

```
    box-shadow: inset 0 0 5rem rgba(0, 0, 0, .5);
}

.cover-container {
    max-width: 42em;
}

.nav-masthead .nav-link {
    padding: .25rem 0;
    font-weight: 700;
    color: rgba(255, 255, 255, .5);
    background-color: transparent;
    border-bottom: .25rem solid transparent;
}

.nav-masthead .nav-link:hover,
.nav-masthead .nav-link:focus {
    border-bottom-color: rgba(255, 255, 255, .25);
}

.nav-masthead .nav-link+.nav-link {
    margin-left: 1rem;
}

.nav-masthead .active {
    color: #fff;
    border-bottom-color: #fff;
}

.bd-placeholder-img {
    font-size: 1.125rem;
    text-anchor: middle;
    -webkit-user-select: none;
    -moz-user-select: none;
    user-select: none;
}

@media (min-width: 768px) {
    .bd-placeholder-img-lg {
        font-size: 3.5rem;
    }
}
```

Luego, llama a los estilos de esta manera en el archivo **register.php**:

```
<head>
    <link href="../public/css/app.css"
        rel="stylesheet">
    <title>Mi aplicación</title>
</head>
```

Como resultado, deberías ver en el navegador un formulario como el que se presenta en la imagen.

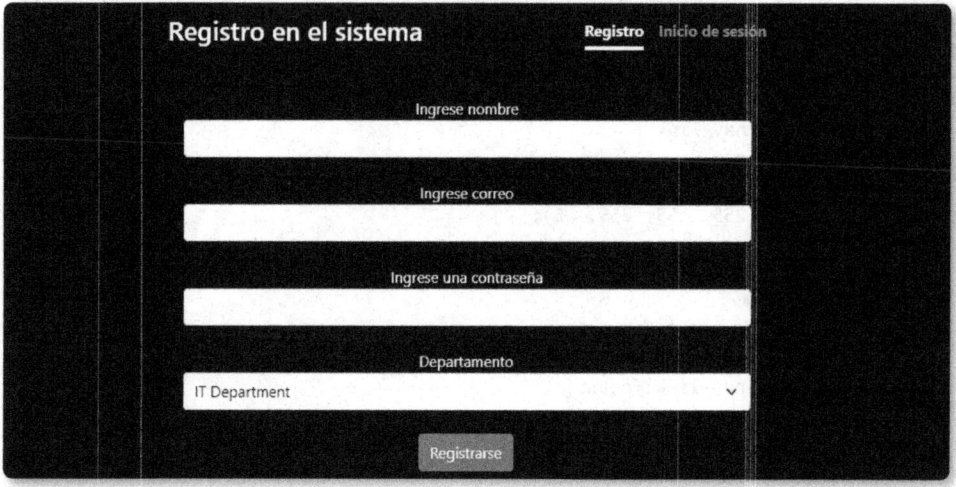

Figura 3.3. Ahora el formulario de registro tiene estilos mucho más profesionales y amigables.

Una vez que has logrado esto con el formulario de registro, tendrás que hacer lo mismo con el archivo **login.php**, que se encarga de los inicios de sesiones:

```html
<!doctype html>
<html lang="es">
<head>
    <meta charset="UTF-8">
    <!- Estilos de bootstrap ->
    <link href="../public/css/app.css" rel="stylesheet">
    <title>Inicio de sesión</title>
</head>
<body>

<body class="d-flex text-center text-white bg-dark" style="height: 100vh;">

<div class="cover-container d-flex w-100 h-100 p-3 mx-auto flex-column">
    <?php include './components/header-inicio.php'; ?>
    <main class="px-3">

        <form action="inicio.php" method="post"
        class="form-group">
        </form>

    </main>
</div>

</body>
</html>
```

Figura 3.4. Al separar los componentes en carpetas y archivos, cada sección queda más ordenada y es más fácil de modificar.

Dentro del formulario que acabas de crear, añade este código:

```
<form action="inicio.php" method="post" class="form-group">
   <label for="name">Ingrese su email</label>

   <input type="email" name="email" class="form-        control" />
   <br>

   <label for="name">Ingrese una contraseña</label>
   <input type="password" name="password"
   class="form-control" />
   <br>

   <button type="submit" class="btn btn-
   primary">Iniciar sesión</button>
</form>
```

Ahora, es momento de trabajar con las sesiones para que, al registrarse o iniciar sesión, el usuario sea redirigido correctamente.

3.2 SESIONES EN EL SISTEMA

Una vez que tienes lista la interfaz del sistema, es momento de trabajar con las sesiones y generar una nueva cada vez que sea necesario. Para lograrlo, dirígete al archivo **inicio.php**, que se ocupa de verificar los inicios de sesión, realizado en el capítulo anterior. Dentro del condicional que verifica con la función estática Login el inicio de sesión con las credenciales, modifica el código de esta manera:

```php
if(User::login($connection, $email, $password))
{
    session_start();
    $_SESSION['user'] = $email;
    $connection->close_connection();
    header('Location: ./index.php');
}
else
{
    header("Location: ./login.php");
}
```

Como puedes ver, en caso de que el usuario ingrese correctamente las credenciales en el sistema, se iniciará una nueva sesión con la función **session_start();**, para luego colocar dentro de la sesión el correo correspondiente. Una vez hecho esto, se cerrará la conexión con la base de datos y se enviará al usuario al archivo **index.php**, que se encuentra dentro de las vistas. En caso contrario, se lo enviará otra vez a la página de **login.php**.

Figura 3.5. PHPStorm ofrece una versión gratuita para probar durante 30 días.

Sin embargo, para que esto funcione correctamente, necesitarás realizar dos acciones más. En primer lugar, tendrás que crear el archivo **index.php** dentro de la carpeta **views**, que se encargará de almacenar la vista inicial del panel de administración de esta aplicación. A ella será posible acceder solo habiendo iniciado sesión de manera previa. Para esto, dentro del archivo **index.php** debes colocar la siguiente cabecera:

```php
<?php

session_start();

if(!isset( $_SESSION['user'] )){
    header("Location: ./login.php");
}

?>
```

Ahora, solo será posible acceder a este archivo previo inicio de sesión con los datos correctos. Sin embargo, si el usuario ingresa alguna credencial de manera incorrecta y la sesión no se inicia, el sistema lo llevará a la vista de login otra vez y no comprenderá cuál es el problema, ya que no recibirá ningún mensaje de error.

Por lo tanto, dentro del archivo **inicio.php**, donde modificaste el condicional recientemente, cambia la instrucción **header()** en caso de que se envíen credenciales erróneas, de la siguiente manera:

```php
if(User::login($connection, $email, $password))
{
    ...
}
else
{
    header("Location: ./login.php?errors=true");
}
```

Luego, dentro de tu archivo **login.php**, agrega los siguientes estilos en la cabecera HTML:

```php
<style>
    <?php
    if(isset($_REQUEST['errors']) &&
      $_REQUEST['errors'] == true){
    ?>

    .errors{
        display: block;
    }
```

```
<?php }else{ ?>

.errors{
    display: none;
}
<?php } ?>
</style>
```

Y por último, antes del botón de inicio de sesión añade este bloque HTML:

```
<span class="errors text-center"
    style="color: #c20a0a; font-weight: bold"> Error
    en el usuario/contraseña </span>
<br>
```

Así, al iniciar sesión con credenciales erróneas, el sistema se lo indicará al usuario de forma correcta.

Figura 3.6. Si pruebas a ingresar un usuario incorrecto, verás que el sistema te lo indica.

Ahora que has completado la sección de inicio de sesión, es momento de hacer lo mismo para el registro. Tendrás que modificar el código que controla el registro de usuarios, para indicarles si su registro ha tenido algún problema en la validación o, en caso contrario, llevarlos al archivo **index.php** e iniciar la sesión para que comiencen a trabajar. En el capítulo anterior, creaste este código:

```
if(!User::validate($name, $email, $sector, $password))
{

}
else
{
    $user = new User($name, $email, $sector, $password);
    if($user->save($connection))
    {

    }
}
```

En caso de que la validación falle, es decir, dentro del primer bloque de código **if**, tendrás que enviar al usuario al archivo **register.php** nuevamente pero, esta vez, mandándole un mensaje de error indicando que la validación ha fallado:

```
if(!User::validate($name, $email, $sector, $password))
{
    header("Location: ./register.php?errors=true");
}
```

Si el usuario supera la validación, se debe iniciar la sesión, guardar en ella el correo electrónico correspondiente y guiarlo a la página de inicio del sistema para que pueda empezar a trabajar:

```
if($user->save($connection))
{
    session_start();
    $_SESSION['user'] = $email;
    $connection->close_connection();
    header('Location: ./index.php');
}
```

Ahora, solo necesitas crear un mensaje de error dentro del archivo **register. php**, y ocultarlo por defecto, de esta manera:

```
<style>
    <?php
    if(isset($_REQUEST['errors']) &&
        $_REQUEST['errors'] == true){
    ?>

    .errors{
        display: block;
    }
    <?php }else{ ?>

    .errors{
```

```
        display: none;
    }
    <?php } ?>
</style>
</head>
...
<span class="errors text-center"
    style="color: #c20a0a; font-weight: bold">
    La validación ha fallado, revise que todos los campos esten completos.
</span>
<br>
```

De esta forma, el mensaje de error solo se mostrará en caso de que se envíe al usuario otra vez a la pantalla de registro con errores en la validación.

3.3 CREAR EL DASHBOARD

Ahora que la pantalla de registro y de inicio de sesión funcionan correctamente, es momento de comenzar a crear el panel de administración o dashboard de la aplicación. Para hacerlo, dirígete al archivo **index.php**, dentro de la carpeta **views**, y allí coloca el siguiente código antes de agregar cualquier otro código HTML:

```
<?php
session_start();
if(!isset( $_SESSION['user'] )){
    header("Location: ./login.php");
}
?>
```

Luego, agrega este código inmediatamente debajo:

```
<!DOCTYPE html>
<html lang="es">
<head>
    <meta http-equiv="Content-Type" content="text/html; charset=UTF-8">
    <meta name="viewport" content="width=device-width, initial-scale=1">
    <meta name="description" content="">
    <title>Dashboard-</title>
    <!- Link CDN Bootstrap ->
    <link href="../public/css/dashboard.css" rel="stylesheet">
</head>
<body>
```

Recuerda que tendrás que reemplazar el comentario por el link al CDN de Bootstrap, o descargar la librería y llamarla localmente en esa sección.

Debajo de este código, dentro del **<body>** del documento, comienza a construir el panel de administración:

```
<?php include './components/top-nav-bar.php'; ?>

<div class="container-fluid">
</div>

</body>
</html>
```

Para empezar, tendrás que crear un archivo llamado **top-nav-bar.php**, dentro de la carpeta **components**, para almacenar el código necesario que permita construir la sección superior de la navegación. Dentro del elemento **<div>** con la clase **container-fluid**, debes crear todo el cuerpo del panel de administración, incluyendo la barra de navegación lateral, los títulos, las tablas y toda la información requerida. La clase **container-fluid** de Bootstrap genera una sección de tipo **display: block**, sin relleno o **padding**, que ocupa el 100% del espacio disponible. En su interior, coloca el siguiente código:

```
<div class="row">

    <?php include './components/side-navbar.php'; ?>

    <main class="col-md-9 ms-sm-auto col-lg-10
       px-md-4">

       <div class="d-flex justify-content-between flex-wrap flex-md-nowrap align-
items-center
       pt-3 pb-2 mb-3 border-bottom">
          <h1 class="h2">Dashboard</h1>
       </div>

       <h2>Section title</h2>
       <div class="table-responsive">
          <table>
          </table>
       </div>
    </main>
</div>
```

Como puedes ver, también tendrás que separar el componente **side-navbar. php**, dado que será utilizado por varias vistas más. Dentro del archivo **top-nav-bar. php**, agrega este código:

```
<header class="navbar navbar-dark sticky-top bg-dark flex-md-nowrap p-0 shadow">
   <a class="navbar-brand col-md-3 col-lg-2
```

```
    me-0 px-3"
    href="#">Company name</a>
  <div class="navbar-nav">
    <div class="nav-item text-nowrap">
      <a class="nav-link px-3" href="#">
        Cerrar Sesión</a>
    </div>
  </div>
</header>
```

Y luego, dentro del archivo **side-navbar.php**, coloca lo siguiente:

```
<nav id="sidebarMenu" class="col-md-3 col-lg-2 d-md-block bg-light sidebar co-
llapse">
  <div class="position-sticky pt-3">
    <ul class="nav flex-column">
      <li class="nav-item">
        <a class="nav-link active" aria-
        current="page" href="#">
          Dashboard
        </a>
      </li>
      <li class="nav-item">
        <a class="nav-link" href="#">
          Perfil
        </a>
      </li>
      <li class="nav-item">
        <a class="nav-link" href="#">
          Productos
        </a>
      </li>
      <li class="nav-item">
        <a class="nav-link" href="#">
          Usuarios
        </a>
      </li>
      <li class="nav-item">
        <a class="nav-link" href="#">
        Reportes
      </a>
      </li>
      <li class="nav-item">
        <a class="nav-link" href="#">
          Integraciones
        </a>
      </li>
    </ul>
  </div>
</nav>
```

Antes de finalizar, necesitarás crear el archivo **dashboard.css**, y colocarlo dentro de la carpeta **css**, en el directorio **public**; contendrá el siguiente código:

Link a material extra, archivo dashboard.css.

Ahora, si inicias sesión en el sistema o registras a un nuevo usuario, serás redirigido hacia el panel de administración, el cual luce como se muestra en la figura.

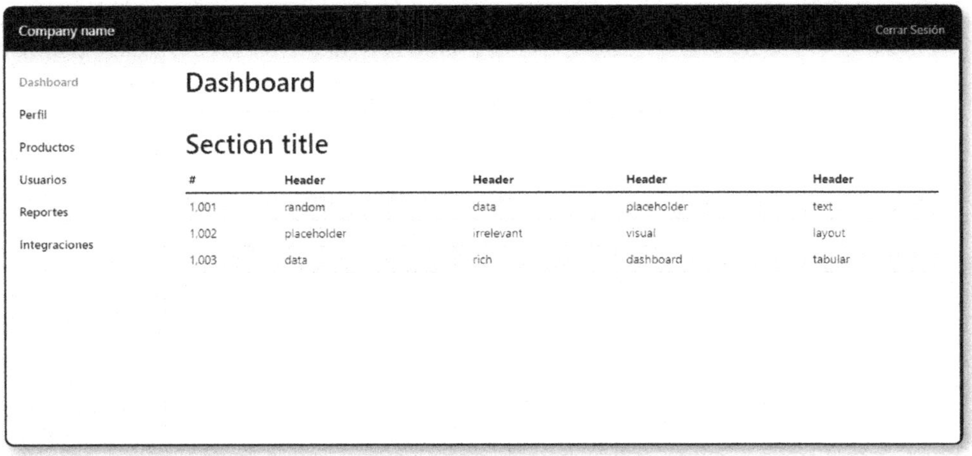

Figura 3.7. El panel de administración debería verse de esta manera.

En los próximos capítulos, verás cómo darle mayor funcionalidad a la aplicación, mostrar la información del usuario y acceder a más datos dinámicos.

3.4 ACTIVIDADES

A continuación se presentan las preguntas y los ejercicios que deberías saber responder y resolver, para considerar aprendido el capítulo.

3.4.1 Test de autoevaluación

1. ¿Qué hace la instrucción **include**? *¿En qué se diferencia de* **requiere**?

2. ¿Cómo se inicia una sesión en PHP?

3. ¿De qué modo se accede a los valores guardados en sesión en PHP?

4. ¿Cómo puede llamarse a las librerías de Bootstrap?

3.4.2 Ejercicios prácticos

1. Crea un nuevo archivo en las vistas, que requiera haber iniciado sesión para ingresar.

2. Debe llevar la barra de navegación lateral y superior que ofrece el dashboard.

3. En este archivo, deben mostrarse los datos del usuario, como el nombre, el correo y toda la información que se recupere de la tabla.

4

PERFIL

Hasta ahora, has creado un sistema con inicio de sesión y registros, para que los usuarios puedan realizar login, ingresar sus datos y manipularlos por medio de sesiones, además de trabajar con distintos elementos gráficos con CSS y JavaScript.

4.1 INFORMACIÓN DEL PERFIL

Ahora que el sistema ya te permite registrarte e iniciar sesión, puedes comenzar a trabajar con él y darle distintas funcionalidades. Una vez dentro del panel, los usuarios deberían poder acceder a distintas secciones y trabajar con el sistema, por ejemplo, viendo su información personal en una pantalla de perfil.

Para empezar, necesitarás una función que se encargue de retornar los datos del perfil, es decir, del usuario que ha iniciado sesión.

En este caso, podrías utilizar una función como la siguiente dentro de tu modelo User:

```
public static function usersDetail(Connection $connection, string $email)
{
   $con = $connection->get_connection();
   $stmt = $con->prepare(
      "SELECT * FROM users WHERE mail= ?");
   $stmt->execute(array($email));

   return $stmt->fetch();
}
```

En este ejemplo, la función estática se encargará de retornar el resultado de la consulta, pasándole como parámetro un objeto de tipo Connection a la función, y por otro lado, un mail para buscar este usuario dentro de la base de datos.

Si intentas llamar a esta función en un archivo de pruebas, verás que retorna un arreglo como el que se muestra en la **Figura 4.1**.

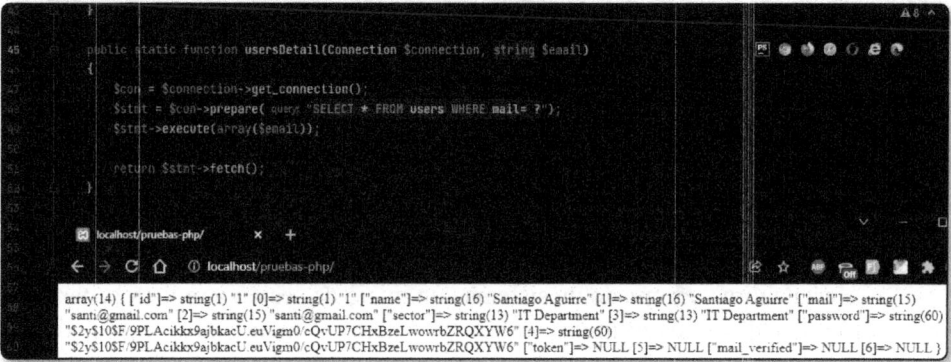

Figura 4.1. La función retorna un arreglo con todos los datos de la consulta en la tabla.

El problema es que el objeto devuelve un arreglo con todos los datos del usuario, incluso, información sensible como la contraseña, algo que no debería suceder. Entonces, lo mejor sería modificar la consulta SQL para que no se consulte por todos los datos, sino solo por aquellos necesarios para mostrarse en el perfil. Para hacerlo, cambia la sentencia SQL de este modo:

```
$stmt = $con->prepare(
    "SELECT id, name, mail, sector FROM users
    WHERE mail= ?");
$stmt->execute(array($email));
```

Ahora, en la consulta se devolverán solo algunos de los datos, como nombre, correo electrónico y sector al cual corresponde. Una buena idea sería llamar a esta función desde otro controlador, para luego utilizar en una vista aquellos datos que retorne.

Crea un nuevo controlador dentro de la carpeta **controllers**, y llámalo **DashboardController**. Esta clase tendrá funciones estáticas que se llamarán dentro de las vistas del panel de control, para ejecutar código que deba buscarse:

```
class DashboardController
{
    public static function perfil()
    {
        $connection = new Connection();
```

```
    return User::usersDetail(
        $connection, $_SESSION['user']);
    }
}
```

Recuerda que, además, tendrás que declarar el **namespace** necesario, y requerir las clases que se utilizarán dentro de esta, como **Connection** y **User**, de esta manera:

```
namespace Controller;

require '../models/User.php';
require '../controllers/Connection.php';
use Controller\Connection;
use Models\User;
```

Una de las ventajas de trabajar con un IDE como Eclipse o PHPStorm es importarlos de estas clases, **traits** o interfaces necesarias, de forma automática, con el menú **intelisense**.

Una vez que tengas lista la clase con el nuevo método, crea en la carpeta **views** un archivo llamado **perfil.php**, y allí coloca la función **session_start()** junto con una instrucción que verifique que el usuario haya iniciado anteriormente la sesión, como lo hiciste en los capítulos anteriores.

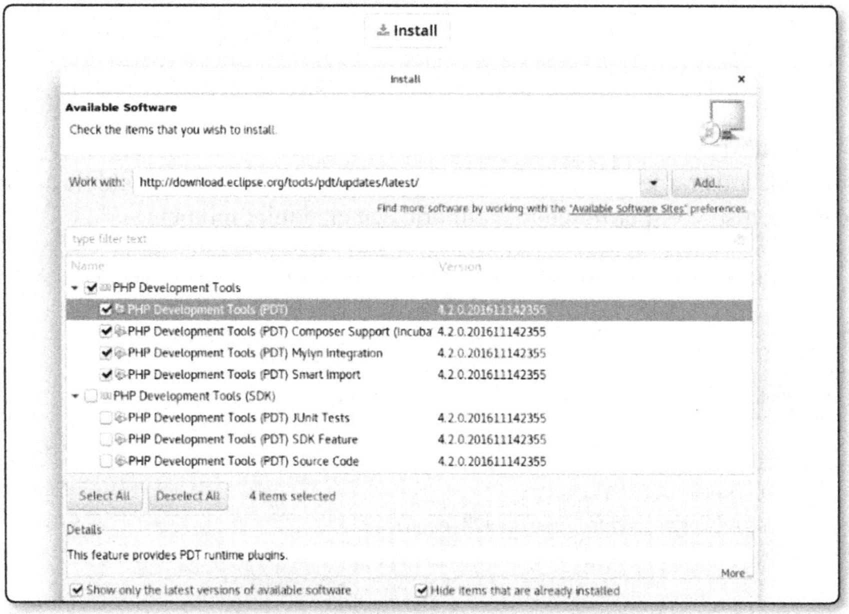

Figura 4.2. Eclipse PHP ofrece características interesantes, como herramientas de testing o menú de autocompletado y sintaxis del lenguaje.

Además, agrega los componentes necesarios como el **<head>**, y las barras de navegación superior y lateral, para que se respete el diseño de las demás vistas:

```php
<?php
session_start();
if(!isset( $_SESSION['user'] )){
   header("Location: ./login.php");
}
?>
<!DOCTYPE html>
<html lang="es">
<?php include './components/head.php'; ?>
<body>
<?php include './components/top-nav-bar.php'; ?>
   <div class="container-fluid">
      <div class="row">
         <?php include
         './components/side-navbar.php'; ?>

         <main class="col-md-9 ms-sm-auto
            col-lg-10 px-md-4">

         </main>
      </div>
   </div>
</body>
</html>
```

Dentro del componente **<main>**, tendrás que crear un formulario que se encargue de mostrar la información más importante del perfil, indicándole al usuario sus datos y, a su vez, permitiéndole editarlos en cualquier momento.

En las etiquetas **<main>**, coloca el siguiente formulario HTML:

```html
<h2 class="mt-3">Información del perfil:</h2>
<br>
<form action="" method="post" class="form-group">

   <label for="name">Nombre del usuario:</label>
   <input type="text" name="name"
      class="form-control" value="" required />
   <br />

   <label for="name">Correo del usuario:</label>
   <input type="email" name="mail"
```

```
          class="form-control" value="" required />
     <br />

</form>
```

Sin embargo, para que esto funcione, tendrás que llamar a la función **perfil()**, creada en el controlador **DashboardController**, y luego, llenar los campos **value** de los elementos **<input>** con los datos que retorna la función. Sobre el formulario, antes de su etiqueta de apertura, añade el siguiente código:

```
<?php
require '../controllers/DashboardController.php';

use Controller\DashboardController;

$user = DashboardController::perfil();

?>
```

Y luego, debes cambiar el formulario, para que muestre en los campos el valor del usuario, de esta forma:

```
<label for="name">Nombre del usuario:</label>
<input type="text" name="name" class="form-control" value="<?php echo
$user["name"]; ?>" required />
<br />

<label for="name">Correo del usuario:</label>
<input type="email" name="mail" class="form-control" value="<?php echo
$user["mail"]; ?>" required />
<br />
```

Ahora, solo necesitarías mostrar un campo **<select>** para conocer el sector al cual pertenece el usuario. Sin embargo, al tener una lista de sectores a los cuales pertenece cada usuario, es importante mostrar ya seleccionado el sector al que corresponde.

Para esto, deberás crear el campo **<select>** y, en su interior, un elemento **<option>** con la propiedad **selected**, y el valor correspondiente. Sin embargo, un problema que surge en esta situación es que luego, si muestras la lista completa de los demás sectores, se duplicará el sector al cual pertenece el usuario. Es decir, si el usuario pertenece al sector Sales, y luego colocas debajo la lista de sectores, esta opción estará duplicada:

```
<label for="sector">Sector:</label>
<select name="sector" class="form-select">
   <option selected value="<?php echo $user["sector"]; ?>">
      <?php echo $user["sector"]; ?>
   </option>

   <option value="IT Department">
      IT Department</option>
<option value="Sales">Sales</option>
<option value="Graphic Design">
      Graphic Design</option>
   <option value="Marketing">Marketing</option>
</select>
```

Esto puede resultar confuso para el usuario y provocar problemas, por lo que sería mejor tener un arreglo con todos los sectores de la empresa, y en cada caso, eliminar del arreglo aquel al cual pertenece este usuario. Dentro de la clase **DashboardController**, coloca la siguiente función:

```
public static function sectores($sector)
{
   $sectores = array(
      'IT Department', 'Sales',
      'Graphic Design', 'Marketing');
   return $sectores;
}
```

Como puedes ver, en esta función se crea un arreglo con todos los sectores y, luego, se lo retorna. Antes de retornar el arreglo, tendrás que utilizar el sector que se pasa como parámetro de la función, buscar en su interior la clave del mismo con la función **array_search()**, la cual retorna la clave del elemento en el arreglo que se le pase como parámetro, y luego, con el método **unset()**, pasarle el arreglo con la clave para quitar el sector de la lista:

```
public static function sectores($sector)
{
   $sectores = array(
      'IT Department', 'Sales',
      'Graphic Design', 'Marketing');
   $clave_a_borrar = array_search(
      $sector, $sectores);
   unset($sectores[$clave_a_borrar]);
   return $sectores;
}
```

Figura 4.3. Si necesitas información sobre qué hace o cómo
funciona un método PHP, puedes buscar en php.net.

Ahora, dentro del archivo **perfil.php**, coloca una llamada a la función estática **sectores()**, y pásale como parámetro el sector del usuario, de este modo:

```php
$sectores = DashboardController::sectores($user["sector"]);
```

Y luego, con este nuevo arreglo sin el sector al cual pertenece el usuario, recórrelo para mostrar cada sector, con el correspondiente ya seleccionado, de esta manera:

```php
<label for="sector">Sector:</label>
<select name="sector" class="form-select">
   <option selected value="<?php echo
      $user["sector"]; ?>">
      <?php echo $user["sector"]; ?>
   </option>

   <?php foreach ($sectores as $sector){ ?>
   <option value="<?php echo $sector; ?>">
      <?php echo $sector; ?>
   </option>
   <?php } ?>
</select>
```

Ahora, el campo **<select>** muestra cada sector sin duplicados con el sector correspondiente al usuario ya seleccionado. Para finalizar, crea un botón que se encargue de guardar el formulario. En caso de que el usuario desee cambiar alguno de estos datos, podrá hacerlo desde este botón.

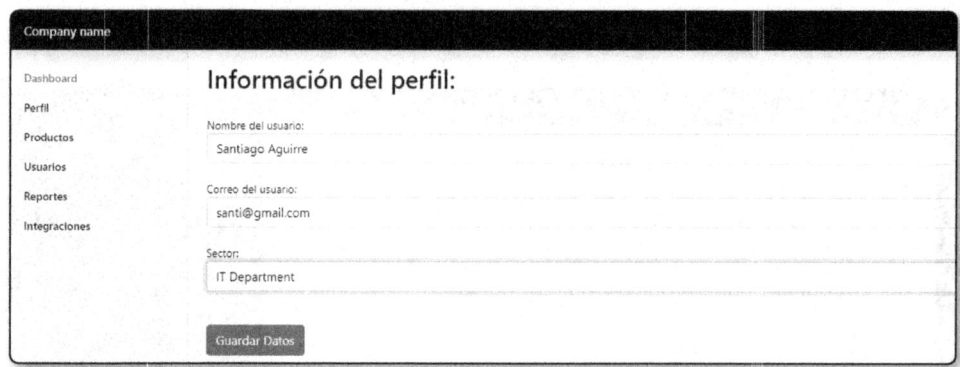

Figura 4.4. Ahora la sección perfil retorna los datos del usuario.

Si deseas probar cómo la sección del perfil retorna distintos datos dependiendo del usuario, puedes hacerlo registrando nuevos usuarios y verificando que muestre la información correcta sobre cada uno.

Figura 4.5. La extensión de Chrome FakeFiller permite llenar rápidamente formularios web con un solo clic, agregando datos falsos.

4.2 MODIFICAR LA NAVEGACIÓN

Ahora que la sección del perfil está lista, es momento de modificar la navegación para que el usuario pueda comenzar a moverse por medio del panel de control, sin necesidad de escribir en la barra de direcciones cada sección a la que desee ingresar.

Para lograrlo, lo primero será crear un link al panel de control desde el archivo **g**, donde tendrás que modificar la navegación de la siguiente manera:

```
<ul class="nav flex-column">
    <li class="nav-item">
        <a class="nav-link active" href="index.php">
            Dashboard
        </a>
    </li>
    <li class="nav-item">
        <a class="nav-link" href="perfil.php">
            Perfil
        </a>
    </li>
```

En los siguientes capítulos y volúmenes, irás agregando nuevas funcionalidades a tu aplicación, con lo cual tendrás que continuar añadiendo distintos links a la navegación y podrás modificar esta sección con otras partes.

Una vez hecho esto, podrás empezar a moverte pasando desde la vista principal hacia el perfil. Además, tendrás que crear una sección desde la cual cerrar la sesión y permitirle al usuario abandonar la aplicación de forma segura. Para esto, dirígete a la carpeta **components**, y en el archivo **top-nav-bar.php**, modifica la navegación superior, de esta forma:

```
<div class="nav-item text-nowrap">
    <a class="nav-link px-3"
        href="logout.php">Cerrar Sesión</a>
</div>
```

Ahora crea el archivo **logout.php**, que permitirá acceder al cierre de sesiones por medio del navegador. Dentro de este archivo, coloca el siguiente código:

```php
<?php

$_SESSION = array();

if (ini_get("session.use_cookies")) {
    $params = session_get_cookie_params();
    setcookie(session_name(), '', time()-42000,
        $params["path"], $params["domain"],
        $params["secure"], $params["httponly"]
    );
}

session_destroy();

header("Location: ./login.php");
```

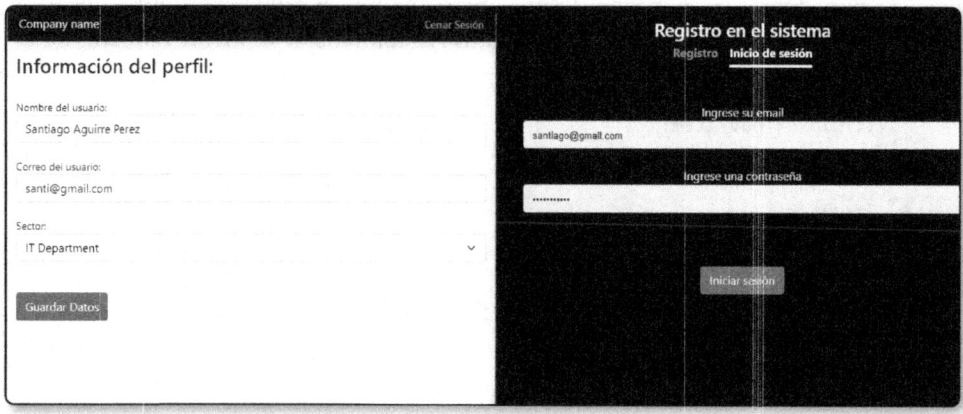

Figura 4.6. Al hacer clic sobre el botón de cerrar sesión,
la aplicación te llevará a la pantalla de login.

Como puedes ver en este archivo, en primer lugar se destruye la información de la sesión y, luego, se toma la información de las cookies de sesión y se destruyen de la misma manera. Luego, se utiliza la función **session_destroy()** para eliminar todos los datos anteriores. Por último, se envía al usuario a la pantalla de **login.php**, por si desea volver a iniciar la sesión.

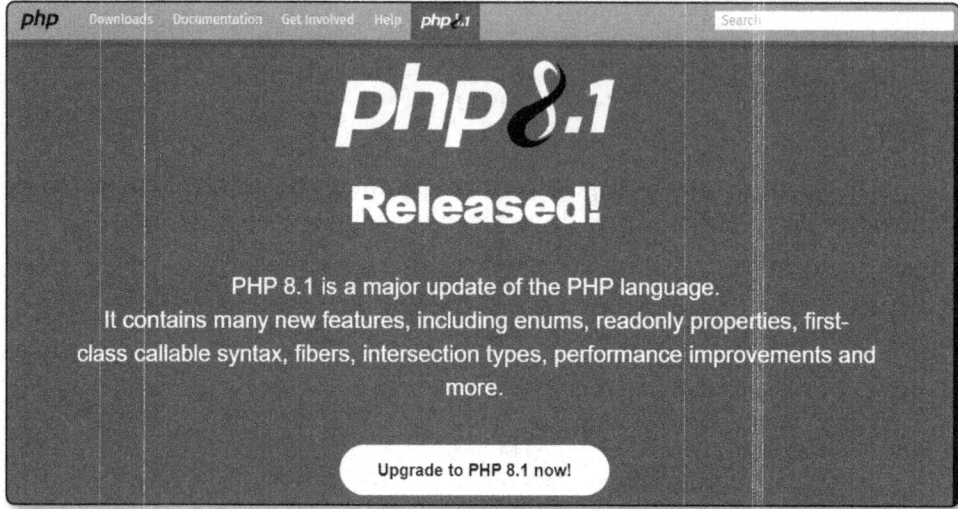

Figura 4.7. La versión 8 de PHP trajo varias mejoras interesantes
al lenguaje, como su nuevo motor de compilación.

El usuario ya puede manejarse por la aplicación de manera sencilla, sin necesidad de utilizar la barra de direcciones. Puede iniciar la sesión, moverse a su perfil y cerrar la aplicación de forma segura. Ahora, tendrás que continuar con la sección que modifica los datos del usuario, para que, en caso de que se realicen modificaciones, estas se guarden en la base de datos.

4.3 ACTUALIZAR LOS DATOS DEL USUARIO

Es momento de crear el código necesario para que el usuario pueda actualizar y guardar su información personal desde la aplicación. Para esto, dirígete al modelo **User** y crea una función llamada **actualizar**, que debe tomar como parámetro la conexión a la base de datos, un nombre, un correo, el sector (estos serán los datos que pueden actualizarse) y, por último, el id, que será el elemento para buscar al usuario en la base de datos:

```
public static function actualizar(Connection $connection, $name, $mail, $sector,
$id)
{
    $con = $connection->get_connection();

}
```

Lo siguiente será preparar una consulta a la base de datos que actualice el usuario, buscándolo por **id**, de la siguiente manera:

```
$con = $connection->get_connection();

$stmt = $con->prepare(
    "UPDATE users SET name=:name, mail=:mail,
sector=:sector WHERE id=:id");

$stmt->bindParam(':name', $name, PDO::PARAM_STR);
$stmt->bindParam(':mail', $mail, PDO::PARAM_STR);
$stmt->bindParam(':sector', $sector,PDO::PARAM_STR);
$stmt->bindParam(':id', $id, PDO::PARAM_STR);

return $stmt->execute();
```

Como puedes ver, en la función se prepara una consulta SQL que posee los datos pasados como parámetros del método, y luego se ejecuta retornándolo como resultado de la función.

Figura 4.8. Code Igniter es un framework OpenSource para el desarrollo ligero con PHP.

Sin embargo, antes de llamar a este método, sería una buena práctica aprovechar el método **escapeData()** que has creado en los capítulos anteriores, y asegurarte de que los datos enviados sean para mandarse como una consulta a la base de datos. Dado que este método se declaró en la clase abstracta **Model**, de la cual **User** hereda, puedes llamar a este método mediante la instrucción **self**, junto con el operador **::**. La función completa quedará del siguiente modo:

```php
public static function actualizar(Connection $connection, $name, $mail, $sector,
$id)
{

    $con = $connection->get_connection();

    $name = self::escapeData($name);
    $mail = self::escapeData($mail);
    $sector = self::escapeData($sector);
    $id = self::escapeData($id);

    $stmt = $con->prepare(
        "UPDATE users SET name=:name, mail=:mail,
        sector=:sector WHERE id=:id");

    $stmt->bindParam(':name', $name,
        PDO::PARAM_STR);
    $stmt->bindParam(':mail', $mail,
        PDO::PARAM_STR);
    $stmt->bindParam(':sector', $sector,
        PDO::PARAM_STR);
    $stmt->bindParam(':id', $id, PDO::PARAM_STR);

    return $stmt->execute();
}
```

Aunque también podrás llamar a esta función desde el controlador, en la mayoría de las aplicaciones **MVC** –en las cuales se separa el código de las vistas, de el de los controladores y los modelos–, no se recomienda colocar todo el código de lógica dentro de un controlador, sino separarlo en los modelos. Si bien es técnicamente correcto colocar lógica de una aplicación en un controlador, lo mejor es tenerlo en el modelo, o en una clase servicio o similar, desde la cual pueda volver a llamarse constantemente (**Figura 4.9.**).

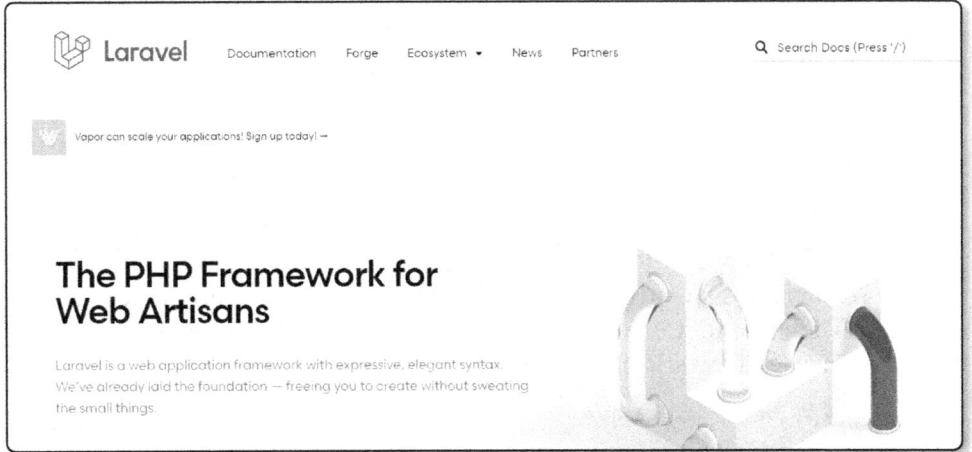

Figura 4.9. Laravel es un framework MVC para quienes posean
conocimientos medios y avanzados sobre PHP.

Una vez creada la función, lo mejor será llamarla dentro de un controlador, como el que has creado en este capítulo, **DashboardController**, de la siguiente manera:

```
public static function guardar_datos_user($name, $email, $sector, $id)
{
    return User::actualizar(new Connection(),
        $name,
        $email,
        $sector,
        $id);
}
```

Aunque este código funcionará y actualizará correctamente el usuario, también es necesario actualizar la información de la sesión, dado que si el usuario cambia su correo electrónico, algunas partes de la aplicación dejarán de funcionar correctamente.

Por eso, antes de la instrucción que retorna el resultado de **actualizar()**, coloca el siguiente código:

```
if($email){
    session_start();
    $_SESSION['user'] = $email;
}
return User::actualizar(new Connection(),
    $name,
    $email,
    $sector,
    $id);
```

Ahora, la función también actualiza los datos del usuario en la sesión, además de hacerlo en la base de datos.

Antes de probar esta nueva función, tendrás que agregar dos modificaciones a tu formulario. En primer lugar, en el campo HTML **action** de la etiqueta **<form>**, añadirás el archivo **save_profile.php** que crearás a continuación, y un campo que envíe el ID del usuario. Como este campo no será editable, es decir, no se mostrará al usuario, puedes agregarlo como **hidden**:

```
<form action="save_profile.php"
    method="post"
    class="form-group">
    ...
    <input type="hidden"
      name="id" class="form-control"
      value="<?php echo $user["id"]; ?>"
      required />
    ...
</form>
```

Una vez hecho esto, crea el archivo **save_profile.php** dentro de la carpeta **views**, y en su interior, coloca el siguiente código:

```
<?php
session_start();
if(!isset( $_SESSION['user'] )){
    header("Location: ./login.php");
}
require '../controllers/DashboardController.php';
use Controller\DashboardController;

DashboardController::guardar_datos_user(
    $_POST['name'],
    $_POST['mail'],
    $_POST['sector'],
```

```
    $_POST['id']
);

header('Location: perfil.php');
```

Como puedes ver, en esta sección se llama a la sesión para verificar que el usuario haya iniciado correctamente la sesión con anterioridad; y luego, se llama a la función **guardar_datos_user()**, a la cual se le pasa como parámetros los datos del formulario enviado, que son procesados luego en su interior.

Si pruebas este método, verás que puedes modificar tanto el correo, como el nombre de usuario o el sector al cual pertenece, y los datos se persistirán de forma correcta en la base tras ser actualizados.

En el próximo capítulo, verás cómo configurar la aplicación para enviar correos tras el registro y otras funcionalidades interesantes.

4.4 ACTIVIDADES

A continuación se presentan las preguntas y los ejercicios que deberías saber responder y resolver, para considerar aprendido el capítulo.

4.4.1 Test de autoevaluación

1. ¿Qué instrucción se recomienda usar para requerir código de otro archivo?

2. ¿Con qué instrucción se crean sesiones, y con cuál se destruyen?

3. ¿En qué sección se recomienda colocar la lógica de la aplicación, en un controlador o en modelos?

4.4.2 Ejercicios prácticos

*1. Crea una clase llamada **Mailer** dentro de tus modelos.*

*2. Genera un método en su interior que instancie la clase **PHPMailer** y configure el objeto.*

3. Envía un correo electrónico de prueba con una casilla de correo propia.

5

CUENTAS

Ahora que la aplicación se ha vuelto funcional, posee varias características básicas interesantes, como el registro y el sistema de inicio de sesión, y se puede ingresar al panel de administración sin problemas, es momento de agregar otras funcionalidades para que sea más completa.

5.1 VERIFICACIÓN

Una de las principales características de un sistema con registro es la capacidad de verificar las cuentas que se ingresan, con la intención de validar que los correos electrónicos sean verídicos, es decir, que pertenezcan a las personas que los ingresaron. Esto, por un lado, significa que se reducen significativamente los registros basura o spam; y por otro lado, al no permitirle al usuario colocar un correo falso, si la persona olvida la contraseña, luego puede utilizar ese mismo correo para resetear su clave.

Para lograr esto, el primer requerimiento será poder enviar correos electrónicos desde la aplicación, con lo cual necesitarás una librería que te permita hacerlo. Sin bien existe una función de PHP lista para mandar mails, no es la mejor opción, dado que presenta varios problemas. La función **mail()** de PHP, en primer lugar, no asegura que el correo llegue a destino; además, es muy común que estos correos lleguen a la casilla de spam de cualquier cuenta a la que se los envíe.

Figura 5.1. Symfony es un framework de PHP que requiere tener conocimientos intermedios o avanzados sobre el lenguaje.

Una librería como **PHPMailer** puede resultar más fiable a la hora de enviar correos electrónicos. Para instalarla en tu proyecto, puedes utilizar el comando que se indicó en el primer capítulo, mediante Composer, escribiendo en la consola del sistema, o en la terminal embebida de tu editor de código, **composer install phpmailer/phpmailer**. Esto creará en la carpeta **vendor** el código necesario para utilizar la librería. En caso de que la carpeta **vendor** no exista o no hayas instalado librerías antes, se creará automáticamente. Si ya ejecutaste este comando en el primer capítulo, no será necesario que lo hagas otra vez.

Cuando ya tengas **PHPMailer** instalado, puedes comenzar a usarlo. Para hacerlo, crea un modelo o un controlador para almacenar el código que se encarga de enviar los correos electrónicos. En primer lugar, debes instanciar la clase **PHPMailer** y, luego, definir algunos parámetros del nuevo objeto, como el correo electrónico encargado de enviar el mail, el puerto del servidor que se ocupa de mandar los correos y la encriptación, entre otras cosas. Por lo tanto, crea un modelo nuevo llamado Mailer. Puedes generar un controlador para almacenar el código necesario en él, pero lo mejor sería guardar la lógica y las funciones en un modelo. Una vez creada la clase, dentro de su método constructor, agrega el siguiente código:

```
class Mailer
{
    protected $mail;

    public function __construct()
    {
```

```
$this->mail = new PHPMailer(true);
$this->mail->isSMTP();
$this->mail->SMTPAuth = true;
$this->mail->CharSet = "UTF-8";
$this->mail->Host = "smtp.gmail.com";
$this->mail->SMTPSecure = 'tsl'; //
$this->mail->Port = 587;
$this->mail->Username = "";
$this->mail->Password = "";
$this->mail->FromName =
    "Sistema de gestión";
$this->mail->From = "";
    }
    ...
}
```

En este código, en primer lugar, se instancia la clase **PHPMailer** y se almacena en una variable objeto, que es un campo de clase de nivel **protected**.

En este código, luego de instanciar la clase, se definen distintos parámetros que hay que establecer en este punto. En este código, se define SMTP como protocolo de envío de correo.

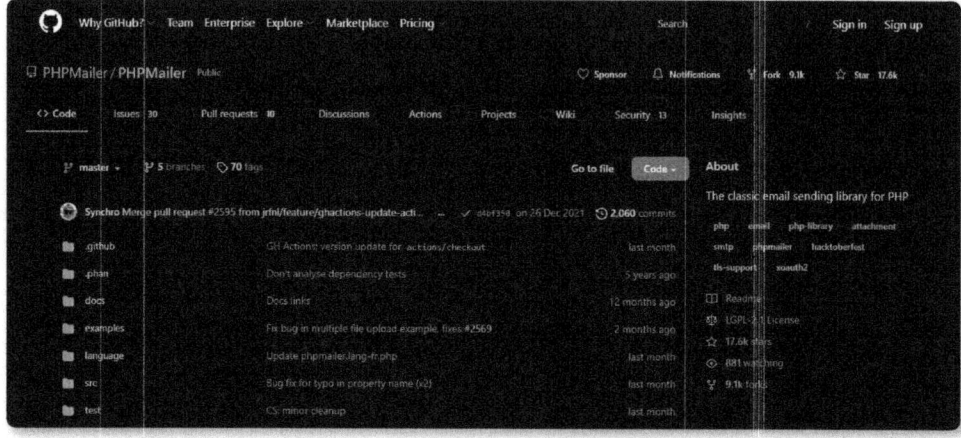

Figura 5.2. PHPMailer es, quizá, la librería más utilizada para el envío de correos.

Luego, se establece el **CharSet** a UTF-8, además del host de correo. En caso de que utilices una cuenta de correo de Gmail, tendrás que usar el **smtp.gmail.com**, pero si empleas otro servicio de envío de correos, deberás buscar su host y su puerto. Por último, es necesario configurar el usuario y la contraseña, junto con un nombre para el envío de correo.

Además, tendrás que importar en tu clase, antes de su definición, la clase **PHPMailer** y, si lo deseas, la clase **Exception** del paquete **PHPMailer**, de la siguiente forma:

```php
<?php

namespace Models;

use PHPMailer\PHPMailer\PHPMailer;
use PHPMailer\PHPMailer\Exception;

require '/vendor/PHPMailer/src/Exception.php';
require '/vendor/PHPMailer/src/PHPMailer.php';
require '/vendor/PHPMailer/src/SMTP.php';

class Mailer
{
    ...
}
```

Recuerda que, si importas la clase **Exception** del paquete **PHPMailer**, puedes acceder a ella en toda la clase y capturar excepciones del envío de correos electrónicos, para ayudarte a debugear tu aplicación o mandar mensajes de error. Si deseas utilizarla, solo tienes que llamar a la clase por su nombre; pero si agregas una barra invertida delante la clase, de forma \Exception, se llamará a la **superclase** **Exception** de PHP, de la cual heredan todas las excepciones, y se capturará cualquier tipo de excepciones, no solo del envío de correos.

Si precisas repasar qué es una superclase o revisar conceptos avanzados sobre la programación orientada a objetos, como la herencia, puedes volver a leer Programación Orientada a Objetos en PHP, en su volumen 2, desde el siguiente *enlace*.

Ahora que has importado las clases necesarias, puedes crear otros métodos de clase para enviar correos. Por ejemplo, será necesario crear una función que se encargue de enviar el correo de verificación de la cuenta:

```php
public function sendVerificationMail($to)
{
    $this->mail->addAddress($to, '');
    $this->mail->addReplyTo("", '');
    $this->mail->isHTML(true);
    $this->mail->Subject = " Completar el registro";
    $this->mail->Body = "";

    $this->mail->AltBody = "";

    try{
        $this->mail->send();
        return true;
    }
    catch (\Exception $e)
    {
        return $e;
    }
}
```

En esta función, tendrás que utilizar el campo de clase **mail** para agregar un destinatario, junto con el **subject** y el **body** del correo.

Dentro de la propiedad **body** del objeto, se define el cuerpo del correo, que puede estar creado con HTML, si has definido el método **isHTML()** con el argumento **true**. Luego, puedes crear un documento HTML dentro del cuerpo del correo, de esta manera:

```php
$this->mail->Body = "
  <html>
  <head>
    <meta charset='utf-8'>
  </head>
  <body style='text-align: center'>
    <h1>Gracias por registrarte</h1>
    <p>
    Tu cuenta ha sido satisfactoriamente creada.
    Para poder continuar utilizando tu cuenta, no olvides confirmar tu direc-
  ción de correo en el link inferior.
    </p>
    <p>
        <a href='https://example.com'>
          Complete su registro
        </a>
    </p>
  </body>
</html>";
```

Esta maqueta sencilla en HTML configura el contenido del correo con un título, un párrafo y un hipervínculo. Sin embargo, un correo más elaborado requiere mucho trabajo y tener mayor conocimiento sobre desarrollo front-end y maquetado, dado que crear un `correo HTML` que se vea de forma correcta en todos los servicios de mail es complejo.

Una vez definido el cuerpo del correo, puedes establecer un cuerpo alternativo para aquellas plataformas de correo más antiguas que no soporten HTML, para lo cual puedes utilizar la propiedad **AltBody**, definida de esta manera:

```
$this->mail->AltBody = "
    Su gestor de correo parece algo desactualizado.
    Para ver este correo de forma completa, acceda
    desde un navegador más reciente.
";
```

O si lo deseas, puedes indicar al usuario que acceda a cierto link de forma manual y active su usuario.

Por último, utilizarás el método **send()** de **PHPMailer** para enviar el correo con la configuración que acabas de crear. En caso de éxito, devolverá como resultado el valor booleano **true**; de lo contrario, retornará la excepción correspondiente, que puedes capturar y enviar al front-end.

Al final del método, define el siguiente código:

```
try{
    $this->mail->send();
    return true;
}
catch (\Exception $e)
{
    return $e;
}
```

Figura 5.3. El proyecto PHP posee su cuenta en GitHub, donde puedes ver información sobre el lenguaje, dado que es Open Source.

Ahora que el método está completo, es tiempo de llamarlo desde un controlador y, luego, acceder a él en el momento en el que se registre un nuevo usuario. Crea un controlador llamado **VerifyMailController**, o utiliza uno de los controladores ya creados, y en su interior, coloca este código:

```php
<?php

namespace Controller;

require_once '../models/Mailer.php';

use Models\Mailer;

class VerifyMailController
{
    public static function sendVerificationMail($to)
    {
        $mail = new Mailer();
        $mail->sendVerificationMail($to);
    }
}
```

Desde el nuevo controlador, en la función **sendVerificationMail()**, se crea un nuevo objeto **Mailer**, que se encarga de instanciar la clase llamando a los métodos necesarios de la librería **PHPMailer**. Luego, con el método **sendVerificationMail($to)**, se envía el correo solicitando la activación de la cuenta.

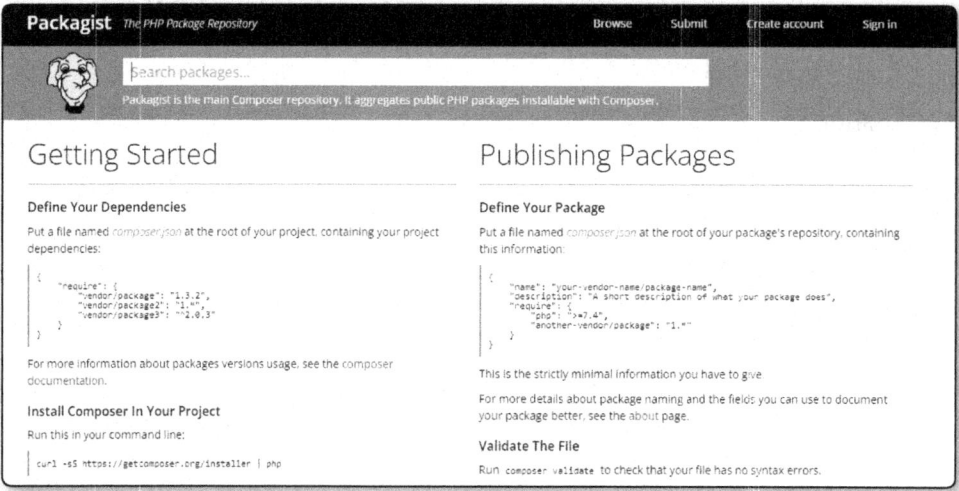

Figura 5.4. Packagist es el repositorio principal de Composer, donde puedes buscar paquetes de PHP interesantes y útiles.

Para llamar a este método, utiliza una casilla de correo con su contraseña, que colocarás en la clase **Mailer**, dentro del constructor, de esta manera:

```
$this->mail->Username = "ejemplo@example.com";
$this->mail->Password = "password";
```

Algunos servicios de correo electrónico, como Gmail, solicitan configurar, dentro de tu cuenta de Google, el acceso a aplicaciones poco seguras, antes de poder utilizar el correo como remitente de envíos desde librerías como **PHPMailer**. Por esta razón, si utilizas un servicio como este, tendrás que investigar qué configuración debes realizar antes de mandar mails.

Por último, tendrás que llamar a este método dentro de tu archivo **register_end.php**, el cual se encarga de realizar el registro de los nuevos usuarios, de la siguiente manera:

```
if(!User::validate($name, $email, $sector, $password))
{
    header("Location: ./register.php?errors=true");
}
else
{
    $user = new User
        ($name, $email, $sector, $password);
    if($user->save($connection))
    {
        VerifyMailController
            ::sendVerificationMail($email);
        session_start();
        $_SESSION['user'] = $email;
        $connection->close_connection();
        header('Location: ./index.php');
    }
}
```

Ahora, al llamarse al nuevo método, se enviará un correo electrónico a la casilla que has registrado, indicándole al usuario que valide su cuenta.

Figura 5.5. El correo electrónico, aunque de manera básica, indica al usuario que debe validar la cuenta.

Puedes crear diversos métodos que se ocupen de enviar distintos correos electrónicos, por ejemplo, mandando un mail que se dispara al realizar cualquier acción en el back-end, al realizar una compra u otras situaciones, creando varios métodos distintos o, incluso, modularizando la aplicación con diferentes controladores que generen envíos de correos diversos.

5.2 EDITAR LOS MODELOS USER

Ahora, los usuarios son notificados con un correo electrónico que deben validar su cuenta antes de poder utilizar el panel de administración. Sin embargo, en este punto, si el usuario se registra, el mail llega pero la persona puede seguir usando la aplicación sin ningún problema, y la cuenta puede crearse con un correo electrónico ficticio. Para evitar esta situación, es necesario cambiar el modelo **User**, agregándole dos nuevos campos, y cambiar la base de datos.

Para comenzar, se precisa un nuevo campo llamado **mail_verified** o similar, que indique si el usuario ha realizado correctamente la validación de su correo electrónico o no. Este campo, en la base de datos, contendrá un 1 o un 0, dependiendo del estado de la cuenta, y será de tipo TINYINT, es decir que solo albergará un carácter. Esto se debe a que MySQL toma los campos booleanos como números 1 o 0; esto significa que el dato BOOL o BOOLEAN se trata de la misma forma que TINYINT, y en cada caso, el valor 0 se considera false, y el 1 o cualquier otro número, true.

Por otro lado, será necesario generar un campo de tipo **VARCHAR** con un máximo de 30 caracteres, que se llame token. Este se encargará de almacenar una cadena de caracteres, que se generará tras el registro, con caracteres aleatorios, y será el dato que verifique el sistema a la hora de activar la cuenta del usuario con el correo.

Una vez alterada la base de datos, la tabla **users** debería verse como se muestra en la figura.

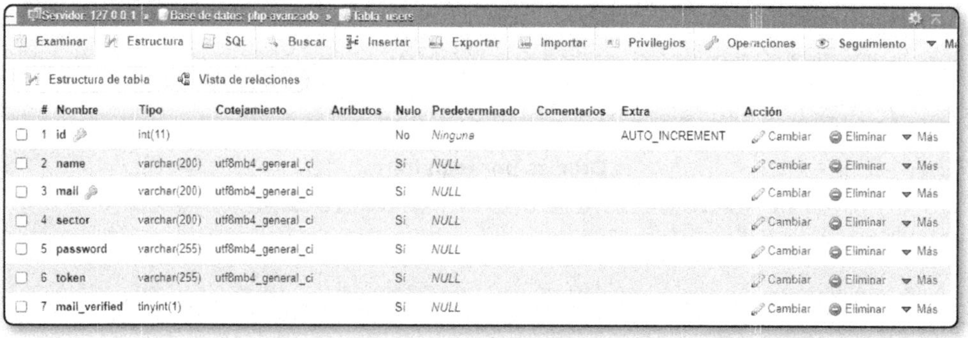

#	Nombre	Tipo	Cotejamiento	Atributos	Nulo	Predeterminado	Comentarios	Extra	Acción
1	id	int(11)			No	Ninguna		AUTO_INCREMENT	Cambiar Eliminar Más
2	name	varchar(200)	utf8mb4_general_ci		Sí	NULL			Cambiar Eliminar Más
3	mail	varchar(200)	utf8mb4_general_ci		Sí	NULL			Cambiar Eliminar Más
4	sector	varchar(200)	utf8mb4_general_ci		Sí	NULL			Cambiar Eliminar Más
5	password	varchar(255)	utf8mb4_general_ci		Sí	NULL			Cambiar Eliminar Más
6	token	varchar(255)	utf8mb4_general_ci		Sí	NULL			Cambiar Eliminar Más
7	mail_verified	tinyint(1)			Sí	NULL			Cambiar Eliminar Más

Figura 5.6. Ahora la tabla users debería tener dos campos extra.

Una vez modificada la tabla, es momento de hacer lo necesario en el modelo **User**. Agrega dos nuevos campos de clase, llamados **$token** y **$mail_verified**, de la siguiente manera:

```
class User extends Model
{
    protected $name;
    protected $mail;
    protected $password;
    protected $sector;
    protected $token;
    protected $mail_verified;
    ...
}
```

A continuación, modifica el método constructor para que estos dos campos tengan valores al crearse un nuevo usuario. Pero antes tienes que buscar la forma de generar un **string** o **token** con caracteres aleatorios, que se almacene en cada caso, como el campo de clase token para cada usuario. Si lo deseas, puedes instalar una librería de PHP con **Composer**, que haga este trabajo; por ejemplo, **php-random-string**, una librería que puedes encontrar en GitHub o instalar con **Composer** fácilmente.

Mediante una librería, evitas tener que crear caracteres aleatorios de modo manual. Sin embargo, si deseas crear tu propia función, también puedes hacerlo. Por ejemplo, puedes crear un método estático dentro de la clase **User**, que retorne una cadena de caracteres, dependiendo de la longitud que se le indique por parámetros.

Por ejemplo, la siguiente función sería un método estático para la clase **User**, la cual toma como parámetro un valor de tipo **int**, que tendrá por defecto 10 en caso de que, al utilizarse, no se le pasen argumentos.

Luego, se definen todos los caracteres que pueden utilizarse y se obtiene el largo de la cadena de caracteres.

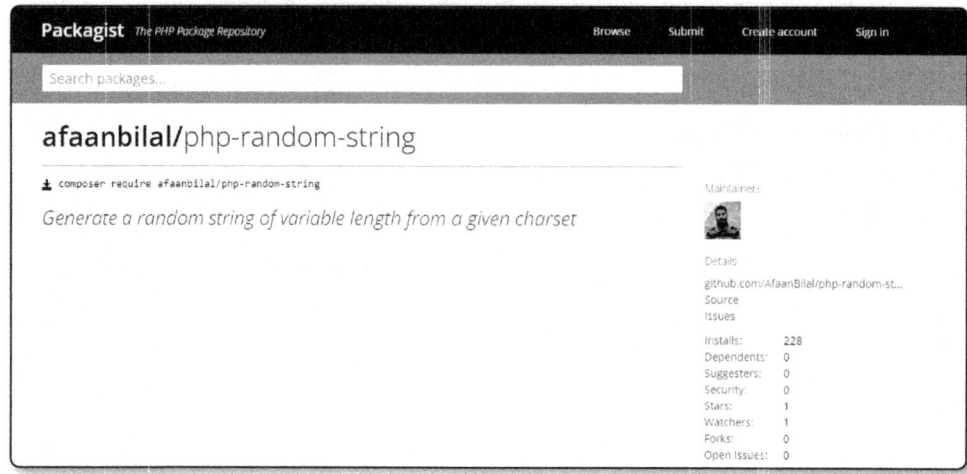

Figura 5.7. La librería php-random-string permite generar cadenas de caracteres aleatorios.

Por último, por medio de un bucle se seleccionan caracteres aleatoriamente mediante la función **rand()** y se crea una cadena con el largo deseado:

```php
protected static function generateRandomString($length = 10) {

    $chars =
        '0123456789abcdefghijklmnñ
    opqrstuvwxyzABCDEFGHIJKLMN
    ÑOPQRSTUVWXYZ!"#$%&/()=?¡´+}¨*][Ñ_:-;,';

    $charactersLength = strlen($chars);
    $randomString = '';
    for ($i = 0; $i < $length; $i++) {
        $randomString .= $chars[rand(0,
        $charactersLength-1)];
    }
    return $randomString;
}
```

Dado que esta función solo será llamada desde dentro de la clase **User**, puede definirse como **protected** sin ningún problema. Ahora, dentro del método constructor de la clase **User**, puedes llamar a este método estático, y definir como false el valor del campo de clase **mail_verified**:

```php
public function __construct($name, $mail, $sector, $password)
{
    $this->name = $name;
    $this->mail = $mail;
    $this->password = password_hash($password,
```

```
    PASSWORD_DEFAULT);
  $this->sector = $sector;
  $this->token = self::generateRandomString(20);
  $this->mail_verified = false;
}
```

Ahora que has programado la clase **User** para que genere tokens dentro de cada usuario y defina como false en cada caso en que el usuario haya validado su correo, es momento de crear una función para validar el usuario cuando se haga clic sobre el botón en el correo electrónico (**Figura 5.8.**).

Figura 5.8. PHP permite trabajar con peticiones GET o POST para enviar información por distintas formas.

Para hacerlo, será necesario crear una función que tome como parámetro la conexión a la base de datos, y un token que se utilizará para buscar en la base de datos un usuario, y actualizar su estado, indicando que ha verificado su correo electrónico:

```
public function verifyEmail(Connection $connection, $token)
{
  $con = $connection->get_connection();
  $stmt = $con->prepare("UPDATE users SET
    mail_verified=1 WHERE token=:token");
  $stmt->bindParam(':token', $token,
    PDO::PARAM_STR);
  return $stmt->execute();
}
```

Al llamar a la función **verifyEmail()**, se actualizará el usuario deseado en caso de que se encuentre en la base de datos. Además de esta función, hay que crear otro método, que se encargue de devolver el token, es decir, un método accesorio, dado que el campo de clase **$token** es de tipo **protected** y solo puede accederse en su misma clase:

```
public function getToken()
{
    return $this->token;
}
```

Una vez hecho esto, puedes acceder al token de la clase desde fuera de ella, y llamar al método accesorio en el momento en que se envía el correo electrónico.

Para continuar, deberás seguir modificando el método **sendVerificationMail()**, que se encuentra en la clase **MailController**, para que tome como parámetro un token y este se agregue al botón que has creado dentro del correo electrónico. Para esto, modifica la función de esta forma:

```
public function sendVerificationMail($to, $token)
{
    ...
    $this->mail->Body = "
        <html>
        <body style='text-align: center'>
        <h1>Gracias por registrarte</h1>
        ...
        <p>
        <a href='http://localhost/pruebas-
        php/views/verifyAccount.php?token="
        .$token."'>
            Confirmar Cuenta
        </a>
        </p>
        </body>
    </html>";
    ...
}
```

Al enviar el correo electrónico, sumará al vínculo un link con un parámetro de tipo **GET**, que tendrá como valor el token del usuario. Para esto, debes cambiar el controlador **VerifyMailController**, modificando su función de esta manera:

```
class VerifyMailController
{
    public static function sendVerificationMail
    ($to, $token)
    {
        $mail = new Mailer();
        $mail->sendVerificationMail($to, $token);
    }
}
```

Como la función toma dos parámetros, en el momento del registro, tras la creación del usuario, deberás pasarle como segundo argumento el token del usuario. Puedes obtenerlo mediante el método accesorio que acabas de crear, **getToken()**, de este modo:

```
$user = new User($name, $email, $sector, $password);

if($user->save($connection))
{
    VerifyMailController
    ::sendVerificationMail
      ($email, $user->getToken());

    session_start();
    $_SESSION['user'] = $email;
    $connection->close_connection();
    header('Location: ./index.php');
}
```

En el momento en que se envíe la función, el sistema cargará el método accesorio para devolver el token, y lo sumará como parámetro a la URL, para que el usuario solo necesite hacer clic en el vínculo y activar su cuenta de correo.

Sin embargo, el sistema no está limitando el acceso a la plataforma, y en caso de que el usuario intente iniciar sesión, se le permitirá acceder sin problemas. Para evitarlo, tendrás que consultar en la base de datos si el usuario ha confirmado correctamente su cuenta o no. Puedes reutilizar una función que se ha creado antes, para verificar que el campo **mail_verified** tenga el valor 1 o true, antes de avanzar con el inicio de sesión. La función **usersDetail()**, que solicita la conexión a la base de datos y un correo, puede ser perfecta para esto, dado que solo necesitas agregar un valor más a la consulta que se especifica en este caso:

```
public static function usersDetail(Connection $connection, string $email)
{
    $con = $connection->get_connection();
    $stmt = $con->prepare("SELECT
        id, name, mail, sector, mail_verified
        FROM users WHERE mail= ?");
    $stmt->execute(array($email));

    return $stmt->fetch();
}
```

Si lo deseas, también puedes crear una función que verifique que el usuario ha validado de forma correcta su correo, solicitando un único valor entre los campos de la base de datos. Esto hará que la función sea mucho más rápida en el caso de tablas que tengan cientos y cientos de registros. Dado que en este punto solo te encuentras probando el sistema con pocos usuarios, puedes reutilizar esta función, pero recuerda que, con menos consultas o consultas más pequeñas, un sistema puede funcionar con mayor velocidad.

Dentro del archivo **inicio.php**, coloca el siguiente código:

```php
if(User::login($connection, $email, $password))
{
   $user = User::usersDetail($connection, $email);
   if($user['mail_verified'] == 0)
   {
      header(
      'Location: ./email_not_verified.php');
   }
   session_start();
   $_SESSION['user'] = $email;
   $connection->close_connection();
   header('Location: ./index.php');
}
```

Ahora solo necesitas crear un archivo llamado **email_not_verified.php**, dentro de la carpeta **views**, para enviar al usuario allí si el correo electrónico no se valida en ningún momento:

```html
<!doctype html>
<html lang="es">
<head>
   <meta charset="UTF-8">
   <meta name="viewport"
      content="width=device-width, user-
      scalable=no, initial-scale=1.0, maximum-
      scale=1.0, minimum-scale=1.0">
   <meta http-equiv="X-UA-Compatible"
      content="ie=edge">
   <!- Link a las librerías Bootstrap ->
   <link href="../public/css/app.css"
      rel="stylesheet">
   <title>Document</title>
</head>
<body>

<body class="d-flex text-center text-white bg-dark" style="height: 100vh;">
   <div class="cover-container d-flex w-100 h-100
      p-3 mx-auto flex-column">

   <?php include'./components/header-inicio.php';?>
```

```
    <main class="px-3">
       <h1>Verifique su correo electrónico</h1>

       <p>Parece que su cuenta aún no se encuentra
       verificada. Por favor, revise su correo,
       y no olvide ingresar a su carpeta de spam, para buscar el correo de verifi-
cación,
       antes de continuar utilizando la
       plataforma.</p>
    </main>

</div>

<script src="https://cdn.jsdelivr.net/npm/bootstrap@5.1.3/dist/js/bootstrap.
bundle.min.js" integrity="sha384-ka7Sk0Gln4gmtz2MlQnikT1wXgYsOg+OMhuP+IlRH9sENBO
0LRn5q+8nbTov4+1p" crossorigin="anonymous"></script>
</body>
</html>
```

Luego de crear este archivo, tras iniciar sesión con una cuenta no verificada, debería verse como se muestra en la **Figura 5.9.**

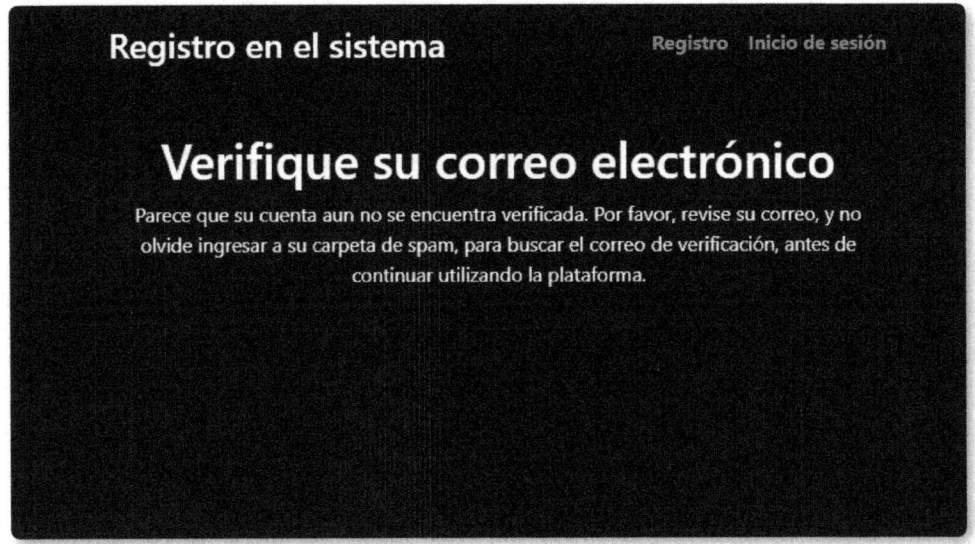

Figura 5.9. La pantalla que solicita la verificación de correo debería verse similar a esta.

Una vez que terminas con este archivo, puedes redirigir a los usuarios que acaban de registrarse a esta pantalla, en vez de al inicio automático de sesión con el cual se encuentran en este momento.

El sistema ya está más completo y limitado para que los usuarios se registren con correos válidos, inicios de sesión con contraseñas encriptadas, correos electrónicos automáticos y perfiles de usuario. En las siguientes entregas, agregarás nuevas funcionalidades al sistema, para mejorar la plataforma y darle mayor profesionalismo.

5.3 ACTIVIDADES

A continuación se presentan las preguntas y los ejercicios que deberías saber responder y resolver, para considerar aprendido el capítulo.

5.3.1 Test de autoevaluación

1. ¿Qué es PHPMailer? ¿Cómo puede utilizarse?

2. ¿Qué es una superclase?

3. ¿Qué método se emplea para especificar que un correo se crea en HTML?

4. ¿Qué es un método accesorio y para qué sirve?

5. ¿Qué tipo de dato utiliza MySQL para los booleanos?

5.3.2 Ejercicios prácticos

1. Crea un botón en la pantalla que indique al usuario que debe validar su usuario.

2. Este debe llamar a un método que solicite un correo electrónico y llame a la función **sendVerificationMail***, del controlador* **VerifyMailController***.*

3. Al cliquear, debe tomarse el correo electrónico ingresado, y reenviar el enlace para activar la cuenta del usuario.

4. Tras hacer clic en el link del correo, la cuenta debe activarse y el usuario puede comenzar a utilizar la plataforma.

GLOSARIO

▶ **C#:** lenguaje de programación con fuerte orientación a objetos, que se utiliza en el ecosistema .NET

▶ **CDN:** red de distribución de contenidos, o Content Delivery Network, que permite ofrecer un servicio disponible con datos útiles centralizados o distribuidos en varios puntos de acceso.

▶ **Correo HTML**: el trabajo con correos HTML requiere tener cierto conocimiento sobre maquetado, distinto del maquetado común de sitios web, dado que implica saber cómo maquetar en tablas y crear e-mails que funcionen en todo tipo de gestores de correo.

▶ **Debbugear:** depurar el código, conjunto de técnicas para eliminar posibles fallas o comportamientos inesperados en un programa.

▶ **Exception:** error irrecuperable de un programa que genera su detención, haciendo que se frene o cierre por completo. En PHP, los errores y las excepciones son tratadas de distinta forma.

▶ **Intelisense:** menú característico de IDEs modernos que facilita el desarrollo, con sugerencias, autocompletado, detección de errores y muchas otras opciones.

▶ **Inyección SQL**: tipo de ataque que suele utilizarse en sitios web con la intención de ejecutar consultas SQL en formularios no protegidos.

▶ **MS SQL Server:** servidor SQL por defecto de Microsoft, que suele utilizarse en conjunto con .NET para el desarrollo de aplicaciones en este entorno.

▶ **MVC:** patrón de diseño que dicta como referencia modularizar el código en distintas partes, separando principalmente el código de las vistas, del de los modelos que definen clases y sus propiedades y comportamientos, así como controladores, que trabajan con ambos.

▶ **Namespace:** en PHP, permite organizar mejor el código, agrupando clases y archivos en distintos sets.

▶ **PATH:** en Windows, es una variable de entorno que especifica rutas de programas ejecutables.

▶ **PostgreSQL:** motor de bases de datos relacional, orientado a objetos, que trabaja con el lenguaje de acceso a datos SQL.

▶ **Public:** suele utilizarse como directorio accesible para contenido estático, que debe estar disponible para el acceso mediante el navegador.

▶ **Refactor:** realizar un refactor de código hace referencia a la práctica en la cual se revisa y rescribe parte del código para volverlo mejor o más eficiente.

▶ **Repositorios disponibles**: servidores que alojan código disponible para descargar en el sistema operativo.

▶ **Require:** en PHP, instrucción que importa un archivo de código que, a diferencia de include, falla en la ejecución si el archivo no es encontrado.

▶ **SMTP.gmail.com:** nombre del servidor que se utiliza para configurar envíos desde cuentas de correo Gmail.

▶ **SQLite:** motor de bases de datos pequeño, ligero y dedicado a proyectos reducidos o en etapa de testing.

▶ **Superclase:** concepto de la programación orientada a objetos que define aquellas clases de las cuales heredan otras, pero que no tienen ninguna clase padre. Sus clases derivadas se conocen como subclases.

▶ **Token:** en seguridad, dato que funciona de forma parecida a una contraseña, pero que no tiene como objeto recordarse, sino que puede variar en el tiempo y se utiliza como passphrase para comunicar dos sistemas.

▶ **Traits:** elementos de la programación orientada a objetos en PHP que permiten solucionar la herencia múltiple, haciendo que una clase pueda obtener comportamientos múltiples, sin necesidad de crear más clases.

▶ **Warning:** en programación, mensaje de error que no detiene la ejecución del programa y cuyo fin es alertar sobre futuros problemas.

▶ **XSS:** ataque común conocido también como Cross Site Scripting, que permite inyectar código malicioso en un sitio web.

Parte 2

PASARELA DE COMPRAS. ALGORITMO DE REDES. GESTIÓN DE CONTENIDOS

Plataforma de streaming
Apariencia
Pasarela de pago
Detalles finales

6

PLATAFORMA DE STREAMING

El lenguaje de programación PHP se destaca por ser versátil y permitir al desarrollador programar de manera sencilla y orientada a la Web. Así podrá crear sistemas escalables que implementen nuevas y mejores funcionalidades a lo largo del tiempo.

6.1 NUEVOS MODELOS

En el volumen anterior, trabajaste en la creación de un sistema base con una interesante funcionalidad de inicio de sesión, que permite que solo aquellos que desees puedan ingresar a tu sistema de gestión y administrar los distintos módulos.

Una de las ventajas de trabajar con PHP es que te permite crear un sistema básico que sirve como contenedor, y que luego admite que vayas sumando distintas funcionalidades a medida que los requerimientos crecen y se vuelven mayores. Si tu sistema, de un día para el otro, necesita permitir que los suscriptores compren, debería ser posible sumar esta posibilidad sin necesidad de cambiar el sistema básico o reescribirlo, sino que debería funcionar correctamente sobre lo que ya has creado. Para esto, es necesario que, desde el comienzo, el sistema sea escalable y esté bien definido.

En este volumen, se agregarán distintas funcionalidades que te permitirán incorporar videos, series, películas y otros productos, que se podrán vender a los clientes. Es decir, desde el panel de administración, tendrás la posibilidad de crear, gestionar, borrar y visualizar los productos, y estos podrán venderse a los que quieran comprarlos y, también, deberías poder ver estos datos en el panel tras cada compra (**Figura 6.1.**).

Con esta información, ya te debería ser posible vislumbrar los datos necesarios para comenzar el trabajo. Para empezar, necesitarás definir los modelos para estas nuevas funcionalidades, cómo serán, en primer lugar, los videos o las películas, que tendrán su modelo **Video**, con ese nombre genérico, aunque pueden llamarse **Película**, **Serie**, o cualquier nombre descriptivo que desees. Además, tendrás que definir un modelo llamado **Cliente**, que permitirá a los clientes gestionar sus datos y, por último, un modelo llamado **Compra**, que funcionará como estructura para los datos de cada compra que se realice en el sistema.

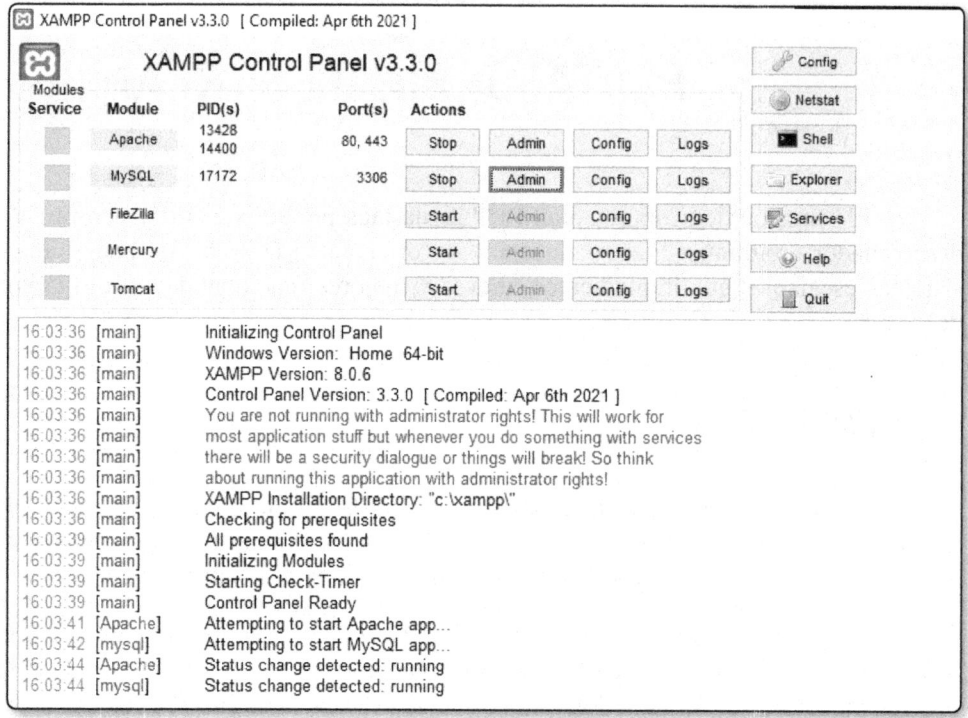

Figura 6.1. Puedes controlar el paquete XAMPP desde su consola de administración, iniciando Apache y MySQL.

Comienza abriendo, en tu editor de código favorito, el proyecto que creaste en el volumen anterior e inicia tu gestor de bases de datos MySQL junto con tu servidor **Apache**, **Nginx** o **Lighttp**. Recuerda que existen distintas formas de trabajar con estos entornos y de instalarlos, dependiendo de tu sistema operativo, y puede que te resulte más o menos cómoda cada una de las opciones existentes. Dentro de Windows, **XAMPP** y **Wamp** son dos paquetes que te permiten trabajar con PHP, MySQL y Apache con facilidad, como si se trataran de un solo software. Para sistemas Linux, puedes instalar cada uno de los programas de forma independiente –**PHP**, **MySQL** y el servidor Apache o Nginx por separado– o también utilizando un programa como **LAMP**, para comenzar más rápido. Por último, para sistemas macOS, existen paquetes como **MAMP**, que te permiten trabajar de forma rápida al igual que en Windows, instalando todo lo necesario en un mismo paso.

Figura 6.2. WAMP es una alternativa interesante para entornos Windows.

Tras iniciar todo en tu computadora, comienza a trabajar en la creación de los modelos necesarios. En primer lugar, crea el modelo **Video**, una clase que debe heredar de la superclase abstracta **Model**, la cual creaste en el volumen anterior. La clase **Video** debería verse similar a esta:

```php
<?php

namespace Models;

require_once '../../models/Model.php';
use Models\Model;
use Controller\Connection;

class Video extends Model
{
    protected $title;
    protected $url;
    protected $tags;

    public function __construct($title, $url, $tags)
```

```
    {
        $this->title = $title;
        $this->url = $url;
        $this->tags = $tags;
    }
    public function save()
    {
    }
}
```

Una vez creada esta clase, que como puedes ver implementa el método **save()** de la clase abstracta de la cual hereda, puedes definir el cuerpo de la función para determinar cómo se guarda dentro de la base de datos cada nuevo objeto **Video**. Utilizando **PDO**, con la clase **Connection**, deberías poder crear una función como la siguiente:

```
public function save(Connection $connection)
{
    $con = $connection->get_connection();
    $stmt = $con->prepare("INSERT INTO videos
        (title, url, tags)
        VALUES (:title, :url, :tags");
    $stmt->bindParam(":title", $this->title);
    $stmt->bindParam(":url", $this->url);
    $stmt->bindParam(":tags", $this->tags);

    return $stmt->execute();
}
```

Ahora, ya comienza a guardar nuevos videos en la base de datos. Sin embargo, antes será necesario pasar por varios pasos extras. En este momento, sería una buena idea tener una función que te permitiera validar los datos antes de guardarse en la base de datos.

```
public static function validate($title, $tags, $file)
{
    if($title==null || $tags==null || $file==null)
    {
        return false;
    }
    return true;
}
```

Una vez hecho esto, puedes avanzar con los otros modelos (**Figura 6.3.**).

El siguiente modelo con el cual puedes trabajar es **Cliente**, una clase que te permitirá definir a los compradores o usuarios de tu aplicación, que tendrán la posibilidad de comprar cada artículo en tu inventario virtual accediendo a tu catálogo.

Para esto, crea una clase llamada **Cliente** dentro del directorio **Models**, que debe lucir de esta manera:

```php
<?php

namespace Models;

use Controller\Connection;

class Cliente extends Model
{
    protected $name;
    protected $mail;
    protected $password;

    public function __construct($name, $mail,
        $sector, $password)
    {
        $this->name = $name;
        $this->mail = $mail;
        $this->password =
        password_hash($password, PASSWORD_DEFAULT);
    }

    public function save(Connection $connection)
    {
        $con = $connection->get_connection();
        $stmt = $con->prepare("INSERT INTO clients
            (name, mail, password)
            VALUES (:name, :mail, :password");

        $stmt->bindParam(":name", $this->name);
        $stmt->bindParam(":mail", $this->mail);
        $stmt->bindParam(":password",
            $this->password);
        return $stmt->execute();
    }
}
```

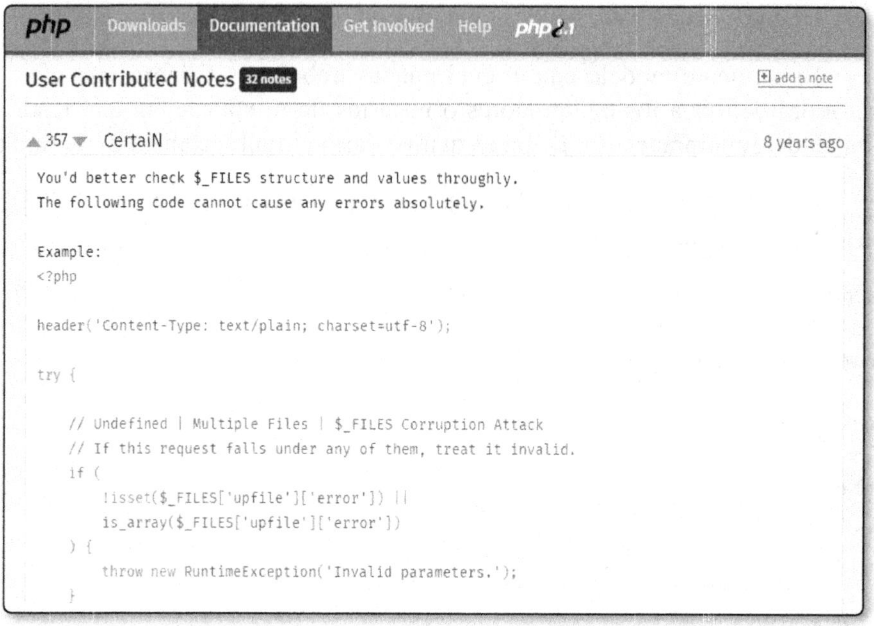

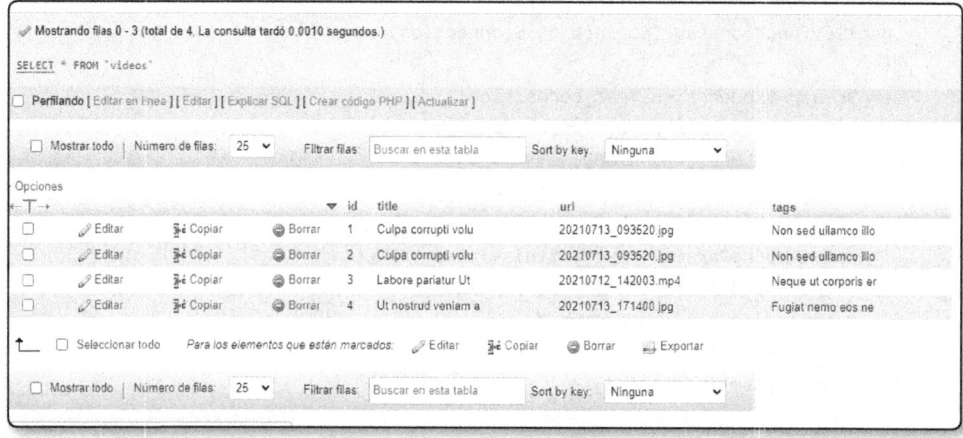

```
php    Downloads  Documentation  Get Involved  Help  php८.1

User Contributed Notes 32 notes                                    + add a note

▲ 357 ▼   CertaiN                                                  8 years ago
You'd better check $_FILES structure and values throughly.
The following code cannot cause any errors absolutely.

Example:
<?php

header('Content-Type: text/plain; charset=utf-8');

try {

    // Undefined | Multiple Files | $_FILES Corruption Attack
    // If this request falls under any of them, treat it invalid.
    if (
        !isset($_FILES['upfile']['error']) ||
        is_array($_FILES['upfile']['error'])
    ) {
        throw new RuntimeException('Invalid parameters.');
    }
```

Figura 6.3. La comunidad de PHP suele contribuir a su
documentación con notas útiles y código de muestra.

Al igual que con las demás clases, se utiliza el método **constructor** para definir las distintas propiedades que se guardarán dentro de la base de datos cuando se ejecute el método **save()**. En este caso, el modelo cuenta con los campos **name**, para definir el nombre del usuario; **mail**, para utilizarlo como campo único; y **password**, para permitirle iniciar una sesión y realizar compras (**Figura 6.4.**).

Figura 6.4. El gestor de bases de datos MySQL PHPMyAdmin es una herramienta
visual muy útil para verificar los datos con los que trabajas.

También puedes incluir una función **validate()**, que valide los datos antes de ser guardados:

```php
public static function validate($name, $mail,
    $password)
    {
    if($name==null || $mail==null ||
        $password== null)
        {
            return false;
        }
        return true;
    }
```

Luego de terminar con la clase **Cliente**, puedes avanzar con la clase **Compra**, que se utilizará para crear registros en el caso de que un cliente desee comprar nuevos videos, películas o series de tu catálogo.

La clase **Compra** debería verse como la siguiente:

```php
<?php

namespace Models;

use Controller\Connection;

class Compra extends Model
{

    protected $client_id;
    protected $video_id;
    protected $price;

    public function __construct($price, $client_id,
    $video_id)
    {
        $this->client_id = $client_id;
        $this->video_id = $video_id;
        $this->price = $price;
    }

    public function save(Connection $connection)
    {
        $con = $connection->get_connection();
        $stmt = $con->prepare("INSERT INTO compras
            (price, video_id, client_id)
            VALUES (:price, :video_id,
            :client_id");
```

```php
        $stmt->bindParam(":price", $this->price);
        $stmt->bindParam(":video_id",
            $this->video_id);
        $stmt->bindParam(":client_id",
            $this->client_id);

        return $stmt->execute();
    }

    public static function validate($price,
        $video_id, $client_id)
    {
        if($price == null || $video_id == null ||
            $client_id == null)
            {
                return false;
            }
            return true;
    }
}
```

con el método **constructor**, los métodos **save()** y **validate()** listos y ya creados dentro de la clase.

6.2 FRONT-END DEL PANEL

Una vez creados los modelos con todos sus respectivos métodos, es momento de crear, en el panel de administración, una nueva sección desde la cual guardar y visualizar los videos, las películas y las series del sistema.

Para esto, crea un nuevo archivo con el nombre **videos.php** dentro de la carpeta **vistas**, y allí coloca el siguiente código:

```php
<?php
session_start();
if(!isset( $_SESSION['user'] )){    header("Location: ./login.php");
}
?>
<!DOCTYPE html>
<html lang="es">
<?php include './components/head.php'; ?>
<body>
    <?php include './components/top-nav-bar.php'; ?>
    <div class="container-fluid">
        <div class="row">
            <?php include
```

```
            './components/side-navbar.php'; ?>
            <main class="col-md-9 ms-sm-auto
                col-lg-10 px-md-4">

            </main>
        </div>
    </div>
</body>
</html>
```

Ahora, este archivo debería encargarse de dos cosas: en primer lugar, de mostrar una tabla con todos los videos activos del sistema y, en segundo lugar, de mostrar un formulario para crear nuevos videos, películas y series, cargando un archivo junto con un título y una descripción.

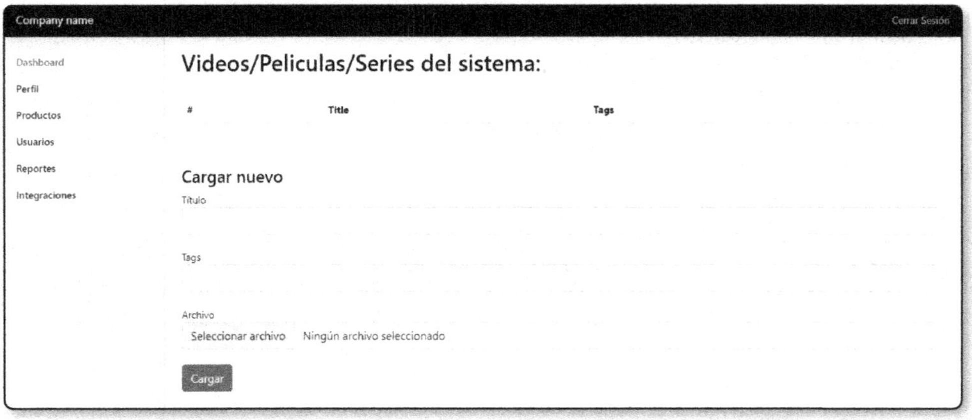

Figura 6.5. De esta manera deberías poder ver la sección de videos.

Para esto, entonces, primero crea una tabla donde se mostrarán el título, los tags o las palabras asociadas a la película o la serie, y el nombre del archivo.

```
<main class="col-md-9 ms-sm-auto col-lg-10 px-md-4">

<h2 class="mt-3">Videos/Peliculas/Series del sistema:</h2>
<br>
    <table class="table">
        <thead>
            <tr>
            <th scope="col">#</th>
            <th scope="col">Title</th>
            <th scope="col">Tags</th>
            <th scope="col"></th>
            </tr>
        </thead>
```

```
    <tbody>

    </tbody>
  </table>
  <br>
  <br>
</main>
```

Debajo de esta tabla, puedes crear una instrucción **include**, que se encargue de buscar, dentro de la ruta **components**, en la carpeta videos, un archivo que guarde un formulario.

```
<?php include './components/videos/nuevo_video.php'; ?>
```

Este debería incluir lo siguiente:

```
<h4>Cargar nuevo</h4>
<form action="" method="post">
   <label>Título</label>
   <input type="text" name="title"
      class="form-control" required />
   <br>

   <label>Tags</label>
   <input type="text" name="tags"
      class="form-control" required />
   <br>

   <label>Título</label>
   <input type="file" name="file"
      class="form-control" required />
   <br>

   <button type="submit" class="btn
      btn-secondary">Cargar</button>
</form>
```

En este caso, dado que el formulario debería enviar un archivo, será necesario agregar el tipo de encriptado, como **multipart/form-data**, para que se procesen los archivos al ser enviados al back-end. De otra manera, el archivo simplemente no se enviaría, y el formulario se procesaría sin ese campo.

```
<form action="" method="post"   enctype="multipart/form-data">
   <label>Título</label>
   <input type="text" name="title"
      class="form-control" required />
   <br>
```

Una vez agregado este atributo, es momento de crear otro archivo que se encargará de verificar que los datos enviados sean correctos, de guardarlo y de registrar un nuevo campo en la base de datos.

Sin embargo, antes es necesario realizar una serie de cambios en las clases que has creado.

En la entrega anterior a este volumen, trabajaste con las operaciones de verificación de los datos desde el controlador o la vista, para chequear que no se ingresaran caracteres extraños en los formularios; en este caso, trabajarás directamente dentro del modelo, para que los datos se escapen desde que se ingresan al nuevo objeto. Modifica la clase **Video** y, en su constructor, cambia la asignación de campos de clase de la siguiente manera:

```php
public function __construct($title, $url, $tags)
{
    $this->title = self::escapeData($title);
    $this->url = self::escapeData($url);
    $this->tags = self::escapeData($tags);
}
```

De esta forma, se llama al método **escapeData()**, de la superclase **Model**, que creaste en el volumen anterior. Ahora, los datos guardados en los campos de clase ya son validados para evitar cualquier tipo de ataque desde un formulario. Lo siguiente será llamar a los métodos que ya has creado, **validate()** y **save()**, dentro de un controlador en este caso.

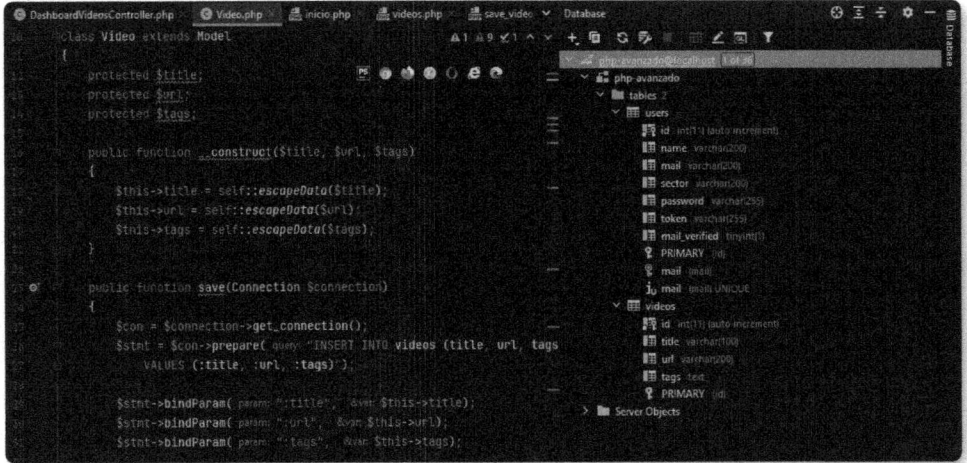

Figura 6.6. PHPStorm te permite configurar el acceso a las bases de datos para visualizar la estructura de tablas y datos e, incluso, ejecutar consultas desde el editor de código.

Dirígete a la carpeta **Controllers** y, en su interior, crea un nuevo archivo que deberá llamarse **DashboardVideosController**, el cual se encargará de declarar un método para guardar los videos que se carguen en el sistema. Esta nueva clase deberá verse de la siguiente forma:

```php
<?php

namespace Controller;

use http\Header;
use Models\Video;

class DashboardVideosController
{
    public function saveNewVideo($title, $url,
    $tags, Connection $connection)
    {
        $video = new Video($title, $url, $tags);
        if(!$video->validate($title, $url, $tags))
        {
            return false;
        }
        $video->save($connection);
        return true;
    }
}
```

Como puedes ver, lo primero que se realiza en este nuevo código es declararse una función que toma como parámetros un objeto de la clase **Connection**, un título, una URL y unos tags para el nuevo video. Una vez dentro, observarás que se crea un nuevo objeto de tipo **Video**, y se validan los datos introducidos, por medio de la función **validate()**. En caso de que la función retorne **false**, se cortará la ejecución del método completo y se retornará el mismo valor booleano. En caso contrario, se guardará el objeto en la base de datos y se retornará **true**.

Antes de crear un archivo que llame a esta nueva función, tendrás que cargar en la base de datos una nueva tabla que te permita almacenar todos los videos del sistema. Para esto, ingresa a tu gestor de bases de datos MySQL y, en la sección de consultas SQL, ingresa lo siguiente:

```sql
CREATE TABLE videos (
    id INT PRIMARY KEY AUTO_INCREMENT NOT NULL,
    title VARCHAR(100),
    url VARCHAR(200),
    tags TEXT
)
```

Como puedes ver, esta instrucción se encarga de generar una nueva tabla en el gestor de bases de datos, con un campo clave autonumérico, un título, una URL y un campo de tipo **TEXT** que almacene los tags o las palabras clave del video.

Una vez creada la tabla, será necesario un archivo que se encargue de procesar la información del formulario y llamar a las funciones que has creado. Dentro de tu carpeta **views**, crea un subdirectorio llamado **actions** y, en su interior, coloca un nuevo archivo llamado **save_video.php**, el cual procesará la información enviada por el formulario. De esta manera, el formulario que creaste antes deberá llevar el atributo **action**.

Dentro del archivo que acabas de crear, en primer lugar deberás colocar el script **php** que verifica que el usuario ha iniciado sesión antes de llegar a esta instancia. Para esto, coloca en su interior este código en la parte superior.

```php
<?php
session_start();
if(!isset( $_SESSION['user'] )){
    header("Location: ./login.php");
}
```

Una vez colocado este código, tendrás que declarar las importaciones necesarias inmediatamente debajo, para que el archivo pueda utilizar las clases que has definido antes.

```php
require '../../controllers/DashboardVideosController.php';
require '../../models/Video.php';

use Controller\Connection;
use Controller\DashboardVideosController;
use Models\Video;
```

A continuación, solo te resta crear un nuevo objeto de tipo **Connection**, instanciar la clase **DashboardVideosController** que creaste recientemente, y llamar a su método **saveNewVideo()**, pasándole como parámetro los campos del formulario anterior. Por último, necesitas cerrar la conexión con la base de datos y, luego, enviar al usuario de nuevo a la lista de videos disponibles con la instrucción **header()**.

```php
$connection = new Connection();

$controller = new DashboardVideosController();

$controller->saveNewVideo(
    $_POST['title'],
    $_FILES['file']['name'],
    $_POST['tags'],
    $connection
);
```

```
$connection->close_connection();

header("Location: ../videos.php");
```

Como observarás, en el método **saveNewVideo()** se guardan el título, el nombre del archivo y los tags del video. Sin embargo, aún no estás guardando el archivo subido al sistema, pero, si pruebas el sistema, verás que, al cargar el formulario, dentro de la base de datos se registra una nueva fila.

No obstante, además es necesario guardar el archivo que se acaba de subir. En el pasado, solían guardarse archivos binarios directamente dentro de las bases de datos, utilizando campos **BLOB**, que almacenaban el archivo dentro del gestor. Como esta no es la manera más recomendable, se comenzó a almacenar en la base de datos únicamente el nombre o la ruta al archivo, mientras que se guardan en el disco duro de la computadora dentro de algún directorio específico para esto.

Para que los archivos subidos al servidor se almacenen de forma correcta, es necesario agregar una nueva función en el modelo **Video**, para que almacene el archivo en alguna parte del proyecto, de esta manera:

```
public function saveFile($fileType, $size, $tempName, $name)
{
    if($fileType == "avi"
    || $fileType == "mp4" || $size < 500000000)
    {
        move_uploaded_file($tempName,
        $_SERVER["DOCUMENT_ROOT"].
        "/pruebas-php/public/uploads/".$name);
        return true;
    }
    return false;
}
```

Si trabajas con un entorno Windows, la mejor opción es utilizar la variable superglobal **$_SERVER["DOCUMENT_ROOT"]**, la cual te permitirá acceder a la raíz del servidor, es decir, a toda la ruta para llegar a la raíz del server Apache, que en este caso puede ser WAMP, XAMPP u otro paquete que hayas instalado. Si te encuentras en un entorno Linux o macOS, tendrás que asegurarte de que el directorio donde desees mover el archivo cuente con los permisos suficientes para ser modificado y almacenar información.

También recuerda que tu archivo **php.ini** posee cierta configuración por defecto, en ella, se declara el peso máximo de los archivos que se pueden subir, procesar y enviar por métodos **POST**. Por esta razón, si deseas permitir un peso excesivo, es posible que debas verificar en este archivo su configuración.

La función **move_uploaded_file()** se encargará de mover el archivo subido al servidor, que se almacena en un directorio temporal, con lo cual tendrás que enviarle como parámetros, en primer lugar, esta ubicación temporal y, en segundo lugar, el directorio destino junto con el nombre que debe llevar dicho archivo. Además, como ves, dentro del condicional que se declaró en esta función solo se permitirán archivos de tipo **avi** o **mp4**, es decir, extensiones de archivo de video, y que solo tengan un peso menor a 500 megas. Estos parámetros de validación son opcionales y puedes escribir aquellas reglas que desees o que se adecuen más a tus necesidades.

También deberías tener en cuenta, que la función **move_uploaded_file()** permite crear y sobrescribir archivos. Es decir, si mueves un archivo en un directorio y se encuentra otro archivo con el mismo nombre, el nuevo sobrescribirá en el antiguo, borrándolo y ocupando su lugar.

Una vez declarada esta función, tendrás que llamarla dentro del método **saveNewVideo()**, en el controlador, actualizando los parámetros que requiere, de la siguiente manera:

```php
public function saveNewVideo($title, $url, $tags, Connection $connection, $file-
Type, $size, $tempName)
{
    $video = new Video($title, $url, $tags);
    if(!$video->validate($title, $url, $tags))
    {
        return false;
    }
    $video->save($connection);

    $video->saveFile(
        pathinfo($url, PATHINFO_EXTENSION), $size,
        $tempName, $url);
    return true;
}
```

para luego llamar a la función dentro del archivo **save_video.php**, de esta manera:

```php
$controller->saveNewVideo(
    $_POST['title'],
    $_FILES['file']['name'],
    $_POST['tags'],
    $connection,
    $_FILES['file']['name'],
    $_FILES['file']['size'],
    $_FILES['file']['tmp_name'],
);
```

Una vez hecho esto, solo queda verificar si la subida fue correcta o incorrecta. Si necesitas realizar testeo y **debbugear** el resultado de alguna función, puedes hacerlo con la función **var_dump** o imprimiendo en el navegador el resultado del método con la instrucción **echo**.

Como siguiente paso, guarda el resultado de la función **saveNewVideo()** y, antes de utilizar el método **header()**, coloca un condicional de esta manera:

```
if($result)
{
    header("Location: ../videos.php");
}
else{
    header("Location: ../videos.php?errors=true");
}
```

En caso de que el guardado de los datos falle, puedes enviarlos a la vista indicando al usuario que hubo un error. En caso contrario, solo redirigirá a la ruta en donde se cargan todos los videos.

6.3 MOSTRAR LOS VIDEOS

Una vez que hayas terminado el sistema de carga de videos, solo queda definir la tabla que se ocupará de mostrarlos ya cargados en el sistema. Dentro de tu archivo **videos.php**, ya has definido una tabla que muestra algo de información, solo los campos en los encabezados de la tabla. Para comenzar, lo primero que necesitarás será crear una función en tu controlador, que se busque todos los videos en la base de datos. Dentro de la clase **DashboardVideosController**, coloca el siguiente código:

```
public static function getVideos()
{
    $connection = new Connection();
    $con = $connection->get_connection();
    $stmt = $con->prepare("SELECT * FROM VIDEOS");
    $stmt->execute();
    $videos = $stmt->fetchAll(PDO::FETCH_ASSOC);
    $connection->close_connection();
    return $videos;
}
```

Este código se encarga de instanciar una nueva conexión, buscar todos los videos de la base de datos y retornarlos luego de cerrar la conexión con la base de datos.

Después, solo tendrás que importar el controlador a tu archivo **videos.php**, llamar a la función estática y almacenar su resultado en una variable.

```
<table class="table">
  <thead>
    <tr>
      <th scope="col">#</th>
      <th scope="col">Title</th>
      <th scope="col">URL</th>
      <th scope="col">Tags</th>
    </tr>
  </thead>
  <tbody>
  <?php
  require
  '../controllers/DashboardVideosController.php';

  $videos = \Controller\DashboardVideosController
    ::getVideos();

    foreach ($videos as $i) { ?>

    <?php } ?>
  </tbody>
</table>
```

Una vez hecho esto, resta que, dentro del bucle **foreach**, se muestre el resultado de la consulta, que recorrerá uno por uno el contenido del arreglo **videos**, que incluye todos los datos en la base de datos.

```
foreach ($videos as $i) { ?>
    <tr>
      <td><?php echo $i['id']; ?></td>
      <td><?php echo $i['title']; ?></td>
      <td><?php echo $i['url']; ?></td>
      <td><?php echo $i['tags']; ?></td>
    </tr>
<?php } ?>
```

Ahora, al ingresar a la vista de los videos, no solo tendrás el formulario para crear nuevas películas o videos, sino también una lista en formato de tabla con todos estos elementos.

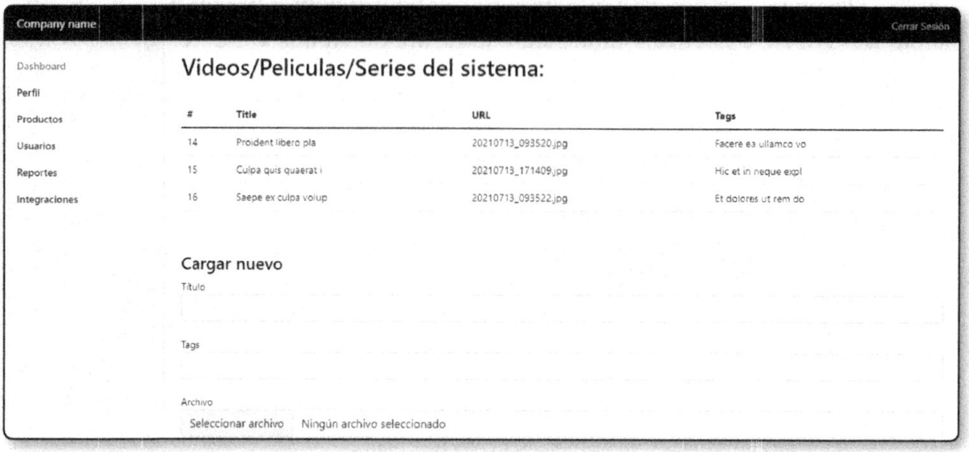

Figura 6.7. Deberías poder ver la tabla con los datos de MySQL junto con el formulario de creación.

6.4 ACTIVIDADES

A continuación se presentan las preguntas que deberías saber responder para considerar aprendido el capítulo.

6.4.1 Test de autoevaluación

1. ¿Qué diferencia existe entre las instrucciones **require** *e* **include***?*

2. ¿Qué función se utiliza para trabajar con archivos en formularios?

3. ¿Qué variable superglobal te permite acceder a la raíz de tu servidor?

4. ¿Qué sucede si subes un archivo con el mismo nombre de otro en una misma ruta?

6.4.2 Ejercicios prácticos

1. Crea un método en tu modelo **Video** *o en tu* **Controlador***, que busque en la base de datos un ID correspondiente a un video.*

2. Con ese ID, busca y borra un elemento de la tabla.

3. Verifica si, tras encontrar y borrar el elemento, la función retornó **true** *o* **false***. ¿Cuál es la diferencia?*

7

APARIENCIA

Ahora que has comenzado a crear un CRUD (acrónimo de Create, Read, Update, Delete) completo para tu plataforma de streaming donde los usuarios puedan comprar, es el momento de darle una apariencia atractiva para que los visitantes vean lo que tu plataforma ofrece.

7.1 FRONT-END

En el capítulo anterior, creaste una nueva sección en tu panel de administración para que se acceda a los datos del sistema, se manipulen, y así crear y visualizar nuevos videos, con lo cual tu sistema ya puede mostrar en el front-end, en la sección donde los visitantes acceden, los videos que se ofrecen, que se pueden comprar y visualizar. Para esto, utiliza la función que ideaste antes y que se encarga de obtener todos los videos del sistema, **getVideos()**, o crea una nueva en el modelo **Video**.

```
public static function getVideos(Connection $connection)
{
    $con = $connection->get_connection();
    $stmt = $con->prepare("SELECT * FROM VIDEOS");
    $stmt->execute();
    return $stmt->fetch(PDO::FETCH_ASSOC);
}
```

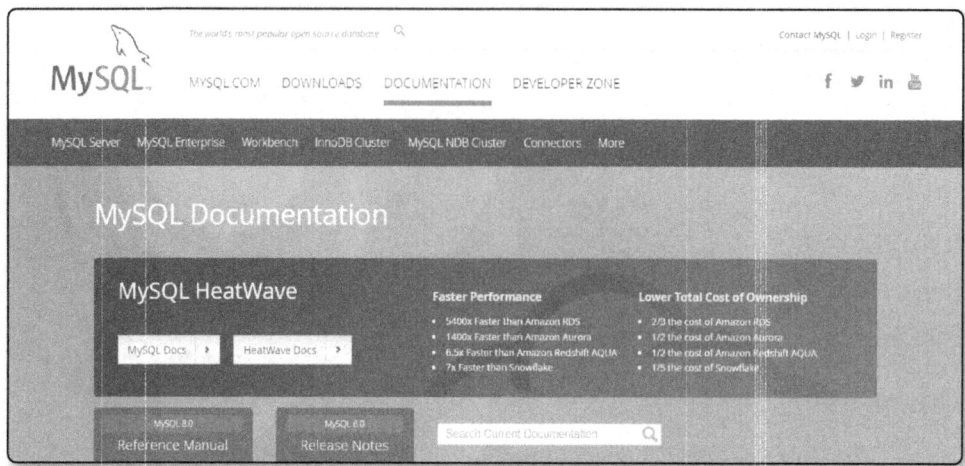

Figura 7.1. MySQL posee una documentación extensa que te
permite verificar y chequear tus consultas SQL.

Una vez que tengas la función, el siguiente paso será crear un archivo
llamado **index.php** en la raíz del proyecto y, allí, establecer una estructura HTML
estándar con las etiquetas básicas.

```
<!DOCTYPE html>
<html lang="es">

<head>
    <meta http-equiv="Content-Type" content="text/html; charset=UTF-8">
    <meta name="viewport"
    content="width=device-width, initial-scale=1">
</head>
<body>

</body>
</html>
```

En este archivo, se mostrarán las películas, los videos y las series del sistema.
Pero antes de lograrlo, será necesario importar las librerías de **Bootstrap** y darle un
diseño interesante a la maqueta. En primer lugar, visita el sitio **https://getbootstrap.
com/** y, desde allí, importa las llamadas a los **CDN** del framework Bootstrap o
descarga todos los archivos para almacenarlos y llamarlos de manera local. Luego,
crea un archivo CSS local llamado **custom.css**, que se encargará de sobrescribir y de
crear algunos estilos extras para tu aplicación.

El **<head>** de tu documento debería tener las siguientes llamadas y lucir de
esta manera:

```
<!DOCTYPE html>
<html lang="es">

<head>
    <meta http-equiv="Content-Type" content="text/html; charset=UTF-8">
    <meta name="viewport"
    content="width=device-width, initial-scale=1">
    <meta name="description" content="">
    <title>Streaming App</title>

    <!- Bootstrap CSS ->
    <link href="https://cdn.jsdelivr.net/npm/bootstrap@5.1¡.3/dist/css/bootstrap.
min.css" rel="stylesheet" integrity="sha3841BmE4kWBq78iYhFldvKuhfTAU6auU8tT94WrH
ftjDbrCEXSU1oBo qyl2QvZ6jIW3"
        crossorigin="anonymous">
    <link href="public/css/custom.css"
        rel="stylesheet">
</head>
```

Ahora, lo siguiente será crear una barra de navegación en la parte superior del **<body>** del documento, que mostrará el nombre de la aplicación y permitirá navegar en ella.

```
<header>
    <nav class="navbar navbar-expand-md
        navbar-dark fixed-top bg-dark">
        <div class="container-fluid">
        <a class="navbar-brand" href="#">
            Streaming App</a>
        <button class="navbar-toggler" type="button"
    data-bs-toggle="collapse"
            data-bstarget="#navbarCollapse"
            aria-controls="navbarCollapse"
            aria-expanded="false"
            aria-label="Toggle navigation">
        <span class="navbar-toggler-icon"></span>
        </button>

        <div class="collapse navbar-collapse"
            id="navbarCollapse">
        <ul class="navbar-nav me-auto mb-2 mb-md-0">
            <li class="nav-item">
                <a class="nav-link active"
                    aria-current="page"
                    href="#">Home</a>
            </li>
        </ul>
        </div>
        </div>
    </nav>
</header>
```

Luego de agregar este componente de Bootstrap, tu página debería verse como muestra la **Figura 7.2**.

Figura 7.2. La barra de navegación de Bootstrap debería lucir así.

Una vez agregada la barra de navegación, lo siguiente será incorporar un **footer** o pie de página que se encargue de mostrar algunos links, como las políticas de privacidad, y un botón para volver hacia arriba.

```
<footer class="container">
    <p class="float-end">
        <a href="#">Back to top</a></p>
        <p>© 2017-2021 Company, Inc.
        <a href="#">Privacy</a>
        <a href="#">Terms and conditions</a>
    </p>
</footer>
```

En este punto, tu aplicación debería lucir de la siguiente forma:

Figura 7.3. De esta manera debería lucir tu encabezado junto con un pie de página.

Por supuesto, puedes cambiar estos componentes por otros de la librería de Bootstrap, modificando las clases que se proveen o creando otras customizadas.

Si deseas aprender más sobre este framework, aprovecha la obra Bootstrap, desde este **link**.

A continuación, trabajarás en la muestra de los distintos videos cargados en el sistema, para lo cual crearás un **slider** o **carrusel dinámico** que se encargará de mostrar los últimos videos.

Debajo de las etiquetas **<header>**, coloca un elemento **<main>** y, en su interior, ubica el siguiente código.

```
<div id="myCarousel" class="carousel slide"
   data-bs-ride="carousel">
   <div class="carousel-indicators">

      <button type="button"
         data-bs-target="#myCarousel"
         data-bs-slide-to="0" class="active"
         aria-current="true"
         aria-label="Slide 1"></button>

      <button type="button"
         data-bs-target="#myCarousel"
         data-bs-slide-to="1"
         aria-label="Slide 2"></button>

      <button type="button"
         data-bs-target="#myCarousel"
         data-bs-slide-to="2"
         aria-label="Slide 3"></button>

   </div>
   <div class="carousel-inner">

   </div>
```

```
<button class="carousel-control-prev"
    type="button" data-bs-target="#myCarousel"
data-bs-slide="prev">
   <span class="carousel-control-prev-icon"
      aria-hidden="true"></span>
   <span class="visually-hidden">Previous</span>
</button>

<button class="carousel-control-next"
   type="button" data-bs-target="#myCarousel"
   data-bs-slide="next">

   <span class="carousel-control-next-icon"
      aria-hidden="true"></span>
   <span class="visually-hidden">Next</span>
</button>
</div>
```

Este es el famoso carrusel de Bootstrap. Es un componente que te permite definir un carrusel con distintos elementos de manera sencilla y sin necesidad de programar código CSS o JavaScript extra, ya que funciona de forma simple desde su instalación. Recuerda que para su funcionamiento, necesitarás instalar en tu proyecto las dependencias de JavaScript de Bootstrap, lo cual puedes hacer mediante copiar y pegar las etiquetas **<script>** justo antes del cierre de las etiquetas **</body>** de tu página, que se encuentran en la página oficial del framework.

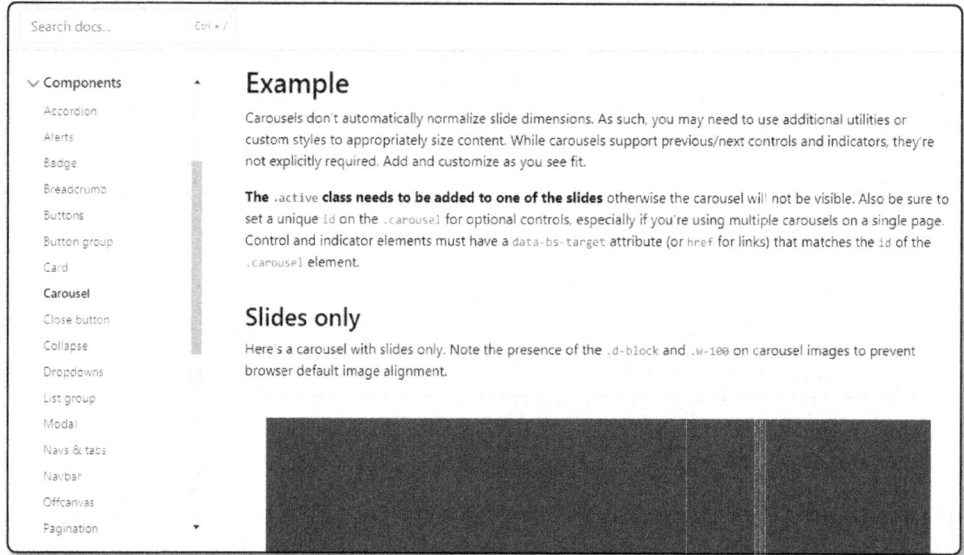

Figura 7.4. La documentación de Bootstrap ofrece ejemplos con componentes listos para utilizar.

En tu carrusel, solo tendrás que preocuparte por trabajar dentro del elemento **<div>** con la clase **carousel-inner**, donde irán los elementos del carrusel. El resto de elementos hacen referencia a los botones, indicadores de posición y contenedores para que el carrusel sea responsive y adaptable a cualquier pantalla.

Dentro del elemento **<div class="carousel-inner">**, coloca el siguiente código PHP:

```php
<?php
require
  './controllers/DashboardVideosController.php';

$videos = \Controller\DashboardVideosController::getVideos();

  $j = 0;
  foreach ($videos as $i) { ?>

  <?php $j++;
  }
?>
```

En este código, se requiere el controlador **DashboardVideosController**, y se ejecuta la función estática **getVideos**.

Para que el último video en cargarse al sistema sea el primero en mostrarse, puedes cambiar la sentencia **SQL** en el controlador, o en el modelo si fue donde lo declaraste, por la siguiente:

```php
$stmt = $con->prepare("SELECT * FROM VIDEOS ORDER BY ID DESC LIMIT 3");
```

Esto hará que la consulta **SQL** ordene la tabla por su campo clave de manera descendente mediante la cláusula **ORDER BY**, y solo trayendo tres registros, es decir, los tres últimos, con la cláusula **LIMIT**.

Por supuesto, puedes traer la cantidad de registros que desees en tu sistema (**Figura 7.5.**).

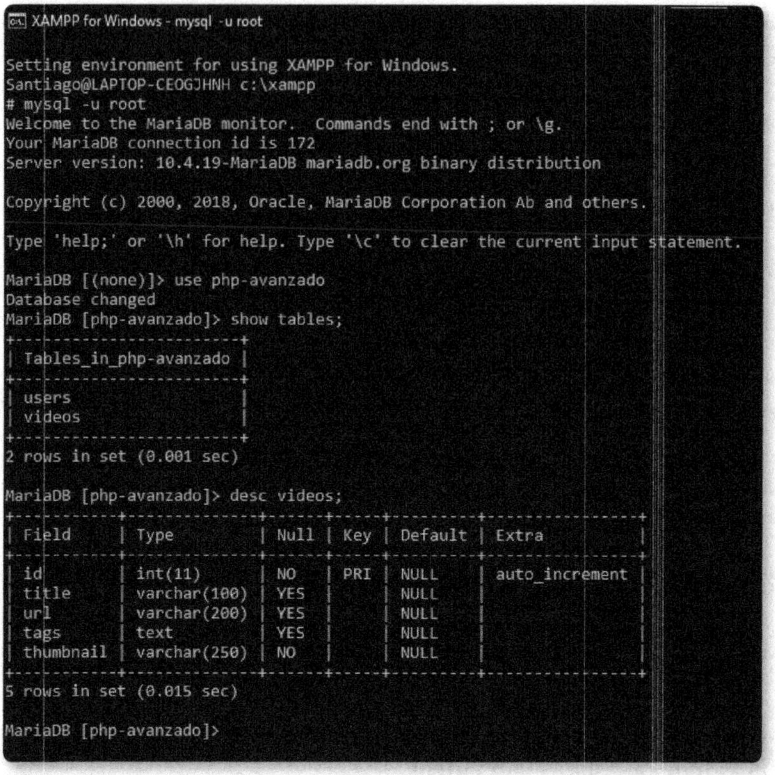

Figura 7.5. Accede a MySQL desde la consola de tu sistema indicando el usuario y la contraseña.

Dentro del bucle **foreach** que declaraste arriba, tendrás que colocar el siguiente código:

```php
foreach ($videos as $i) { ?>

<div class="carousel-item<?php if($j == 0) echo ' active' ?>">

    <img src="./public/uploads/
        <?php echo $i['thumbnail']; ?>"
        width="100%" height="100%">

        <div class="container">
        <div class="carousel-caption text-start">
            <h1><?php echo $i['title']; ?></h1>
            <p><a class="btn btn-lg btn-primary"
                href="#">Ver...</a></p>
        </div>
        </div>
    </div>


<?php $j++; } ?>
```

En este código, en primer lugar, se declara un elemento **<div class=”carousel-item>**, que será cada uno de los ítems del carrusel que irán girando en su interior cada cierta cantidad de segundos.

Sin embargo, es necesario que uno de estos elementos tenga declarada la clase **active** para que Bootstrap sepa cuál es el primer elemento en mostrarse del carrusel, es decir, en qué elemento comienza el slider.

Dado que este carrusel no es estático, sino que se construye con elementos dinámicos de una base de datos, es necesario que en la primera vuelta de bucle se declare la clase **active**, para que aparezca en primer lugar al cargar el sitio web (Figura 7.6.).

Inmediatamente debajo, se declara una imagen cargada desde el directorio **public/uploads**, con un 100% de ancho y de alto.

Debajo, se declara un elemento con la clase de **Bootstrap container**, que lleva el título del elemento traído de la base de datos y un botón.

Ahora, si cargas algunos videos en tu sistema, podrías comenzar a verlos. Pero, para el carrusel, no se declararán los videos, sino imágenes **preview** o **thumbnails**. Antes de continuar y probar el sistema, se deberá modificar un poco el panel de administración.

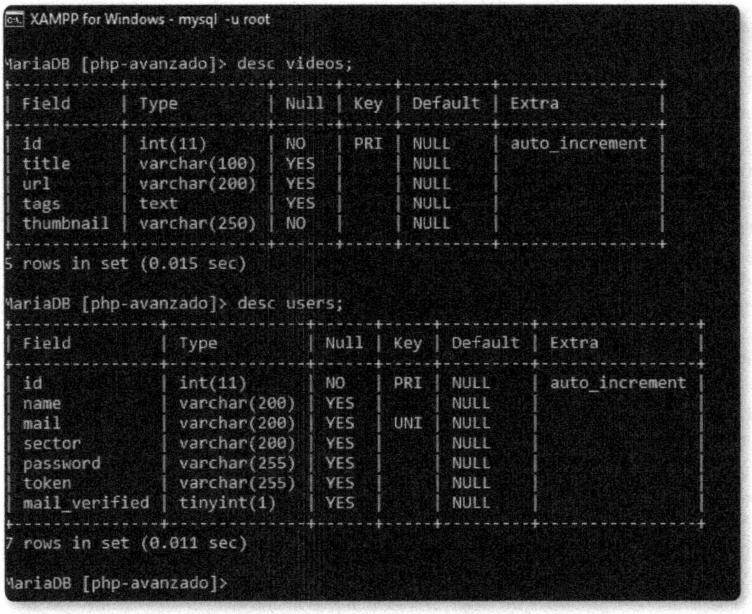

```
XAMPP for Windows - mysql  -u root

MariaDB [php-avanzado]> desc videos;
+-----------+--------------+------+-----+---------+----------------+
| Field     | Type         | Null | Key | Default | Extra          |
+-----------+--------------+------+-----+---------+----------------+
| id        | int(11)      | NO   | PRI | NULL    | auto_increment |
| title     | varchar(100) | YES  |     | NULL    |                |
| url       | varchar(200) | YES  |     | NULL    |                |
| tags      | text         | YES  |     | NULL    |                |
| thumbnail | varchar(250) | NO   |     | NULL    |                |
+-----------+--------------+------+-----+---------+----------------+
5 rows in set (0.015 sec)

MariaDB [php-avanzado]> desc users;
+---------------+--------------+------+-----+---------+----------------+
| Field         | Type         | Null | Key | Default | Extra          |
+---------------+--------------+------+-----+---------+----------------+
| id            | int(11)      | NO   | PRI | NULL    | auto_increment |
| name          | varchar(200) | YES  |     | NULL    |                |
| mail          | varchar(200) | YES  | UNI | NULL    |                |
| sector        | varchar(200) | YES  |     | NULL    |                |
| password      | varchar(255) | YES  |     | NULL    |                |
| token         | varchar(255) | YES  |     | NULL    |                |
| mail_verified | tinyint(1)   | YES  |     | NULL    |                |
+---------------+--------------+------+-----+---------+----------------+
7 rows in set (0.011 sec)

MariaDB [php-avanzado]>
```

Figura 7.6. Mediante la instrucción DESC puedes obtener
información sobre la tabla que necesites utilizar.

7.2 AGREGAR CAMPOS DE CLASE

La plataforma web que los usuarios verán no mostrará los videos en la home o página de inicio, sino solo imágenes de muestra. Para esto, será necesario que modifiques el modelo **Video** agregando una nueva propiedad.

```
class Video extends Model
{
   ...
   protected $thumbnail;
}
```

Tendrás que modificar el método **constructor** y las funciones **save()** y **validate()**, que guardan y verifican los datos del registro, respectivamente.

```
public function __construct($title, $url, $tags, $thumbnail)
{
   $this->title = self::escapeData($title);
   $this->url = self::escapeData($url);
   $this->tags = self::escapeData($tags);
   $this->thumbnail = self::escapeData($thumbnail);
}

public function save(Connection $connection)
{
   $con = $connection->get_connection();
   $stmt = $con->prepare("INSERT INTO videos
   (title, url, tags, thumbnail)
   VALUES (:title, :url, :tags, :thumbnail)");

   $stmt->bindParam(":title", $this->title);
   $stmt->bindParam(":url", $this->url);
   $stmt->bindParam(":tags", $this->tags);
   $stmt->bindParam(":thumbnail",
      $this->thumbnail);

   return $stmt->execute();
}

public static function validate($title, $tags, $file, $thumbnail)
{
   if($title == null || $tags == null || $file ==
      null || $thumbnail == null)
   {
      return false;
   }
   return true;
}
```

Ahora, puedes guardar en la base de datos también el nombre del archivo que se suba como **thumbnail**. Sin embargo, será necesario crear otra función, una nueva que se encargue de guardar el archivo en el disco de almacenamiento del servidor, de la misma forma que hiciste con los videos.

Dentro del modelo **Video**, crea la siguiente función:

```
public function saveThumbnail($fileType, $size, $tempName, $name)
{
    if($fileType == "jpg" || $fileType == "png" ||
      $size < 500000000)
    {
        move_uploaded_file($tempName,
          $_SERVER["DOCUMENT_ROOT"].
          "/pruebas-php/public/uploads/".$name);
        return true;
    }
    return false;
}
```

Como puedes ver, realiza una función similar a la que creaste en el capítulo anterior para guardar un video. Luego, tendrás que cargar este método en el controlador de esta manera:

```
public function saveNewVideo(Connection $connection, $title, $url, $tags, $thum-
bnail, $thumb_size, $thumb_tmp_name, $fileType, $size, $tempName)
{

$video = new Video($title, $url, $tags, $thumbnail);
if(!$video->validate($title, $url, $tags, $thumbnail))
{
    return false;
}
$video->save($connection);
$video->saveFile(pathinfo($url, PATHINFO_EXTENSION), $size, $tempName, $url);
$video->saveThumbnail(pathinfo($thumbnail, PATHINFO_EXTENSION), $thumb_size,
$thumb_tmp_name, $thumbnail);

return true;
}
```

para que, entonces, se guarde tanto el video como el **thumbnail** que se mostrará al público.

En el formulario de creación de nuevos videos, tendrás que agregar el siguiente campo:

```
<label>Preview</label>
<input type="file" name="thumbnail"
   class="form-control" required />
<br>

<button type="submit"
   class="btn btn-secondary">Cargar</button>
```

Figura 7.7. El nuevo formulario incluye un campo para la imagen de previsualización.

Para finalizar, en el archivo **save_video.php**, cambia la llamada al método **saveNewVideo()** de la siguiente manera:

```php
$connection = new Connection();

$controller = new DashboardVideosController();

$result = $controller->saveNewVideo(

   $connection,
   $_POST['title'],
   $_FILES['file']['name'],
   $_POST['tags'],
   $_FILES['thumbnail']['name'],
   $_FILES['thumbnail']['size'],
   $_FILES['thumbnail']['tmp_name'],
   $_FILES['file']['name'],
   $_FILES['file']['size'],
   $_FILES['file']['tmp_name'],
);
```

```
$connection->close_connection();
```

Ahora, puedes ingresar a la plataforma para cargar un nuevo video. Sería interesante que completaras el formulario dentro de la plataforma para que se vea antes en la tabla del panel de administración. Para esto, tendrás que agregar el **<th>** en la tabla que creaste en el capítulo anterior, y un nuevo **<td>** que en su interior tenga la imagen **preview** del video o la película.

```html
<table class="table">
   <thead>
   <tr>
      <th scope="col">#</th>
      <th scope="col">Title</th>
      <th scope="col">URL</th>
      <th scope="col">Thumbnail</th>
      <th scope="col">Tags</th>
   </tr>
   </thead>
   <tbody>
   <?php
   require  '../controllers/DashboardVideosController.php';
   $videos = \Controller\DashboardVideosController
      ::getVideos();

   foreach ($videos as $i) { ?>
   <tr>
      <td><?php echo $i['id']; ?></td>
      <td><?php echo $i['title']; ?></td>
      <td><?php echo $i['url']; ?></td>
      <td><img
         src="../public/uploads/
         <?php echo $i['thumbnail']; ?>"
         style="width: 50px"></td>
      <td><?php echo $i['tags']; ?></td>
   </tr>
   <?php } ?>
   </tbody>
</table>
```

			Cerrar Sesión
#	Title	URL	Thumbnail	Tags
17	Documental sobre Naturaleza	video3.mp4		naturaleza, animales, documentales
18	Aventura en la montaña	video1.mp4		aventura, accion, naturaleza

Figura 7.8. Ahora la tabla muestra también el thumbnail del video.

Una vez que cargues dos o tres videos, podrás ver en el carrusel de la página inicial del proyecto las imágenes de previsualización para que se muestren en lugar del video completo. Sin embargo, es necesario incluir algo de código CSS para que se muestre de forma correcta. Agrega el siguiente archivo en tu carpeta **public**, dentro de un directorio **css**, llamado **custom.css**, con el siguiente código:

```css
.bd-placeholder-img {
    font-size: 1.125rem;
    text-anchor: middle;
    -webkit-user-select: none;
    -moz-user-select: none;
    user-select: none;
}

@media (min-width: 768px) {
    .bd-placeholder-img-lg {
        font-size: 3.5rem;
    }
}

body {
    padding-top: 3rem;
    padding-bottom: 3rem;
    color: #5a5a5a;
}

.carousel {
    margin-bottom: 4rem;
}

.carousel-caption {
    bottom: 3rem;
    z-index: 10;
}

.carousel-item {
    height: 32rem;
}

.carousel-item > img {
    position: absolute;
    top: 0;
    left: 0;
    min-width: 100%;
    height: 32rem;
}
```

```css
.marketing .col-lg-4 {
    margin-bottom: 1.5rem;
    text-align: center;
}
.marketing h2 {
    font-weight: 400;
}

.marketing .col-lg-4 p {
    margin-right: .75rem;
    margin-left: .75rem;
}

.featurette-divider {
    margin: 5rem 0;
}

.featurette-heading {
    font-weight: 300;
    line-height: 1;
    letter-spacing: -.05rem;
}

@media (min-width: 40em) {
.carousel-caption p {
        margin-bottom: 1.25rem;
        font-size: 1.25rem;
        line-height: 1.4;
    }

    .featurette-heading {
        font-size: 50px;
    }
}

@media (min-width: 62em) {
    .featurette-heading {
        margin-top: 7rem;
    }
}
```

Sin embargo, como delante de la imagen se coloca un texto que se forma con el título de la base de datos, una imagen clara no permitiría ver correctamente el texto. Para esto, puedes agregar la propiedad CSS **filter**, con el valor **brightness** seteado en 0.3 o similar, que agregará una especie de filtro sobre la imagen, oscureciéndola para que el texto en color blanco resalte.

Figura 7.9. El inspector del navegador y su consola te permiten jugar
con los códigos JavaScript y CSS, y encontrar bugs.

Puedes agregar el siguiente código en la sección superior de tu archivo PHP, dentro de las etiquetas **<head>** o en la parte inferior de tu archivo **custom.css**.

Además, si lo deseas, incluye otro método que salte los primeros tres registros con una consulta SQL. Para esto, deberías crear un nuevo método que se encargue de retornar los registros con una consulta como la siguiente:

```php
public static function skipFirstThreeVideos()
{
    $connection = new Connection();
    $con = $connection->get_connection();

    $stmt = $con->prepare("SELECT * FROM VIDEOS
    ORDER BY ID DESC LIMIT 3, 3");
    $stmt->execute();

    $videos = $stmt->fetchAll(PDO::FETCH_ASSOC);
    $connection->close_connection();
    return $videos;
}
```

De esta manera, se saltan los primeros tres registros y, luego, se solicitan los siguientes tres registros, después de ser ordenados por su campo ID de forma descendente.

En la sección inferior al carrusel, coloca el siguiente código:

```php
<div class="container marketing">
    <div class="row">
    <?php
    $videos =
    \Controller\DashboardVideosController::
```

```
getVideos();
foreach ($videos as $i) { ?>

<div class="col-lg-4">
  <img src="./public/uploads/
  <?php echo $i['thumbnail']; ?>"
    style="width: 150px;
        height: 150px;
        border-radius: 150px"
  />
  <h2><?php echo $i['title']; ?></h2>
  <p>
  <a class="btn btn-secondary" href="">
    View details »
  </a></p>
</div>

  <?php } ?>
</div>
<hr class="featurette-divider">
</div>
```

Esto generará tres nuevos elementos en columnas de cuatro, en una grilla dividida en doce columnas horizontales, lo que significa que entrarán tres registros en una misma fila.

Ahora, en tu página principal, verás los seis primeros registros de la base de datos, ordenados de más nuevos a más antiguos. Para esto, en total, tendrás que insertar seis registros de prueba, aunque también puedes utilizar los mismos tres registros para probar el funcionamiento general.

Figura 7.10. Ahora los usuarios ven los últimos videos de la plataforma.

7.3 ELIMINAR REGISTROS

Ahora que sabes cómo agregar nuevos registros y mostrarlos en el panel de administración, el borrado de registros es sencillo. El primer paso es cambiar la tabla de **Videos** y **Películas** del sistema, creando un formulario en cada registro o fila de la tabla.

Para esto, es necesario cambiar el código del archivo **videos.php** de esta manera:

```
<tr>
    <td><?php echo $i['id']; ?></td>
    <td><?php echo $i['title']; ?></td>
    <td><?php echo $i['url']; ?></td>
    <td><img src="../public/uploads/
        <?php echo $i['thumbnail']; ?>"
        style="width: 50px">
    </td>
    <td><?php echo $i['tags']; ?></td>
    <td>
    <form action="./actions/delete_video.php"
        method="post">
        <input name="id"
            value="<?php echo $i['id']; ?>"
            type="text" style="display: none;" />

        <button type="submit"
        class="btn btn-danger">Delete</button>
    </form>
    </td>
</tr>
```

Una vez creado el formulario, tendrás que crear un archivo llamado **delete_ video.php**. Antes de definir el código que se encuentra dentro del nuevo archivo, crearás un nuevo método en el controlador, de esta manera:

```
public function delete(Connection $connection, $id)
{
    $con = $connection->get_connection();
    $stmt = $con->prepare("DELETE FROM videos WHERE
        id=".$id);
    return $stmt->execute();
}
```

Mediante la sentencia **SQL DELETE**, puedes borrar el registro de la base de datos que coincida con el ID enviado. Una vez hecho esto, ya es posible definir el código que se encuentra dentro del archivo **delete_video.php**:

```php
<?php
session_start();
if(!isset( $_SESSION['user'] )){
header("Location: ./login.php");
}
require '../../controllers/DashboardVideosController.php';
require '../../models/Video.php';

use Controller\Connection;
use Controller\DashboardVideosController;

$connection = new Connection();
$controller = new DashboardVideosController();

$result = $controller->delete(
    $connection,
    $_POST['id']
);

$connection->close_connection();
if($result)
{
    header("Location: ../videos.php");
}
else{
    header("Location: ../videos.php?errors=true");
}
```

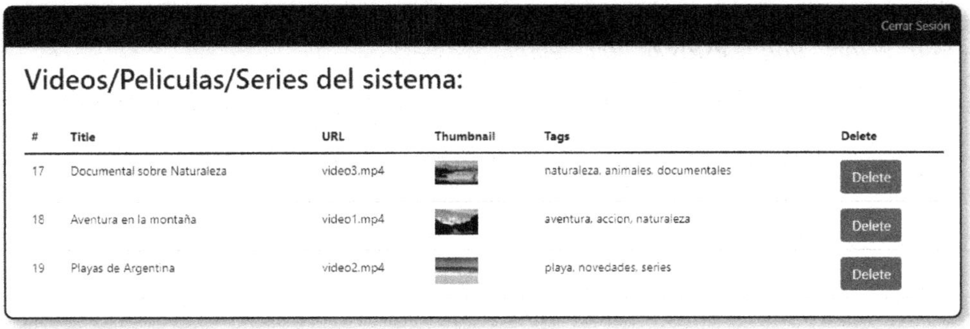

Videos/Peliculas/Series del sistema:

Cerrar Sesión

#	Title	URL	Thumbnail	Tags	Delete
17	Documental sobre Naturaleza	video3.mp4		naturaleza, animales, documentales	Delete
18	Aventura en la montaña	video1.mp4		aventura, accion, naturaleza	Delete
19	Playas de Argentina	video2.mp4		playa, novedades, series	Delete

Figura 7.11. Tras hacer clic en el botón Delete, se borrará el registro de la base de datos y de la tabla.

Ya puedes probar a borrar y cargar nuevos registros en la base de datos para verificar que todo funcione correctamente.

7.4 ACTIVIDADES

A continuación se presentan las preguntas que deberías saber responder para considerar aprendido el capítulo.

7.4.1 Test de autoevaluación

1. ¿Para qué se utiliza la palabra clave en SQL LIMIT?

2. ¿Qué función se utiliza para mover archivos en PHP?

3. ¿Con que instrucción SQL se borra un registro en una tabla?

7.4.2 Ejercicios prácticos

1. Borra algún registro de la base de datos. Recuerda que es necesario también borrar el archivo asociado.

*2. Elimina un archivo con PHP mediante la función **unlink()**.*

3. Dentro de la función que se encarga de borrar el registro de la base de datos, busca el registro con el ID asociado en la base de datos.

4. Antes de borrarlo, utiliza el nombre del archivo para eliminar el archivo en el directorio donde estos se almacenan.

8

PASARELA DE PAGO

En el capítulo anterior, creaste un sistema para el front-end, desde el cual los usuarios pueden visitar aquellas películas, videos y elementos que has creado desde el panel de administración, por eso, es momento de avanzar con el sistema de compras.

8.1 LIBRERÍAS DE PAGO

Ahora que se pueden visualizar los elementos, como videos, documentales o películas, es posible mostrar a los usuarios una forma de pago. Dentro del mundo del desarrollo en PHP, se pueden crear **galerías de pago** o **pasarelas** para el procesamiento de dinero con tarjetas en la Web, gracias a las librerías disponibles. Esto significa que puedes procesar pagos y ofrecer productos a los usuarios de manera cien por ciento virtual sin necesidad de pagos físicos. Dado que existen varias librerías de pago, puedes optar por utilizar distintas plataformas que te permiten realizar una conexión o puente entre el sitio web, que recibe códigos de la tarjeta de crédito o débito del usuario, y la cuenta bancaria de destino, vendiendo cualquier tipo de producto.

Para pagos dentro de Latinoamérica, una de las librerías que se suele utilizar es **MercadoPago**, que cuenta con integración para distintas páginas web, desde conexión con sitios con únicamente front-end o plataformas **codeless** hasta integración con sitios con back-end creados cien por ciento con código, y ofrece integración con tecnologías como **PHP**, **Java**, **Python**, **Node** y otros lenguajes populares.

Figura 8.1. MercadoPago SDK es un paquete para desarrolladores que
puede trabajar con PHP, Golang, Ruby y Java, entre otros.

Esto genera un nexo entre una cuenta o **billetera virtual** y el sitio web donde
los usuarios pueden abonar. Otra alternativa es **PayPal**, una plataforma de pagos muy
popular, que permite trabajar con distintas opciones de pago, desde integraciones con
JavaScript, pagos dentro de aplicaciones nativas de iOS o Android, y **API's RESTFul**,
para que cada desarrollador trabaje con el tipo de integración que le resulte más
cómoda. PayPal es ampliamente utilizado para pagos internacionales o en dólares,
con lo cual es una buena alternativa para aplicaciones que venden productos digitales.

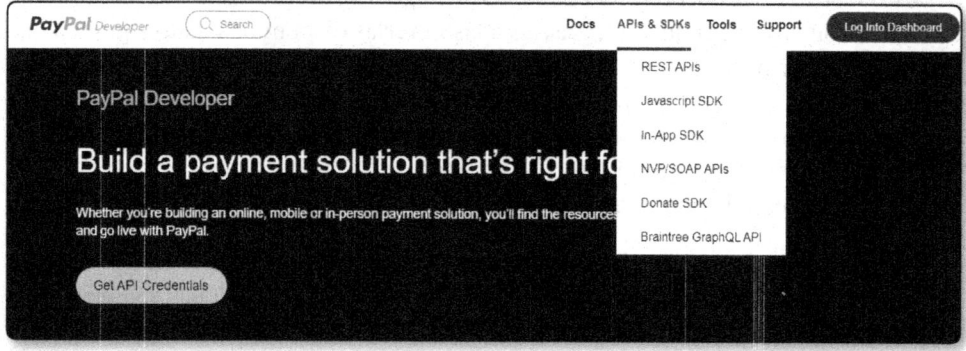

Figura 8.2. PayPal es una alternativa interesante para pagos internacionales.

Otra alternativa a estas librerías es **Stripe**, una plataforma que permite
integración con todo tipo de soluciones: desde tecnologías, como páginas
preconfiguradas sin código abierto CMS como **WordPress**, o también, desarrollo
customizado, con PHP, .NET, Golang, Node.JS, Java, Python o Ruby. Stripe funciona

como nexo entre una cuenta bancaria y un sitio web que ofrezca pagos en línea con tarjetas de crédito, por medio del código del back-end.

La elección de una u otra librería de pago suele basarse en las ventajas que cada una ofrece, dependiendo de las tarjetas que cada una acepte, las tarifas o comisiones que cada plataforma solicita por pagos, y las regiones donde opera.

En este ejemplo, se utilizará la librería para PHP desarrollada por Stripe para aceptar pagos en línea. Para instalarla, tendrás que abrir una terminal y ubicarte en el proyecto que te encuentras trabajando o dentro de la terminal integrada de tu editor de código y ejecutar el comando **composer require stripe/stripe-php**. Es posible que en este punto salte un error en tu terminal, que te indique un problema con tu versión de PHP si no tienes instalada al menos la versión 8.0 del lenguaje en tu computadora. Una solución para esto es actualizar tu versión del lenguaje a la última disponible, pero, si aun así la instalación falla, prueba a instalar la librería con este comando, agregando la opción **—ignore-platform-reqs**, lo cual instalará la librería con algunas advertencias, pero sin detener la instalación por errores de conflictos de versión.

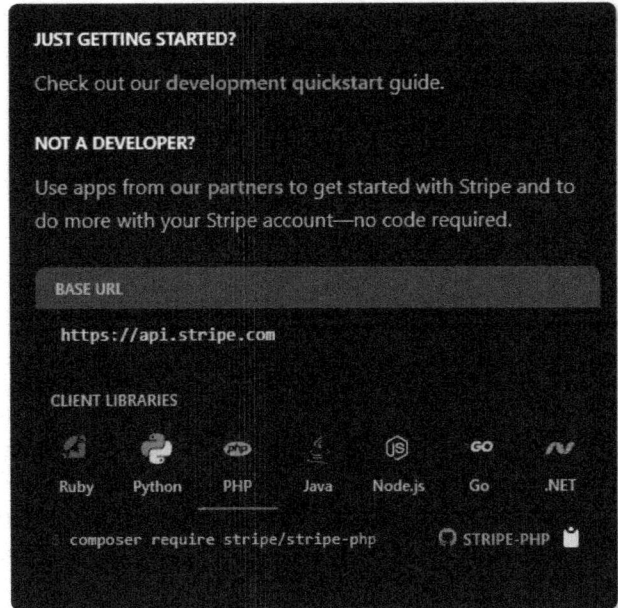

Figura 8.3. Stripe ofrece integración con distintas tecnologías de desarrollo web disponibles en el mercado.

Tras instalar la librería de Stripe PHP en tu aplicación, será necesario contar con una cuenta dentro de la plataforma para realizar pruebas. Por suerte, Stripe te permite crear cuentas de manera gratuita y ofrece una sección de pruebas desde la cual puedes testear tu aplicación sin necesidad de configurar la cuenta con un servicio bancario real, junto con tarjetas de prueba que te permiten probar tu integración sin gastar dinero ni realizar compras reales.

Para crear una cuenta personal dentro de Stripe, es necesario acceder a **https://dashboard.stripe.com/**, y allí crear una cuenta con un correo electrónico y contraseña.

Tras crear una cuenta dentro de la plataforma, Stripe te ofrecerá dos credenciales secretas que no debes compartir bajo ninguna circunstancia en cuanto se trate de una cuenta real. Las claves se conocen como **clave pública**, un token que puede utilizarse en el front-end y que puede compartirse sin problemas, dado que se trata de una simple clave de conexión al sistema de Stripe, que trae el servicio de la plataforma y crea en tu página web un pequeño formulario de pago.

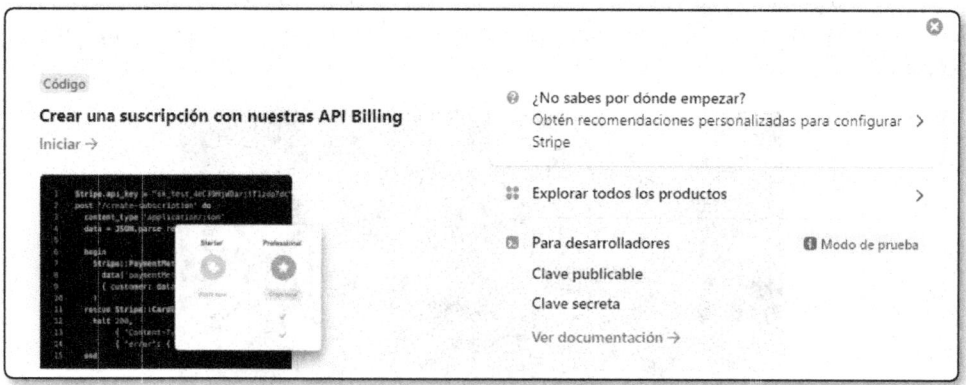

Figura 8.4. Stripe te muestra las claves pública y privada de tu aplicación para realizar la integración en tu web.

Por otro lado, la clave secreta o **API Key** consiste en una clave que no debe compartirse ni extraviarse, ya que puede derivar en problemas de seguridad. Si pierdes tu clave privada o secreta, o temes que se ha compartido o filtrado a un tercero, se recomienda cambiarla rápidamente, ya que puede resultar en un problema muy grave. Si trabajas con **GitLab**, **GitHub** o cualquier sistema de repositorios remotos, se recomienda no **commitear** las claves de tus servicios de pago, o mantener el repositorio como privado.

Una vez que hayas copiado y pegado tus claves e instalado la librería de Stripe PHP en tu proyecto, es momento de comenzar a trabajar con el sitio web para crear una pantalla de compra. En primer lugar, necesitarás crear un archivo llamado **video.php** en la raíz de tu proyecto y, allí, colocar el siguiente código:

```php
<?php
require './controllers/DashboardVideosController.php';
$video = \Controller\DashboardVideosController::
    find($_GET['id']);
?>
<!DOCTYPE html>
<html lang="es">

<head>
</head>
<body>
</body>
</html>
```

En esta sección, se llamará por medio del controlador al método **find()**, que aún debes crear, para cargar la información sobre el video que se haya buscado (**Figura 8.5.**).

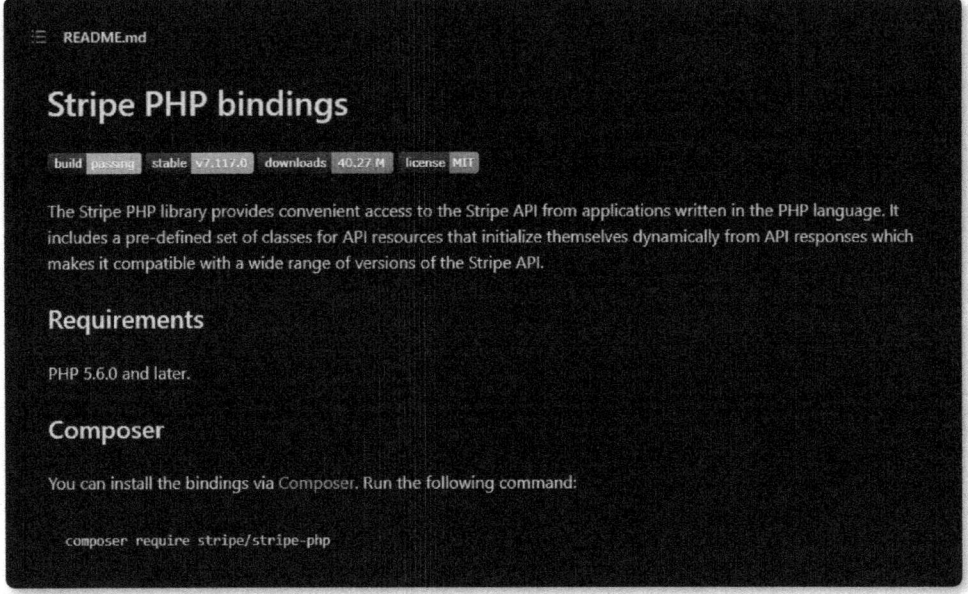

Figura 8.5. El repositorio oficial en GitHub de Stripe te ofrece el código de la librería junto con la documentación.

Por ejemplo, si un usuario ingresa a **video.php?id=1**, se llegará a la información del video sobre el cual se podrá comprar. Para lograr esto, en el archivo **index.php** que creaste en el capítulo anterior, tendrás que modificar el carrusel y la lista de videos, para que cada botón tenga como hipervínculo un link a este archivo, concatenado con el ID del video, es decir que, al hacer clic en uno de los botones, se llevará al usuario a la vista **video.php** y, como parámetro **GET**, se enviará el ID del video.

```
<div class="carousel-caption text-start">
   <h1><?php echo $i['title']; ?></h1>
      <p>Some representative placeholder.</p>
      <p><a class="btn btn-lg btn-primary"
         href="video.php?id=<?php
            echo $i['id']; ?>">
         Ver...</a>
      </p>
</div>
```

Una vez hecho esto, dentro del archivo **DashboardVideosController**, coloca el siguiente método, que se encargará de buscar un video por medio del parámetro ID solicitado.

```
public static function find($id)
{
   $connection = new Connection();
   $con = $connection->get_connection();
   $stmt = $con->prepare
      ("SELECT * FROM videos WHERE id= ?");
   $stmt->execute(array($id));
   return $stmt->fetch();
}
```

Ahora, la función **find()** estática se encargará de buscar y retornar un video, con lo cual podrás mostrar todos los datos en el front-end. Para esto, en primer lugar, coloca el siguiente código en las etiquetas HTML **<head>** del archivo **video.php**.

```
<head>
   <meta http-equiv="Content-Type"
      content="text/html; charset=UTF-8">
   <meta name="viewport"
   content="width=device-width, initial-scale=1">
   <meta name="description" content="">
   <title>Streaming App</title>
   <!- Bootstrap CSS ->
   <link href="public/css/custom.css"
      rel="stylesheet">
   <style>
   .carousel-item > img {
      filter: brightness(0.3);
   }
   #mainJumb
   {
      background-image: url(
```

```
        "./public/uploads/<?php echo
         $video['thumbnail']; ?>");
      background-repeat: no-repeat;
      background-size: cover;
      padding: 5%;
      color: white;
   }
   footer
   {
      position: absolute;
      bottom: 0;
   }
   </style>
</head>
```

Como puedes ver en este código, se define la llamada a las librerías Bootstrap, junto con otros metaelementos del archivo y, luego, se definen algunos estilos, entre ellos, una imagen de fondo que será el **thumbnail** del video en particular. Una vez hecho esto, es momento de crear los elementos HTML que tomarán estos estilos.

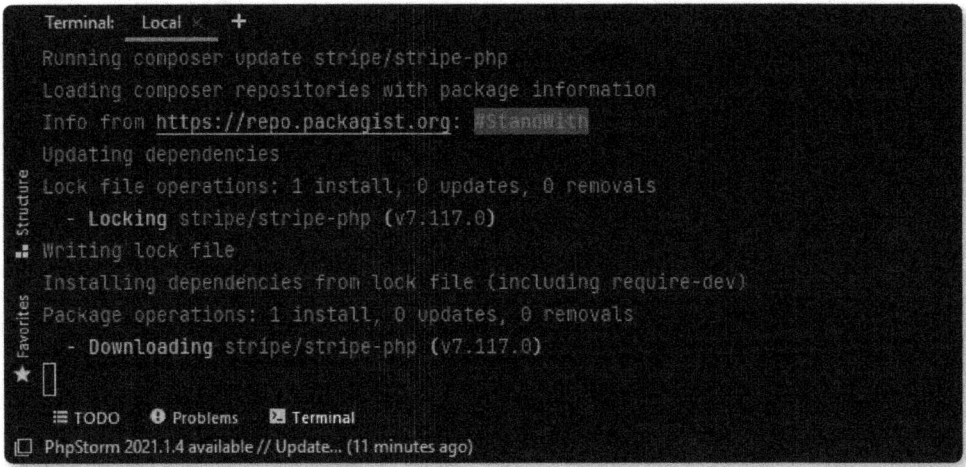

Figura 8.6. Composer te permite instalar librerías de repositorios oficiales que pueden ayudarte a desarrollar.

Dentro de las etiquetas **<body>** coloca el siguiente código:

```
<header>

</header>

<main>

   <div class="jumbotron" id="mainJumb">
```

```
<h1 class="display-4">
   <?php echo $video['title']; ?>
</h1>
<hr class="my-4">
<p>Compre con tarjeta de crédito o débito este
documental, haciendo click en el botón
inferior.</p>
<a class="btn btn-primary btn-lg"
   href="comprar.php?id=
   <?php echo $video['id']; ?>"
   role="button">Comprar</a>
</div>

<footer class="container">
<p class="float-end">
   <a href="#">Back to top</a>
</p>
<p>© 2017-2021 Company, Inc. · <a
   href="#">Privacy</a> ·
<a href="#">Terms and conditions</a></p>
</footer>
</main>
```

Si el usuario hace clic ahora sobre el botón de comprar, se lo llevará a un archivo llamado **comprar.php**, similar al que has creado recientemente, dado que poseerá como parámetro **GET** un ID del video.

Dentro de las etiquetas **<header>** que acabas de crear, irá el mismo contenido que el archivo **index.php**, es decir, la misma barra de navegación. De la misma forma sucede con el **footer** o pie de página, que se trata del mismo contenido. Para que el proyecto sea mucho más modular, puedes incluir esto en archivos separados, llamados **footer.php**, con este contenido:

```
<footer class="container">
<p class="float-end">
   <a href="#">Back to top</a>
</p>
<p>© 2017-2021 Company, Inc. ·
   <a href="#">Privacy</a> ·
   <a href="#">Terms and conditions</a>
</p>
</footer>
```

colocar una llamada con la instrucción **include footer.php**, y de la misma forma, llamar a la barra de navegación.

8.2 CREAR PASARELA DE PAGOS

Una vez hecho esto, tendrás que crear el archivo **comprar.php**, que tendrá un contenido y una estructura similares al archivo **video.php**. Sin embargo, el archivo que posee el formulario de compras tendrá que incluir una llamada a una librería JavaScript de Stripe. Puedes copiar el archivo **video.php**, renombrarlo y, antes de cerrar la etiqueta **<body>**, colocar el siguiente código:

```
<script src="https://js.stripe.com/v3/"></script>
<script>
var stripe = Stripe(' '); //tu clave pública
</script>
```

En este simple script, se llama a la librería JavaScript de Stripe y se define un objeto por medio del método **Stripe**, al cual debes pasarle como único parámetro tu clave pública, aquella que encontraste en tu cuenta al crear una nueva cuenta de Stripe. Luego, el resto del código que se debe colocar tras llamar al método que acabas de ver es bastante estático y se encarga de definir distintas situaciones del momento del pago. Dentro de las etiquetas script, debajo de la llamada al método **Stripe**, coloca el siguiente código:

```
var elements = stripe.elements();

// Estilos
var style = {
    base: {
        fontSize: '16px',
    },
};

var card = elements.create('card', {style: style});
card.mount('#card-element');

var form = document.getElementById('payment-form');
form.addEventListener('submit', function(event) {
    event.preventDefault();

    stripe.createToken(card).then(function(result) {
        if (result.error) {
            var errorElement =
        document.getElementById('card-errors');
            errorElement.textContent =
                "Parece que la tarjeta ingresada no
                es válida.";
        } else {
            stripeTokenHandler(result.token);
        }
```

```
    });
});

function stripeTokenHandler(token) {

  var form = document.getElementById('payment-
    form');
  var hiddenInput =
  document.createElement('input');
  hiddenInput.setAttribute('type', 'hidden');
  hiddenInput.setAttribute('name',
    'stripeToken');
  hiddenInput.setAttribute('value', token.id);
  form.appendChild(hiddenInput);

  form.submit();
}
```

Este es el código por defecto que la librería **Stripe** y su documentación proveen y recomiendan utilizar. Sin embargo, dado que cada sitio web es distinto, puedes customizar algunas cosas.

En primer lugar, el elemento **style**, que posee un objeto en su interior, te permite definir estilos personalizados para tu formulario de pago. También puedes customizar los mensajes de error como se ha hecho en este caso, por ejemplo, si el usuario ingresa un número de tarjeta no válida, se define como mensaje de error **Parece que la tarjeta ingresada no es válida**, el cual puedes modificar si lo deseas. En caso de no detectar errores, se envía el formulario al servidor de Stripe. Lo siguiente será crear un **<div>** en tu archivo **comprar.php**, con el ID **card-element**, para mostrar el formulario de compra. Coloca el siguiente código HTML en tu archivo:

```
<form action="./pago.php" method="post" id="payment-form">

  <div class="form-row">
  <label for="card-element">
    Tarjeta de crédito o débito
  </label>
  <br>
  <div id="card-element">
    <!- Stripe coloca aquí el formulario. ->
  </div>

  <!- Element errors. ->
  <div id="card-errors" role="alert"></div>
  </div>

  <br>
```

```
<br>
<button class="btn uppercase btn-primary">
   Procesar pago
</button>
</form>
```

En este caso, se crea un formulario sin elementos y, si lo abres en el navegador, verás algo como se muestra a continuación (**Figura 8.7**).

Figura 8.7. La librería de Stripe se encarga de crear el formulario de pago en tu página web mediante JavaScript.

Como puedes ver, Stripe se encarga de crear el formulario de pago, en el que los usuarios pueden cargar su tarjeta de crédito y sus datos, para realizar el pago.

Lo último, antes de pasar al código que procesa el formulario de compra, es agregar un campo extra. En este caso, cada pago será del mismo monto, ya que no se definió un campo diferenciado de pago en la base de datos, sin embargo, bien podrías definirlo. En cualquier caso, sería interesante que se generara una compra junto con el ID del video que se desea adquirir. Es decir que, al procesar el pago, se guarde el usuario y el ID del video, con lo cual se registra la compra y, a su vez, puedes verificar si el usuario ya ha comprado antes esta película o el video y, en ese caso, indicarle que puede verlo.

Para esto, tendrás que crear dos campos en tu formulario HTML: uno oculto, dado que el usuario no necesita modificarlo, que llevará el ID del usuario, y otro que incluya su correo electrónico.

Agrega el siguiente código HTML en la parte superior de tu formulario:

```
<input type="text" name="id" value="<?php echo
$video['id']; ?>" style="display:none;">

<div class="form-row">
    <div class="col-6">
        <label for="emailInput">E-mail</label>
        <input type="email" class="form-control"
            id="emailInput"
            name="email"
            placeholder="Ingrese su correo"
        required />
    </div>
</div>
<br>
```

En el encabezado del documento HTML, agrega el siguiente código CSS:

```
#emailInput
{
    border: none;
    border-bottom: 1px solid gray;
    border-radius: 0px,
}
```

Ahora, tu formulario debería lucir como se muestra a continuación (**Figura 8.8**).

Figura 8.8. Tu formulario posee dos campos extras, uno con el ID del
video por comprar y otro con un correo electrónico.

Una vez hecho esto, ya puedes comenzar a trabajar en el procesamiento del pago.

8.3 CONTROLADORES PARA LOS PAGOS

Una vez que el formulario se ha creado, solo resta originar un nuevo controlador y un archivo llamado **pago.php** en la raíz de tu proyecto. El nuevo controlador deberá llamarse **PaymentController**, y debe ser una clase en cuyo interior se colocará un campo de clase denominado **charge** y un método que, al ser llamado, realizará un cobro a la tarjeta de crédito introducida en el paso anterior.

Este método debería obtener como parámetros, en primer lugar, el token recibido desde el front-end perteneciente a la clave pública de Stripe que creaste en la pantalla anterior mediante el código JavaScript.

Dentro de la clase **PaymentController**, coloca las siguientes importaciones:

```php
<?php

namespace Controller;

require_once('./vendor/autoload.php');

use Stripe\Stripe;
use Stripe\Charge;
use Stripe\Exception\CardException;

class PaymentController
{

}
```

De esta manera, tras instalar Stripe, puedes importarlo para ser utilizado dentro de los distintos métodos, llamando a las clases **Stripe** y **Charge**, para generar los cobros. A continuación, es necesario crear el método que se encargará de realizar el cobro.

```php
public function payment($token, $amount)
{
    Stripe::setApiKey("");
    try{
        $this->charge = Charge::create([
            'amount' => $amount,
            'currency' => 'usd',
            'description' => "Primer prueba",
            'source' => $token,
        ]);

        return "Pago Exitoso";
    }catch(CardException $e){
```

```
    return "Error, tarjeta declinada" ;
  }catch(\Exception $e){
    return "Error desconocido" ;
  }
}
```

Ahora, en este método, en primer lugar se realiza la carga de la clave privada. En el método estático **setApiKey()**, tendrás que pasar como parámetro el token que Stripe generó en tu cuenta como clave privada como un **string**. Luego, dentro del bloque **try{ }**, se crea un cobro por medio del método estático **create()** de la clase **Charge**, el cual recibe como parámetro un arreglo con el valor de la compra, la moneda en la cual se realiza el pago, una descripción y el token recibido del front-end. En caso de que el pago se realice, ninguna excepción se lanzará y se retornará **Pago Exitoso de la función**.

Si aparece algún problema, como que la tarjeta haya sido declinada o no tenga fondos, o un error de otro tipo, el método **create()** lanzará una excepción que será capturada por el bloque **try catch**, y cortará la ejecución. Esto resultará útil en el front-end, dado que puedes retornar estos errores para el usuario final.

Recuerda que, si deseas capturar distintas excepciones en una función, debes tener en cuenta qué tipo de **Excepción** puede lanzarse, y si la estás capturando realmente. Algo importante para tener en cuenta es que, por lo general, las clases de excepciones heredan de la superclase **Exception**, una clase que puede ser llamada globalmente en PHP utilizando la barra invertida **\Exception**, de esta manera. Al intentar capturar una excepción con esta sintaxis, se capturarán todo tipo de fallos, excepto los errores. Los **errores** en PHP son tratados de forma distinta y heredan de otras clases. En cambio, las excepciones pueden manipularse con esta clase y capturarse para evitar que el código se detenga por completo. En este caso, si encontrara una excepción del tipo **CardException**, el código no se detendrá, sino que continuará su ejecución y, en caso de encontrar otro problema, lanzará el segundo mensaje. Si existe un error, el código se frenará y se informará del problema, dado que no se ha capturado.

Antes de probar el pago con tarjetas en línea, tendrás que crear un archivo llamado **pagar.php** dentro tu proyecto, y allí, colocar el siguiente código:

```php
<?php

require './controllers/PaymentController.php';

$payment = new Controller\PaymentController();
$result = $payment->payment(
    $_POST['stripeToken'],
    5000
```

```
);

echo $result;
```

Ahora, puedes utilizar una de las tarjetas de prueba que Stripe ofrece para pagar el video, por ejemplo, puedes introducir como código numérico **4242424242424242**, con un vencimiento futuro y **123** como código de seguridad. El CP puede ser un número de cinco dígitos aleatorio.

Comprar documental:

E-mail

santi@gmail.com

Tarjeta de crédito o débito
VISA 4242 4242 4242 4242   11 / 25   123   12345

Procesar pago

Figura 8.9. Tras cargar los datos de la tarjeta, el pago se realiza y se cobra el monto deseado.

Luego de cargar los datos, verás como resultado de la función que el pago fue correcto. Stripe también ofrece algunas tarjetas de crédito que lanzan excepciones y te permiten probar y testear de forma correcta tu manejo de estas. Una vez efectuado un pago de prueba, en tu cuenta de Stripe verás tanto los pagos exitosos de dentro de los datos de testeo como los casos de excepciones y errores.

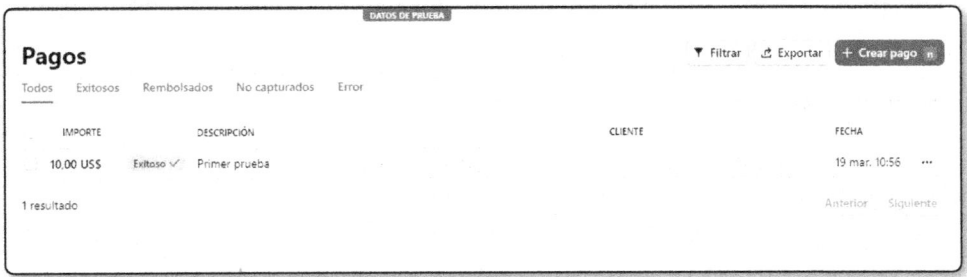

Figura 8.10. En tu cuenta puedes ver la información de los casos de error y de éxito.

Ahora que sabes si el pago se ha efectuado de forma correcta, puedes capturar el resultado de la función y crear un condicional que guíe al usuario a una parte de tu aplicación o a otra, dependiendo de cómo haya ido la compra. En lugar de imprimir el resultado del pago, en tu archivo **pagar.php** coloca el siguiente código:

```php
if($result == «Pago Exitoso»)
{

}
elseif($result == "Error, tarjeta declinada")
{

}
else
{

}
```

De esta forma, puedes crear dos archivos, uno llamado **streaming.php**, donde el usuario puede ser redirigido en caso de que el pago sea correcto, y otro para mostrar los errores del pago. También puedes reutilizar la vista de cobro para mostrar los errores por medio de una variable **GET**.

```php
if($result == "Pago Exitoso")
{
    session_start();
    $_SESSION['id'] = $_POST['id'];
    header('Location: ./streaming.php');
}
elseif($result == "Error, tarjeta declinada")
{
    header('Location: ./error.php?id=declined');
}
else
{
    header('Location: ./error.php?id=unknown');
}
```

Si el pago se realiza correctamente, tendrás que guiar al usuario al archivo **streaming.php**.

Allí, solo debes verificar que el usuario haya realizado el pago correctamente, chequeando que la sesión se haya iniciado con anterioridad:

```php
<?php
session_start();
if(!isset( $_SESSION['id'] )){
    header("Location: ./index.php");
}
require './controllers/DashboardVideosController.php';
$video = \Controller\DashboardVideosController::find($_SESSION['id']);
?>
```

Una vez hecho esto, solo necesitas colocar debajo el código HTML y CSS para llamar al video y mostrarlo en pantalla.

```html
<!DOCTYPE html>
<html lang="es">
<head>
    <meta http-equiv="Content-Type"
        content="text/html; charset=UTF-8">
    <meta name="viewport" content="width=device-
        width, initial-scale=1">
    <meta name="description" content="">
    <title>Streaming App</title>
    <!- Bootstrap CSS ->
    <link href="public/css/custom.css"
        rel="stylesheet">
    <style>
        #video
        {
            width: 80%;
             margin: 2rem auto;
            display: flex;
        }
        #desc
        {
            padding: 2rem;
        }
    </style>
</head>

<body>

<header>
    <nav class="navbar navbar-expand-md
        navbar-dark
        fixed-top
        bg-dark">
        <div class="container-fluid">
    <a class="navbar-brand"
        href="index.php">Streaming App</a>

        <button class="navbar-toggler" type="button"
            data-bs-toggle="collapse"
            data-bs-target="#navbarCollapse"
            aria-controls="navbarCollapse"
            aria-expanded="false"
            aria-label="Toggle navigation">
        <span class="navbar-toggler-icon"></span>
        </button>
    <div class="collapse navbar-collapse"
```

```
            id="navbarCollapse">
            <ul class="navbar-nav me-auto mb-2 mb-md-0">
                <li class="nav-item">
                    <a class="nav-link active"
                        href="index.php">Home</a>
                </li>
            </ul>
        </div>
        </div>
        </nav>
</header>

<main>
    <div class="jumbotron" id="mainJumb">
        <div class="container-fluid">
            <div class="row">
                <div class="col-8">
                <video controls id="video">
                    <source src="./public/uploads/
                    <?php echo $video['url']; ?>">
                </video>
                </div>
                <div class="col-4" id="desc">
                <h2>
                <?php echo $video['title']; ?></h2>
                <p>Lorem Ipsum is simply dummy text of the printing...</p>
            </div>
            </div>
        </div>
    </div>
</main>
</body>
</html>
```

En el siguiente capítulo, verás cómo guardar los pagos dentro de tu base de datos, almacenar a los usuarios y capturar la información de las compras, para trabajar en tu aplicación.

8.4 ACTIVIDADES

A continuación se presentan las preguntas que deberías saber responder para considerar aprendido el capítulo.

8.4.1 Test de autoevaluación

1. ¿Qué librerías de pago compatibles con PHP conoces?

2. ¿Qué uso tienen las claves públicas y privadas de Stripe?

*3. ¿Qué diferencias existen entre las **Excepciones** y los **Errores** en PHP?*

8.4.2 Ejercicios prácticos

*1. Crea un archivo llamado **error.php**. En su interior coloca un bloque con los errores para mostrar al usuario.*

*2. Captura lo que se envía por parámetros **GET** y, por medio de un condicional, muestra un error u otro.*

*3. En caso de que la variable **GET error** posea el valor **declined**, muestra un mensaje que avise que la tarjeta ha sido rechazada.*

4. En caso contrario, muestra que ha habido un error desconocido e invita al usuario a intentar nuevamente más tarde.

9

DETALLES FINALES

Ahora que sabes cómo crear pagos y manipular las compras con tarjetas de crédito o débito en línea con PHP, es momento de comenzar a registrar a todos los clientes que han realizado compras en tu aplicación y sus pagos, para evitar que compren dos veces el mismo producto y para que se puedan visualizar en el panel de administración.

9.1 ALMACENAR CLIENTES Y COMPRAS

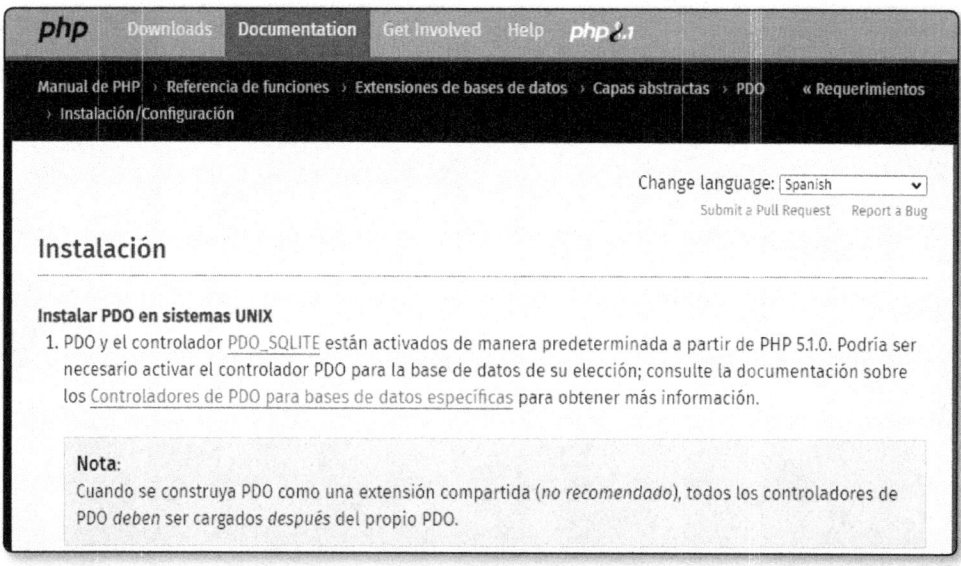

Figura 9.1. La librería PDO se encuentra instalada por defecto en el núcleo de PHP desde la versión 5.1.

Una vez que los usuarios pueden comprar los distintos videos o películas de tu plataforma, es momento de registrar cada compra que se realice. En los primeros capítulos de este volumen, creaste algunos modelos llamados **Cliente** y **Compra**, diseñados para consignar el nombre, la dirección de correo, una contraseña y, a su vez, registrar el video que el usuario ha comprado, es decir, qué producto ha decidido adquirir, con lo cual puedes llevar un registro de lo que se ha comprado y mostrarlo en tu panel de administración.

En primer lugar, para que esto funcione, comienza a registrar todos los datos del usuario, aquellos campos que se crearon en el modelo **Cliente**. Para esto, modifica el formulario de compra agregando los siguientes campos:

```html
<input type="text"
   name="id"
   value="<?php echo $video['id']; ?>"
   style="display:none;">
<div class="row">
   <div class="col-6">
      <label for="emailInput">E-mail</label>
      <input type="email" class="form-control"
         id="emailInput" name="email"
         placeholder="Ingrese su correo"
         required />
   </div>
   <div class="col-6">
      <label for="emailInput">Nombre</label>
      <input type="text" class="form-control"
         id="name" name="name"
         placeholder="Ingrese su nombre"
         required />
   </div>
</div>
<div class="row">
   <div class="col-6">
      <label for="emailInput">Password</label>
      <input type="password" class="form-control"
         id="password" name="password"
         placeholder="Ingrese su contraseña"
         required />
   </div>
</div>
```

En este formulario se registran tanto el nombre como un correo electrónico y una contraseña para los usuarios. Esto debe ser registrado y almacenado por la tabla

clientes, que tendrás que configurar a continuación. Dado que el modelo **Cliente** posee los siguientes campos de clase:

```
class Cliente extends Model
{
    protected $name;
    protected $mail;
    protected $password;
}
```

la tabla de **clientes** llevará una estructura como la siguiente:

```
create table clientes (
    id INT PRIMARY KEY AUTO_INCREMENT NOT NULL,
    name VARCHAR(255) NOT NULL,
    email VARCHAR(255) NOT NULL,
    password VARCHAR(255) NOT NULL
);
```

De esta manera, se crea una tabla con el campo clave ID autonumérico y, como clave primaria, un nombre, e-mail y password como campos no nulos. Si lo deseas, puedes agregar a la columna e-mail la propiedad **UNIQUE**, para evitar que se carguen correos electrónicos duplicados. Entonces, cuando la librería **PDO** que envía las consultas a la base de datos intente cargar un duplicado, se lanzará una excepción que puedes capturar y enviar al front-end. También es posible modificar la tabla si ya la has creado mediante la consulta:

```
ALTER TABLE clientes MODIFY COLUMN email VARCHAR(255) UNIQUE NOT NULL
```

Esto hará que se modifique esa columna con la propiedad **UNIQUE**. Una vez realizado, es momento de trabajar sobre el modelo **Cliente** para que almacene de forma correcta los registros en la base de datos. En primer lugar, es una buena idea que se parseen y escapen los datos que se reciben desde el front-end, dado que la clase hereda de **Model**, por lo tanto tiene acceso al método estático **escapeData()**. Para ello, modifica el constructor de esta manera:

```
public function __construct($name, $mail, $password)
{
    $this->name = self::escapeData($name);
    $this->mail = self::escapeData($mail);
    $this->password =
        password_hash(self::escapeData($password),
        PASSWORD_DEFAULT);
}
```

Ahora, los valores que se guardan en los campos de clase ya se han parseado para evitar caracteres extraños o peligrosos. Luego, la función **save()** de la clase **Cliente** debería lucir de esta manera:

```
public function save(Connection $connection)
{
    $con = $connection->get_connection();
    $stmt = $con->prepare(
    "INSERT INTO clientes (name, email, password)
    VALUES (:name, :mail, :password)");

    $stmt->bindParam(":name", $this->name);
    $stmt->bindParam(":mail", $this->mail);
    $stmt->bindParam(":password", $this->password);

    return $stmt->execute();
}
```

Ya se pueden guardar en la base de datos nuevos registros de clientes. También puedes agregar una validación extra que evite campos vacíos, de la misma forma que has hecho en otros modelos:

```
public function save(Connection $connection)
{
    if($this->name == null
        || $this->mail == null
        || $this->password == null){
            return false;
    }

    $con = $connection->get_connection();
    $stmt = $con->prepare(
        "INSERT INTO clientes (name, email,
        password) VALUES
        (:name, :mail, :password)");

    $stmt->bindParam(":name", $this->name);
    $stmt->bindParam(":mail", $this->mail);
    $stmt->bindParam(":password", $this->password);

    return $stmt->execute();
}
```

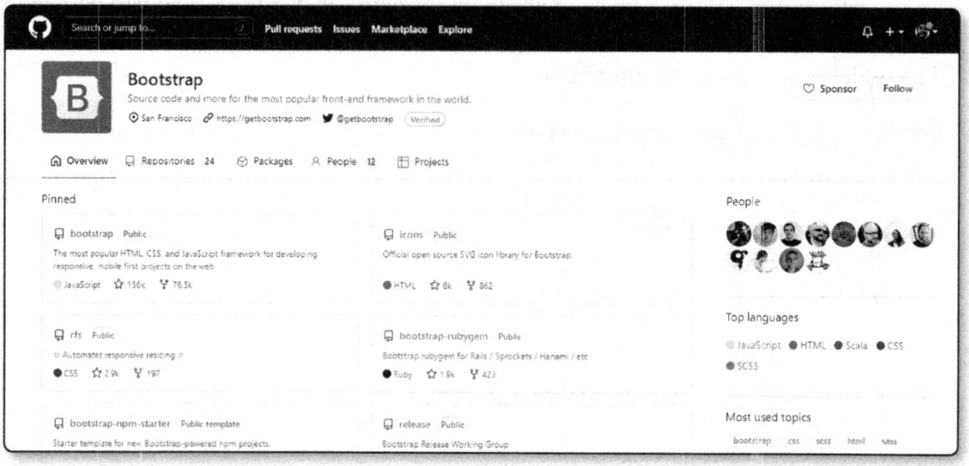

Figura 9.2. La librería Bootstrap se encuentra en GitHub, disponible para ser utilizada o contribuida.

En este caso, se evita que se carguen datos vacíos antes de guardarse en la base de datos. Además, sería una buena idea retornar los datos que se acaban de almacenar del cliente para utilizarlos en el modelo **Compra**. Esto permitirá efectuar una relación entre los videos, de muchos a uno con el modelo **Compra** y, a su vez, otra relación entre las tablas de **Compras** y **Cliente**, donde cada compra pertenece a un cliente. Para esto, crea la siguiente función dentro de la clase **Cliente**:

```php
public function getClientByEmail(Connection $connection, $email)
{
    $con = $connection->get_connection();
    $stmt = $con->prepare(
        "SELECT * FROM clientes WHERE email= ?");
    $stmt->execute(array($email));

    return $stmt->fetch();
}
```

Esto retornará el cliente que se haya registrado con el e-mail que envíes como parámetro.

Una vez realizado, puedes crear un controlador que se encargue de instanciar un nuevo objeto de la clase **Cliente**, cada vez que se registre una nueva venta, es decir, cada vez que se llena el formulario. Para ello, crea dentro de la carpeta **controllers** un archivo llamado **ClientsController** y, en su interior, crea una clase como la siguiente:

```php
<?php
```

```php
namespace Controller;

require_once 'models/Cliente.php';

use Models\Cliente;

class ClientController
{
   public static function createClient(
      Connection $connection,
      $email,
      $name,
      $password): Array
   {
      $client = new Cliente(
      $name, $email, $password);
      $client->save($connection);
      return $client
      ->getClientByEmail($connection, $email);
   }
}
```

De esta manera, se instanciará la clase **Cliente** con los datos que reciba la función estática **createClient()** en cada ocasión, devolviendo un array con los datos del cliente que se acaba de crear.

Ahora, podrías modificar el archivo **pagar.php** que se encarga de llamar a estos archivos:

```php
<?php

require './controllers/PaymentController.php';
require './controllers/ClientController.php';
require './controllers/Connection.php';

$connection = new \Controller\Connection();

$newClient = \Controller\ClientController::createClient(
   $connection,
   $_POST['email'],
   $_POST['name'],
   $_POST['password']
);

…
if($result == "Pago Exitoso")
{
   …
}
```

Dado que la función estática **createClient()** puede crear un arreglo con todos los datos del usuario registrado como **false** sin registrar al usuario en caso de que algún dato se encuentre vacío, puedes verificar el contenido de **SnewClient** y, en caso de que sea **false**, retornar algún mensaje de error en el front-end, de esta manera:

```php
if(!$newClient)
{
    header('Location: ./error.php?id=validacion');
}
```

Así evitarás que se llene la tabla con datos vacíos. Ahora, podrías utilizar los datos del cliente que se acaba de registrar para generar un registro en la tabla **compras**.

La clase **Compra** debería poseer, de la misma forma que la clase **Cliente**, el método **constructor**, que almacena en los campos de clase los valores necesarios y un método **save()**, como se muestra a continuación:

```php
class Compra extends Model
{

    protected $client_id;
    protected $video_id;
    protected $price;

    public function __construct(
        $price, $client_id, $video_id)
    {
        $this->client_id = $client_id;
        $this->video_id = $video_id;
        $this->price = $price;
    }

    public function save(Connection $connection)
    {
        $con = $connection->get_connection();
        $stmt = $con->prepare(
            "INSERT INTO compras (price, video_id, cliente_id) VALUES (:price, :video_id,
        :client_id)");

        $stmt->bindParam(":price", $this->price);
        $stmt->bindParam(":video_id",
            $this->video_id);
        $stmt->bindParam(":client_id",
            $this->client_id);

        return $stmt->execute();
    }
    ...
}
```

Ahora, puedes guardar una nueva compra cada vez que se realiza un pago, pasando como parámetros un precio, un ID del video que se ha comprado y un ID del cliente. Dado que tanto la tabla **clientes** como la tabla **videos** poseen una columna con la clave primaria, puedes realizar una relación entre los tres modelos, como se explicó antes. Para que se cree una nueva compra tras el pago, puedes modificar el controlador **PaymentController** y editar el método **payment()**, de la siguiente manera:

```php
<?php

namespace Controller;

require_once('./vendor/autoload.php');
require_once 'models/Compra.php';

use Models\Compra;
use Stripe\Stripe;
use Stripe\Charge;
use Stripe\Exception\CardException;

class PaymentController
{
    protected $charge;
    public function payment($connection,
        $token, $amount, $client_id, $video_id)
    {
        Stripe::setApiKey("");
        try{
            $this->charge = Charge::create([
                'amount' => $amount,
                'currency' => 'usd',
                'description' => "Primer prueba",
                'source' => $token,
            ]);

            $compra = new Compra(
                $amount, $client_id, $video_id);
            $compra->save($connection);
            return "Pago Exitoso";
        }catch(CardException $e){
            return "Error, tarjeta declinada";
        }catch(\Exception $e){
            return "Error desconocido";
        }
    }
}
```

Ahora, el método recibe como parámetro una conexión a la base de datos, un token de **Stripe**, el valor y, además, un ID de cliente y un ID de video. Para que este método funcione, tendrás que modificar su llamada en el archivo **pagar.php**, el cual quedará de la siguiente manera:

```php
<?php

require './controllers/PaymentController.php';
require './controllers/ClientController.php';
require './controllers/Connection.php';

$connection = new \Controller\Connection();

$newClient = \Controller\ClientController::createClient(
    $connection,
    $_POST['email'],
    $_POST['name'],
    $_POST['password']
);
if(!$newClient)
{
    header('Location: ./error.php?id=unknown');
}

$payment = new Controller\PaymentController();

$result = $payment->payment(
    $connection,
    $_POST['stripeToken'],
    5000,
    $newClient['id'],
    $_POST['id']
);

if($result == "Pago Exitoso")
{
    $connection->close_connection();
    session_start();
    $_SESSION['id'] = $_POST['id'];
    header('Location: ./streaming.php');
}
elseif($result == "Error, tarjeta declinada")
{
    $connection->close_connection();
    header('Location: ./error.php?id=declined');
}
```

```
else
{
    $connection->close_connection();
    header('Location: ./error.php?id=unknown');
}
```

A continuación, solo necesitas crear la tabla **compras**, mediante la siguiente consulta SQL:

```
create table compras (
    id INT PRIMARY KEY AUTO_INCREMENT NOT NULL,
    cliente_id INT NOT NULL,
    video_id INT NOT NULL,
    price DOUBLE NOT NULL
);
```

De esta manera, se ha creado la tabla **compras**, y ya puedes probar el funcionamiento del sistema.

A partir de este momento, cada vez que un usuario compra un video dentro de la plataforma, su nombre, correo y contraseña, quedarán asentados, así como también un registro de su compra que apunte a su usuario y al video que haya comprado.

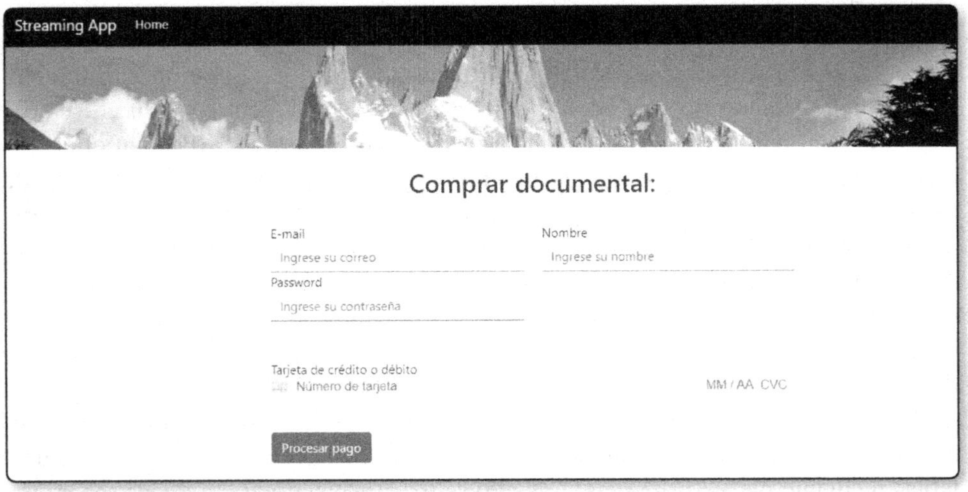

Figura 9.3. El nuevo formulario de compra también registra el nombre y la contraseña del usuario.

Ahora, si pruebas a realizar una nueva compra llenando los campos del formulario que creaste antes, verás que, en tus nuevas tablas, se almacena tanto el cliente como la compra.

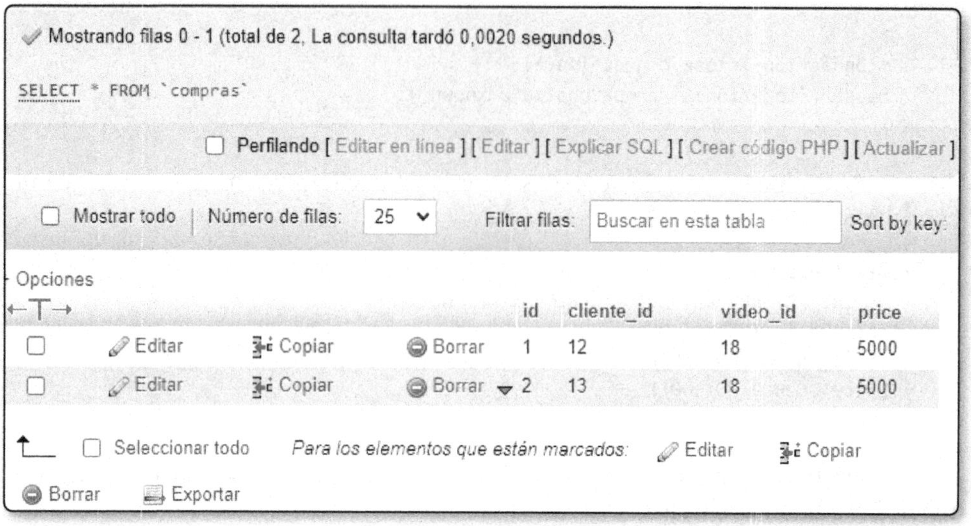

Figura 9.4. MYSQL registra en tu base de datos cada compra, con toda la información enviada.

9.2 CONSULTAS JOIN EN SQL

Como ya has configurado tu sistema para que almacene los datos de las compras, puedes mostrar estos datos en tu dashboard o panel de administración, que se ha trabajado a lo largo del volumen anterior de esta entrega. En él, se creó en tu proyecto un controlador llamado **DashboardVideosController**, en el que se administraban las operaciones con tus videos desde el panel, tanto la creación de nuevos videos como el borrado y las distintas operaciones. Una buena idea sería mostrar en la tabla de videos la cantidad de compras que cada uno de ellos ha tenido. Para esto, dirígete al controlador y allí localiza el método **getVideos()**. En esta función, creaste una consulta SQL que se encargaba de traer todos los videos, mediante la instrucción **SELECT * FROM videos**, que incluye toda la información de la tabla. Sin embargo, sería mejor traer, además de los datos de la tabla **videos**, la cantidad de registros asociados a cada uno desde la tabla **compras**. Para esto, será necesario recurrir a una consulta **JOIN**, un tipo de instrucción SQL que permite unir tablas mediante claves primarias. Las **claves primarias**, como ya debes saber, son campos de tipo único para cada tabla, que pueden definirse como autoincrementables, para que se carguen de manera automática con cada nuevo registro aumentando su número, y que te permiten relacionar distintas tablas. Por ejemplo, la tabla **compras** tiene una columna llamada **video_id** desde la cual se puede relacionar con el campo clave de la tabla **video**. Para esto, es necesario realizar una consulta **JOIN**, que se estructura de la siguiente manera:

```
SELECT t1.*, t2.*
FROM tabla1 AS t1
INNER JOIN tabla2 AS t2
ON t1.id = t2.tabla1_id
WHERE …
ORDER BY …
```

Esta es la estructura de una consulta de tipo **INNER JOIN**, uno de los métodos más comunes para relacionar tablas. En primer lugar, se eligen los campos de cada tabla que se va a seleccionar, en este caso, se escogen todas las columnas. Luego, se elige una tabla y se le da un **alias**, es decir, de forma opcional, puede especificarse un nombre más sencillo para referirse a la primera tabla y hacer la consulta más legible. Luego, se indica que se van a unir dos tablas, se determina cuál será la segunda tabla y, si lo deseas, le das un **alias**. Por último, se especifican los campos sobre los que se van a relacionar las tablas, es decir, unir cada registro dependiendo de cada campo clave primario o clave foránea, y, si lo deseas, puede especificarse una instrucción **WHERE** y una cláusula de **ORDER BY** si fuera necesario.

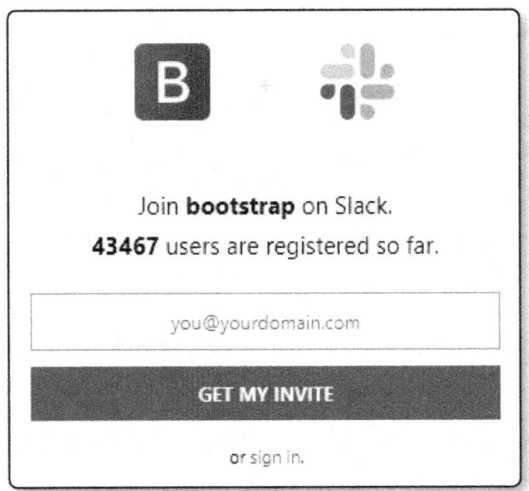

Figura 9.5. Bootstrap posee una comunidad de Slack de desarrolladores donde muchos usuarios comparten información útil sobre la herramienta.

Existen distintos tipos de uniones de tablas, entre ellos, **INNER JOIN**, donde se devuelven únicamente los valores que tienen coincidencias en ambas tablas; las consultas **LEFT** o **RIGHT JOIN**, desde las cuales se pueden extraer todos los registros de la primera o de la segunda tabla, respectivamente, y solo los registros que coinciden de la otra tabla. En algunos gestores, estas consultas son también conocidas como **OUTER JOIN** desde la cual se extraen registros completos de una tabla y solo las coincidencias de la otra. Por último, también son soportados en

MySQL las consultas **CROSS JOIN**, que traen registros de ambas tablas con o sin coincidencias. En este caso, lo necesario será una consulta **LEFT OUTER JOIN** o **LEFT JOIN**.

Para traer los videos de la tabla y relacionarse con la tabla **compras** para obtener la cantidad de ventas que cada video tuvo, puedes utilizar la función **count()**, la cual únicamente retorna la cantidad de registros en lugar de traerlos, y esto hace mucho más efectiva la consulta.

```
$sql = «SELECT v.*, count(c.video_id)
   FROM videos AS v
   LEFT OUTER JOIN compras AS c
   ON v.id = c.video_id
   GROUP BY v.id
   ORDER BY v.id DESC";
```

Una vez que tengas la consulta ya definida, puedes utilizarla en el método **getVideos()** de tu controlador:

```
public static function getVideos()
{
   $sql = "SELECT v.*, count(c.video_id)
      FROM videos AS v
      LEFT OUTER JOIN compras AS c
      ON v.id = c.video_id
      GROUP BY v.id
      ORDER BY v.id DESC";
   $connection = new Connection();
   $con = $connection->get_connection();
   $stmt = $con->prepare($sql);
   $stmt->execute();
   $videos = $stmt->fetchAll(PDO::FETCH_ASSOC);
   $connection->close_connection();
   return $videos;
}
```

Ahora, puedes agregar una nueva columna a tu tabla:

```
<thead>
   <tr>
      <th scope="col">#</th>
      <th scope="col">Title</th>
      <th scope="col">URL</th>
      <th scope="col">Thumbnail</th>
      <th scope="col">Tags</th>
      <th scope="col">Compras</th>
      <th scope="col">Delete</th>
   </tr>
```

```
</thead>
<tbody>
    …
    foreach ($videos as $i) { ?>
    <tr>
        <td><?php echo $i['id']; ?></td>
        <td><?php echo $i['title']; ?></td>
        <td><?php echo $i['url']; ?></td>
        <td><img src="../public/uploads/
            <?php echo $i['thumbnail']; ?>"
            style="width: 50px">
        </td>
        <td><?php echo $i['tags']; ?></td>
        <td><?php echo $i['count(c.video_id)']; ?>
        </td>
    </tr>
    <?php } ?>
</tbody>
```

La tabla con los videos debería mostrar, además, la cantidad de compras que cada uno tuvo.

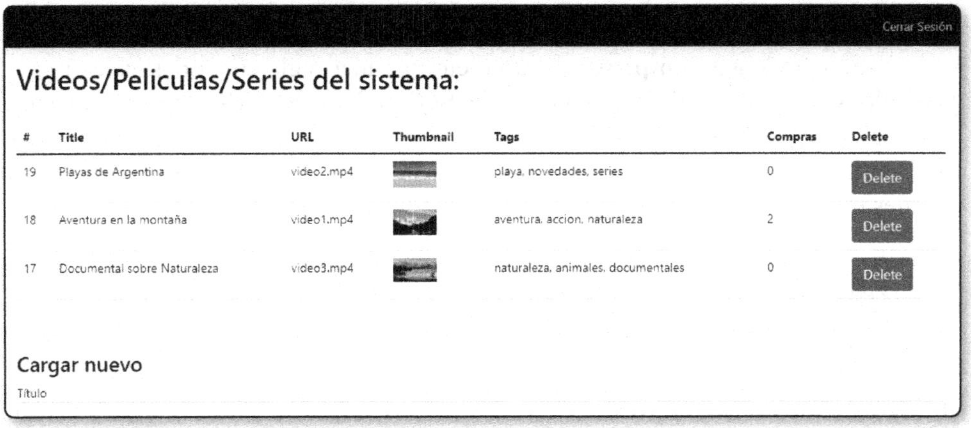

Figura 9.6. Ahora tu sistema muestra la cantidad de compras que cada video ha tenido.

9.3 UNIR TRES TABLAS CON JOIN

De la misma forma en la que se muestran los videos incluyendo la cantidad de compras que cada uno ha tenido, puedes relacionar otras tablas para mostrar cada compra como un registro único. Por ejemplo, sería una buena idea tener en el panel una sección desde la cual pueda verse cada compra, incluido el precio que se pagó, el nombre y el correo de quienes realizaron dicha compra, entre otra información. Para esto, necesitarías hacer uso de otra consulta **JOIN**. En primer lugar, crea un controlador llamado **ClientsDashboardController**, en el cual se incluyan la clase **Connection** y la librería **PDO**, junto con un método en su interior para obtener todas las compras, de esta manera:

```php
<?php

namespace Controller;

require_once 'Connection.php';

use Controller\Connection;
use PDO;

class ClientsDashboardController
{
    public static function getCompras()
    {

    }
}
```

El método **getCompras()** debería retornar un arreglo con todas las compras. Para ello, se necesitará realizar una consulta **SQL**, de tipo **SELECT** que incluya una instrucción **INNER JOIN**, es decir, que relacione tablas entre sí. La relación que debe realizarse es entre las tablas **compras**, para obtener los registros de videos y clientes utilizando sus claves foráneas. La consulta debería verse como la siguiente:

```sql
$sql = "SELECT compras.*, videos.title,
    videos.thumbnail, clientes.name,
    clientes.email
    FROM compras
    INNER JOIN videos ON videos.id =
    compras.video_id
    INNER JOIN clientes ON clientes.id =
    compras.cliente_id
    GROUP BY compras.id
    ORDER BY compras.id DESC";
```

De esta manera, se obtienen los registros de la tabla **compras**, que tengan registros relacionados por sus claves en las tablas **videos** y **clientes**, obteniendo el campo **title** y **thumbnail** de la tabla **videos**, **name** e **e-mail** de la tabla **clientes** y todas las columnas de la tabla **compras**.

El resto de la función debería verse de esta manera:

```php
public static function getCompras()
{
    $sql = "SELECT compras.*, videos.title,
        videos.thumbnail,
        clientes.name, clientes.email
        FROM compras
        INNER JOIN videos ON videos.id =
        compras.video_id
        INNER JOIN clientes ON clientes.id =
        compras.cliente_id
        GROUP BY compras.id
        ORDER BY compras.id DESC";
    $connection = new Connection();
    $con = $connection->get_connection();
    $stmt = $con->prepare($sql);
    $stmt->execute();
    $compras = $stmt->fetchAll(PDO::FETCH_ASSOC);
    $connection->close_connection();
    return $compras;
}
```

Luego, solo necesitas crear un archivo dentro de la carpeta **views**, llamado **compras.php**, en el cual se mostrará una tabla con todas las compras del sistema, de esta manera:

```php
<?php

session_start();
if(!isset( $_SESSION['user'] )){
    header("Location: ./login.php");
}
?>

<!DOCTYPE html>
<html lang="es">
<?php include './components/head.php'; ?>
<body>

    <?php include './components/top-nav-bar.php'; ?>
    <div class="container-fluid">
        <div class="row">

        <?php
        include './components/side-navbar.php'; ?>
        <main class="col-md-9
            ms-sm-auto col-lg-10 px-md-4">
```

```
<h2 class="mt-3">
   Compras del sistema:
</h2>
<br>
<table class="table">
<thead>
<tr>
   <th scope="col">#</th>
   <th scope="col">Video Title</th>
   <th scope="col">Price</th>
   <th scope="col">Thumbnail</th>
   <th scope="col">Cliente</th>
   <th scope="col">Email</th>
</tr>
</thead>
<tbody>
<?php
require
'../controllers
/ClientsDashboardController.php';
$compras = \Controller
\ClientsDashboardController
::getCompras();
foreach ($compras as $i) { ?>
<tr>
   <td><?php echo $i['id']; ?></td>
   <td><?php echo $i['title']; ?></td>
   <td>$<?php echo $i['price'];?></td>
   <td>
   <img src="../public/uploads/
      <?php echo $i['thumbnail']; ?>"
      style="width: 50px">
   </td>
   <td><?php echo $i['name']; ?></td>
   <td><?php echo $i['email']; ?></td>
</tr>
<?php } ?>
</tbody>
</table>
</main>
   </div>
  </div>
 </body>
</html>
```

Una vez hecho esto, si has registrado algunas compras, la sección de compras debería verse como muestra la **Figura 9.7.**:

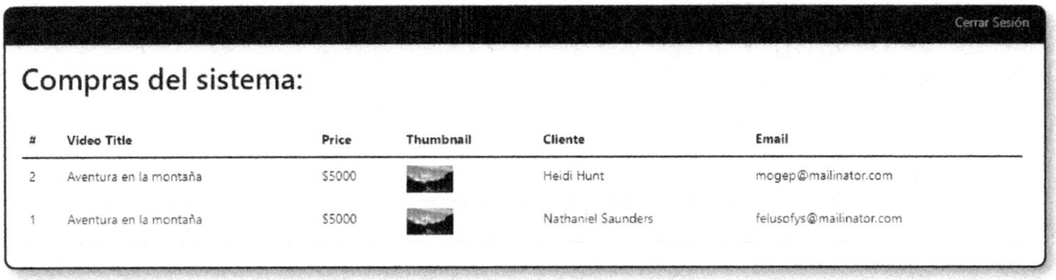

#	Video Title	Price	Thumbnail	Cliente	Email
2	Aventura en la montaña	$5000		Heidi Hunt	mogep@mailinator.com
1	Aventura en la montaña	$5000		Nathaniel Saunders	felusofys@mailinator.com

Figura 9.7. La sección compras luce de esta manera, incluyendo
cada compra con la información del video y del cliente.

Ahora, puedes hacer lo mismo y crear una sección en la cual únicamente se vean los clientes del sistema, agregando un método al controlador que acabas de crear, como el siguiente:

```php
public static function getClientes()
{
    $sql = "SELECT * FROM clientes";
    $connection = new Connection();
    $con = $connection->get_connection();
    $stmt = $con->prepare($sql);
    $stmt->execute();
    $clientes = $stmt->fetchAll(PDO::FETCH_ASSOC);
    $connection->close_connection();
    return $clientes;
}
```

También, crea un archivo en la carpeta **views**, llamado **clientes.php**, en el cual se muestre una tabla como la anterior, con los clientes del sistema.

Como ya tienes varías secciones en el panel de administración, puedes modificarlo, en particular, la barra lateral de navegación, para poder acceder a las distintas secciones, de esta manera:

```html
<ul class="nav flex-column">
    <li class="nav-item">
        <a class="nav-link" href="index.php">
            Dashboard
        </a>
    </li>
    <li class="nav-item">
        <a class="nav-link" href="perfil.php">
            Perfil
        </a>
    </li>
```

```
<li class="nav-item">
   <a class="nav-link" href="videos.php">
      Videos
   </a>
</li>
<li class="nav-item">
   <a class="nav-link" href="compras.php">
      Compras
   </a>
</li>
<li class="nav-item">
   <a class="nav-link" href="clientes.php">
      Clientes
   </a>
</li>
</ul>
```

El panel de administración lucirá de esta forma:

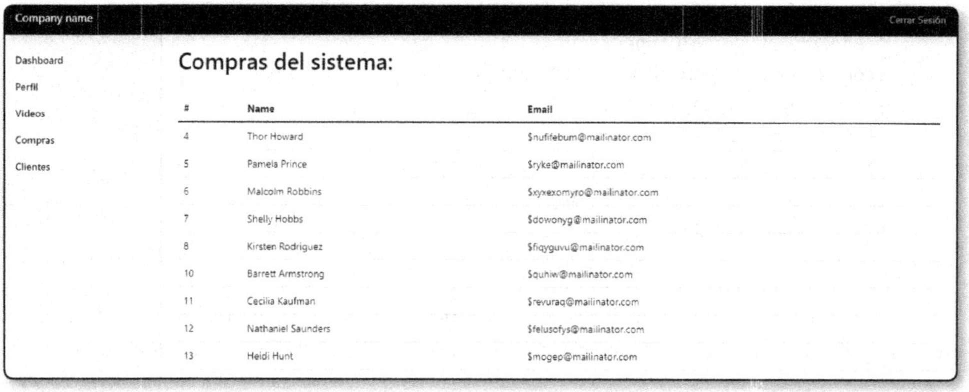

Figura 9.8. El panel de administración ahora está completo y navegable por sus distintas secciones.

Una vez modificado el panel de administración, también puedes verificar que los usuarios hayan comprado o no una película, para que no deban adquirirla cada vez que lo deseen. Dentro del controlador que has creado, llamado **ClientController**, coloca el siguiente código:

```php
public static function login(Connection $connection, $email, $password)
{
   $con = $connection->get_connection();

   $stmt =
      $con->prepare("SELECT * FROM
      clientes WHERE email= ?");
   $stmt->execute(array($email));
```

```php
$user = $stmt->fetch();

if($user &&
password_verify($password, $user['password']))
{
    return true;
}
return false;
}
```

Esto verificará que el usuario registrado sea o no correcto y podrás iniciar. Luego, verifica que el usuario sea el correcto en una pantalla posterior, de forma muy similar al registro tras la compra:

```php
<?php

require './controllers/Connection.php';
require './controllers/ClientController.php';

$connection = new \Controller\Connection();

$login = \Controller\ClientController::login(
    $connection,
    $_POST['email'],
    $_POST['password']
);
if($login)
{
    $connection->close_connection();
    session_start();
    $_SESSION['id'] = $_POST['email'];
    header('Location: ./streaming.php');
}
else
{
    die('error en el login');
}
```

En caso de que haya sido registrado, se le permite el acceso correspondiente.

En este volumen, aprendiste a crear un sistema completo de streaming, con compras, dashboard de administración, registros, inicios de sesión, y otros conceptos. Con estos elementos puedes continuar practicando con el código adjunto en esta entrega, para mejorar el sistema, modificarlo a gusto o agregarle las funcionalidades que desees.

9.4 ACTIVIDADES

A continuación se presentan las preguntas que deberías saber responder para considerar aprendido el capítulo.

9.4.1 Test de autoevaluación

1. ¿Qué es una clave foránea? ¿Cómo pueden relacionarse tablas en SQL?

2. ¿Qué es una consulta **JOIN**? *¿Qué permite obtener?*

3. ¿Qué tipos de consultas **JOIN** *existen?*

9.4.2 Ejercicios prácticos

1. Crea un método en el controlador **ClientController**, *que se llame* **verificar compra**. *El método debe verificar que se haya realizado una compra de un video.*

2. Tras realizar el login, envía al método el ID del video y el e-mail del usuario.

3. Verifica que se haya realizado la compra. En caso contrario, envía al usuario a la pantalla de compra.

GLOSARIO

▼ **Alias:** en SQL, es un nombre temporal que puede darse a una tabla o a una columna, para facilitar la lectura de la consulta o para evitar problemas relacionados con columnas que lleven los mismos nombre en distintas tablas.

▼ **API RESTFul:** una API de esta característica ofrece soporte al protocolo HTTP mediante una arquitectura de cliente-servidor, y comunicación por medio de peticiones y respuestas.

▼ **CDN:** las redes de distribución de contenido se caracterizan por estar formadas por varias computadoras, con copias de la misma información listas para ser distribuidas y utilizadas.

▼ **Commit:** una operación commit se refiere a la confirmación de alguna operación o conjunto de datos. Dentro de GIT en particular, se trata de confirmar una serie de cambios junto a un mensaje.

▼ **Debbugin:** el debbug o depuramiento de código es una técnica por la cual se prueba un software en su desarrollo para la mejora y detección de errores, así como su resolución.

▼ **Error:** se caracteriza por detener la ejecución del código, pero, a diferencia de una Excepción, se genera por ciertos problemas, como errores de sintaxis, librerías faltantes o dificultades en el sistema operativo.

▼ **Exception:** en PHP se trata de un error irrecuperable del sistema en cuestión, que puede ser manipulado para evitar fallos del software.

▼ **JOIN:** una instrucción JOIN en SQL se basa en la unión entre tablas mediante la relación entre claves foráneas dentro de ellas.

▼ **Lighttpd:** servidor web orientado a la velocidad y el alto rendimiento, y se caracteriza por el bajo uso de recursos.

▼ **Limit:** instrucción SQL que permite elegir la cantidad de registros que devuelve una consulta.

▼ **Mamp:** un paquete de software diseñado para ser ejecutado en entornos macOS que incluyen el lenguaje PHP junto con MariaDB o MySQL, y un servidor web.

▼ **Nginx:** es un servidor HTTP web proxy con soporte para correo, distribuido bajo licencia BSD.

▼ **ORDER BY**: una instrucción SQL por la cual pueden ordenarse los resultados de una consulta.

▼ **Parseo:** parsear datos o parse se define como el análisis de un dato para realizar alguna operación sobre él. Por ejemplo, la transcripción de datos de un formato a otro o el análisis de un dato para buscar caracteres o cadenas de texto en particular.

▼ **Php.ini:** archivo instalado en el lenguaje PHP, encargado de configurar el comportamiento del lenguaje, sobre el cual pueden realizarse modificaciones y configurar diferentes opciones.

▼ **SQL DELETE**: una consulta DELETE en SQL se encarga de borrar o eliminar registros de una base de datos.

▼ **TEXT:** los campos SQL TEXT se caracterizan por contener cadenas de caracteres de una amplia longitud. Dependiendo del gestor, pueden almacenar grandes cantidades de bytes.

▼ **WordPress:** uno de los CMS más populares globalmente, muy utilizado para el desarrollo de blogs y distintas páginas web orientadas al contenido dinámico, como revistas o noticias.

Parte 3

API. CONSULTAS AVANZADAS CON PDO. COMPOSER Y VERSIONES

API
Dashboard
Maqueta
Comentarios y reseñas

10

API

En esta nueva entrega de PHP, verás más aspectos referidos a la versatilidad de este lenguaje. Se abarcará la posibilidad de trabajar con las API en PHP, creadas sin necesidad de involucrar código del front-end con el back-end, entre otros aspectos interesantes y muy utilizados del lenguaje.

10.1 ¿QUÉ ES UNA API?

Uno de los principales problemas a la hora de trabajar en un proyecto consiste en las tecnologías que se van a utilizar; es el momento de elegir una en particular, que pueda ser utilizada por todos los participantes del proyecto. Esto significa que se debe tener en cuenta que un maquetador o desarrollador front-end no necesita ni tiene por qué saber sobre código PHP o cualquier otro lenguaje del back-end, dado que no es su área. Por lo tanto, si en tu equipo existe un desarrollador que no conoce sobre el lenguaje PHP, sería mejor trabajar separando lo máximo posible el código del back-end del front-end, y desarrollar por separado estas dos partes utilizando una conexión entre ambos sistemas. Por esta razón, el desarrollo de una API es una solución interesante que permite a los desarrolladores del back-end centrarse únicamente en el desarrollo de código PHP, que se encarga del trabajo con bases de datos, procesar la información, y cualquier otra operación del lado del servidor. En cambio, los desarrolladores front-end pueden centrarse en el desarrollo con **HTML** y **CSS** para crear una maqueta y, además, obtener la información con el lenguaje **JavaScript**. De esta forma, no es necesario aprender ninguna tecnología fuera del ámbito en el que se trabaja ni asimilar conceptos nuevos.

Una vez que se decide por la modalidad de trabajo, es momento de poner manos a la obra y elaborar el proyecto, sin embargo, para esto, es necesario conocer la arquitectura que incluye un desarrollo con una API, en qué forma se debe construir y qué aspectos se deben tener en cuenta.

En primer lugar, es necesario comprender la manera en la cual se están almacenando los datos en el sistema: si se trata de una base de datos, si es un sistema **SQL** o **NoSQL**, y qué tipo de servidor se posee, entre algunos otros elementos. Dentro de los proveedores de sistemas más comunes, **Azure de Microsoft**, **AWS de Amazon**, **Digital Ocean** y **Google** ofrecen sistemas de hosting como plataformas completas que proveen un servidor privado. Esto significa que puedes obtener un servidor único, basado en una máquina virtual, a un precio más alto, pero con un rendimiento mayor. Si se trata de una instancia nueva, administrada por el equipo de desarrollo, se pueden instalar las tecnologías que se deseen, por ende, no habrá ningún problema en ese sentido. Sin embargo, en muchas ocasiones, no existe la posibilidad de desarrollar con un **VPS** o **servidor privado**, con lo cual, las tecnologías por utilizar son aquellas que se encuentran disponibles en los servidores que ya se han contratado. Por ejemplo, cuando solo se posee un servidor compartido o **Shared Hosting**, únicamente se podrá trabajar con las tecnologías que se encuentren disponibles allí. La mayoría de los servidores compartidos ofrecen servidores con **MySQL**, **SQL Server** o **PostgreSQL**, y lenguajes de desarrollo preinstalados, por lo general **PHP**, **ASP** o **Java**. En estas situaciones, solo se desarrolla bajo estas tecnologías, por eso, es necesario considerar bien la arquitectura que se utilizará para desarrollar el sistema.

En general, una arquitectura que cualquier plataforma puede soportar será desarrollar un sistema como el siguiente:

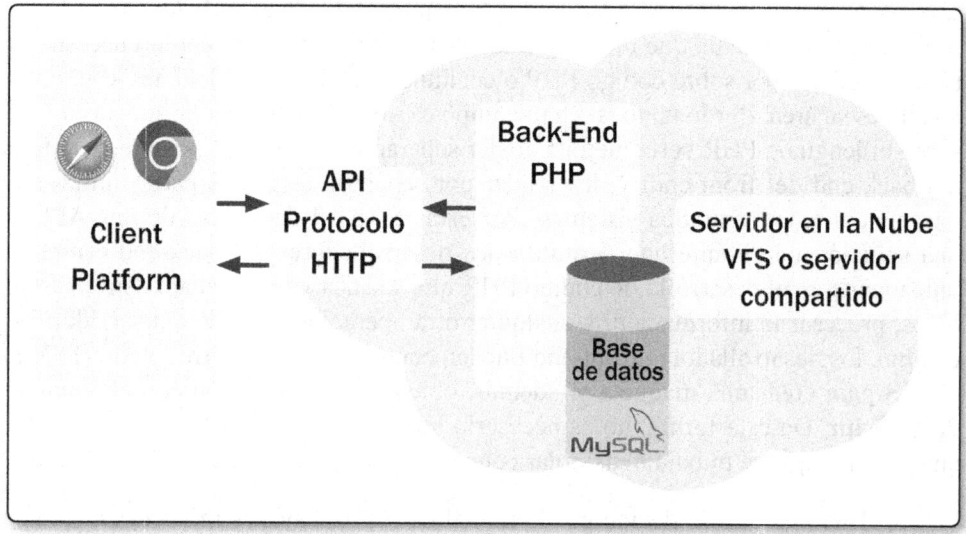

Figura 10.1. El protocolo HTTP te permite desarrollar aplicaciones basadas en API REST.

Esto significa, por un lado, que se desarrolla una aplicación del front-end, creada con HTML y CSS, junto con JavaScript y, por otro lado, un sistema en PHP como en este caso, pero podría utilizarse cualquier lenguaje del back-end, que se encargue de interactuar con la base de datos. Aquí, se usa un gestor MySQL que posee **endpoints** abiertos, a los cuales la aplicación del front-end enviará datos, o los solicitará por medio del protocolo HTTP mediante distintos métodos que el protocolo soporta.

En esto se basan las **API**. Como su nombre lo indica: Interfaz de Programación de Aplicaciones o en inglés *Application Programming Interface*, se trata de una interfaz que se encargará de comunicar dos sistemas de aplicaciones, programada para soportar por medio de un protocolo, como será en este caso el protocolo HTTP, que se ocupará de comunicar un front-end y un back-end. Existen distintos tipos de API, entre ellas se destacan las **API SOAP**, caracterizadas por el uso del formato **XML** para el intercambio de datos. Las **API REST**, en cambio, se caracterizan por utilizar el protocolo HTTP y los estándares de información **XML** o **JSON**. Si deseas aprender más sobre JSON y las API REST, puedes leer la colección JSON, en este **link**.

Una vez que hayas comprendido la arquitectura de las aplicaciones por desarrollar, puedes comenzar a trabajar con el desarrollo, programando y maquetando la aplicación. En primer lugar, es necesario comprender la estructura de la aplicación que se va a crear. Partiendo de la aplicación que has creado en los volúmenes anteriores, puedes aprovechar parte de ese código para trabajar en un sistema de comentarios y calificaciones para los productos que se venden en la plataforma. Para esto, lo primero será ocuparte de los modelos involucrados en el sistema (**Figura 10.2.**).

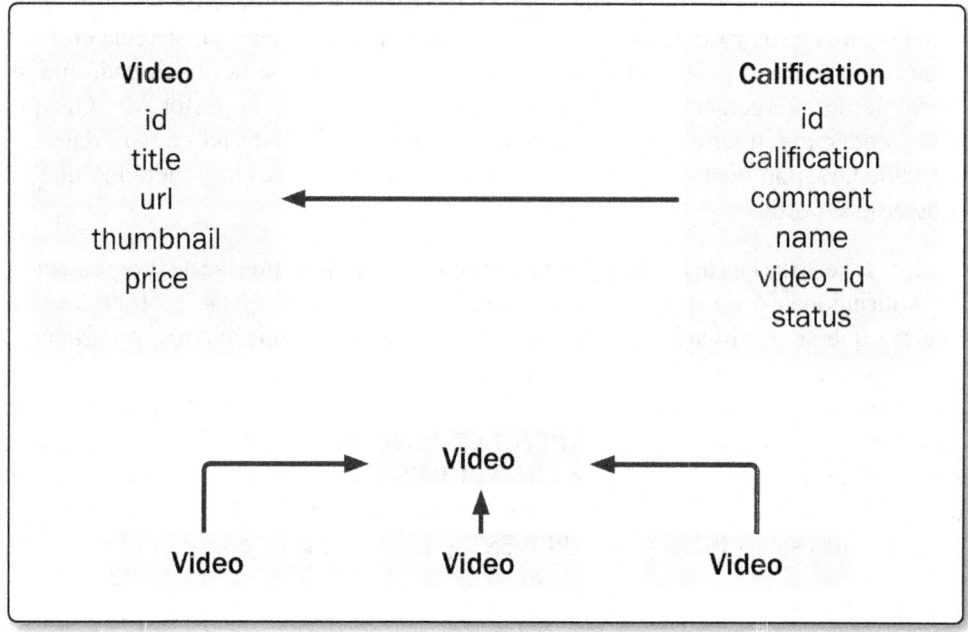

Figura 10.2. En este modelo, los videos se relacionan con los comentarios de uno a muchos.

Como puedes ver en la figura anterior, cada video tiene asociado, mediante una clave foránea, un comentario, por lo cual podrás traer asociado tanto el video como los comentarios que se hayan realizado y sus calificaciones. Primero crea en tu gestor de bases de datos una nueva tabla con la siguiente consulta SQL, en la cual se creará otra tabla donde se guardarán las calificaciones.

```
CREATE TABLE califications (
    id INT PRIMARY KEY AUTO_INCREMENT NOT NULL,
    calification INT NOT NULL,
    comment VARCHAR(255) NOT NULL,
    name VARCHAR(255) NOT NULL,
    video_id INT NOT NULL,
    valida INT NOT NULL
);
```

Si has cargado datos en la tabla de videos en los volúmenes anteriores, tendrás ya cargados algunos videos como datos de prueba, con lo cual podrás cargar también calificaciones de prueba para comenzar a trabajar en el sistema.

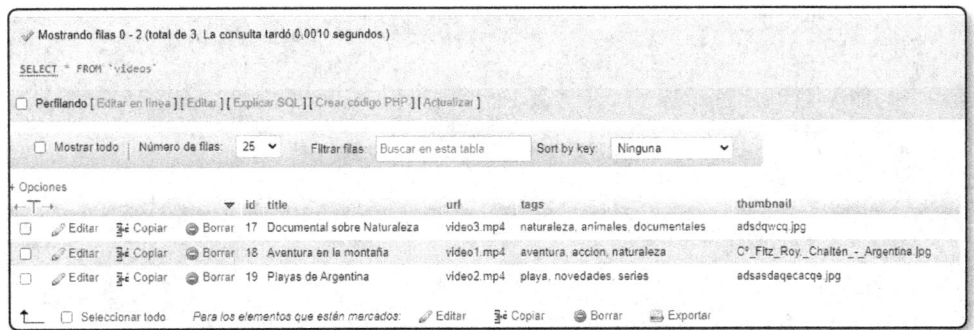

Figura 10.3. Dentro de la tabla de videos, se han cargado ya algunos datos de prueba.

Una vez hecho esto, es momento de crear un nuevo modelo en tu sistema. En los volúmenes anteriores, trabajaste con el sistema creando tus distintas clases que heredaban de la super clase **Model**, por lo tanto, en este nuevo capítulo podrás hacer lo mismo.

```php
<?php

namespace Models;

use Controller\Connection;

class Calification extends Model
{
    public function __construct()
    {

    }

    public function save(Connection $connection)
    {

    }
}
```

Como debes recordar, la superclase **Model** posee el método **save()** el cual toma como parámetro un objeto de tipo **Connection**, que debes sobrescribir en cada clase que herede de esta, dado que se trata de un método abstracto. Esto significa que la clase **Model** define la firma del método **save(Connection $con)**, pero cada clase debe implementar el cuerpo de la función.

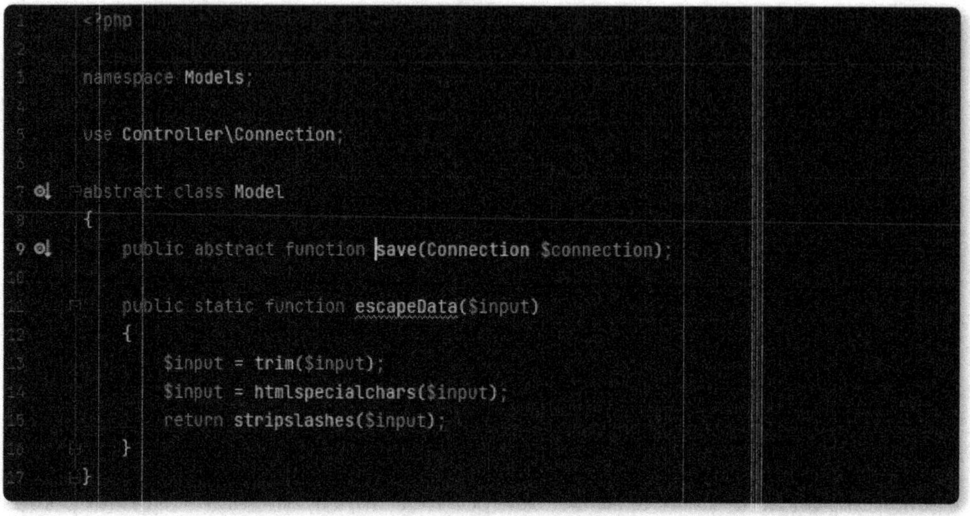

```php
<?php

namespace Models;

use Controller\Connection;

abstract class Model
{
    public abstract function save(Connection $connection);

    public static function escapeData($input)
    {
        $input = trim($input);
        $input = htmlspecialchars($input);
        return stripslashes($input);
    }
}
```

Figura 10.4. El método *save()* se encuentra implementado en la superclase y debe sobrescribirse en cada clase que lo herede.

Ahora que has declarado los métodos, tendrás que definir los campos de clase y sus distintas propiedades. Para esto, agrega el siguiente código a la clase:

```php
class Calification extends Model
{
    protected $calification;
    protected $comment;
    protected $name;
    protected $video_id;
    protected $status;

public function __construct($calification, $comment, $name, $video_id)
{
    $this->calification = $calification;
    $this->comment = $comment;
    $this->name = $name;
    $this->video_id = $video_id;
    $this->status = 0;
}
```

Agrega, también, el siguiente código al cuerpo de la función **save()**:

```php
public function save(Connection $connection)
{
    $con = $connection->get_connection();
    $stmt = $con->prepare("INSERT INTO califications
    (calification, comment, name, video_id, status)
```

```
        VALUES
        (:calification, :comment, :name, :video_id,
        :status)");

        $stmt->bindParam(":calification",
            $this->calification);
        $stmt->bindParam(":comment", $this->comment);
        $stmt->bindParam(":name", $this->name);
        $stmt->bindParam(":video_id", $this->video_id);
        $stmt->bindParam(":status", $this->status);

        return $stmt->execute();
    }
```

Ahora, tu clase se encuentra definida con algunos métodos ya listos. En el método **constructor**, se inicializan los campos de clase; esto se realizará cuando se carguen nuevas calificaciones y, luego, el método **save()** se encargará de almacenar en la base de datos esta información.

10.2 PETICIONES GET

Una vez hecho esto, lo siguiente será crear un método que se encargue de devolver algunas calificaciones. Para eso, lo mejor será traer los últimos tres registros con toda la información. Por lo general, una de las consultas más comunes es simplemente realizar una instrucción SQL que indique **SELECT * FROM califications**, lo cual devolverá todos los campos de la tabla. Sin embargo, esto no es lo óptimo, dado que sería correcto retornar solo aquellos datos que van a utilizarse o, incluso, mostrarse. Algunos campos no se utilizarán dentro de la aplicación del front-end, por ejemplo, dentro del modelo se declaró un campo de clase llamado **status**, al cual por defecto se le coloca el valor **0**. Cuando este valor se encuentra en cero, el comentario no ha sido validado por un administrador y, si se encuentra en uno, es un comentario válido que puede mostrarse en el front-end. Para esto, será necesario ejecutar una consulta que solamente traiga aquellos datos que se deseen mostrar y que cumplan con esta condición:

```
$sql = "SELECT calification, comment, name
    FROM califications
    WHERE status=1
    ORDER BY ID DESC LIMIT 3";
```

Sin embargo, también sería una buena idea traer asociados, en una única consulta, los videos relacionados con los comentarios obtenidos.

```
$sql = "SELECT califications.calification, califications.comment, califications.
```

```
name,
   videos.title, videos.thumbnail
   FROM califications
   INNER JOIN videos
   ON videos.id=califications.video_id
   WHERE califications.status=1
   ORDER BY califications.id DESC
   LIMIT 3";
```

De esta manera, no solo se obtienen los comentarios, sino que, por medio de una instrucción **SQL INNER JOIN**, se obtienen también los datos de los videos que se encuentran relacionados.

```
public static function getLastThreeCalifications(Connection $connection)
{
   $sql = "SELECT califications.calification,
      califications.comment, califications.name,
      videos.title, videos.thumbnail
      FROM califications
      INNER JOIN videos
      ON videos.id=califications.video_id
      WHERE califications.status=1
      ORDER BY califications.id DESC
      LIMIT 3";
   $con = $connection->get_connection();
   $stmt = $con->prepare($sql);
   $stmt->execute();
   return $stmt->fetchAll(PDO::FETCH_ASSOC);
}
```

Por último, puedes agregar a la firma del método una **anotación** que indique el tipo de dato que se retorna y que, en este caso, será un arreglo, dado que la función **fetch()** retorna un arreglo asociativo cuando se pasa la propiedad estática **FETCH_ASSOC** de la clase **PDO**.

```
/**
 * @return array
 */
public static function getLastThreeCalifications(Connection $connection)
: array
{

}
```

Una vez terminado el método, es momento de crear un controlador que se encargue de retornar todos los registros que esta consulta obtiene, en un formato adecuado.

Para empezar, crea en tu carpeta **controller** un nuevo archivo que contenga una clase **PHP**, llamada **CalificationsController**, y en su interior, coloca el siguiente código:

```php
<?php

namespace Controller;

use Models\Calification;

class CalificationsController
{
    public static function showCalifications()
    {
        Calification::getLastThreeCalifications();
    }
}
```

Ahora, el controlador se encargará de llamar a este método estático; sin embargo, aún es necesario que la información que se retorne sea en el formato correcto. Para un desarrollador front-end, los datos en formato **JSON** son una buena alternativa, dado que se trata de un estándar de datos basados en la notación de objetos de JavaScript, con lo cual su interpretación es sumamente sencilla. Para parsear los datos de manera rápida, puedes utilizar la función **parse()** de JSON dentro del navegador, y se transformarán los datos a formato JavaScript.

Para lograr esto, será necesario, en primer lugar, pasar como parámetro de la función **getLastThreeCalifications()** un objeto de la clase **Connection** y, en segundo lugar, almacenar en una variable el resultado de la función, la cual se cambiará a formato JSON, de la siguiente manera:

```php
public static function showCalifications()
{
    $connection = new Connection();
    $califications = Calification
        ::getLastThreeCalifications($connection);
    return json_encode($califications);
}
```

Ahora, la nueva función del controlador retornará los datos en formato JSON. Para probar esto, solo necesitas pasar esta función a un nuevo archivo que funcionará como endpoint. Crea una carpeta nueva en la raíz de tu controlador, que se llame **api**, y en su interior coloca un nuevo archivo, llamado **calificaciones.php**, donde ubicarás el siguiente código.

```php
<?php

header('Content-Type: application/json');

require_once '../controllers/CalificationsController.php';
echo \Controller\CalificationsController
    ::showCalifications();
```

Como se trata de un archivo que responde a una petición **GET**, puedes probarlo con el navegador, con lo cual verás los datos en formato texto plano. Sin embargo, para trabajar con API, una de las herramientas más utilizadas es **Postman**, un cliente HTTP que te permite probar un back-end sin necesidad de desarrollar código que realice las peticiones.

Para ver en el navegador el resultado, en primer lugar tendrás que cargar algunas calificaciones en el sistema y, luego, en tu navegador, acceder a la ruta **http://localhost/proyecto/api/calificaciones.php**, y así verás los datos en formato JSON. De esta manera, también un cliente HTTP podrá acceder mediante una petición **GET**. Sin embargo, puedes descargar Postman para comenzar a desarrollar, desde la URL **https://www.postman.com/**, de manera gratuita.

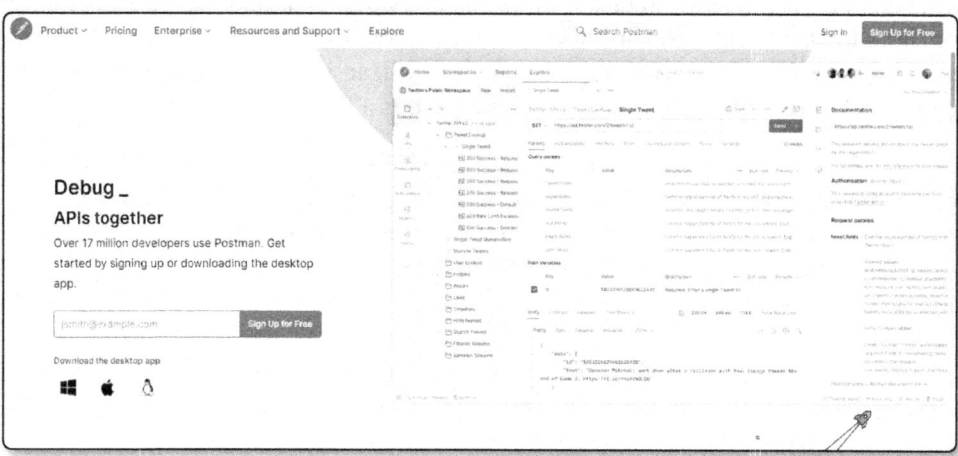

Figura 10.5. Postman es multiplataforma y puede utilizarse en forma gratuita.

Una vez descargado el cliente Postman, podrás realizar pruebas mediante peticiones de tipo **GET**, **POST**, **PUT**, **DELETE**, **PATCH** y muchas otras.

Para probar tu nuevo endpoint, coloca la ruta que probaste en el navegador, y verás los datos en formato JSON, formateados y escritos de manera legible.

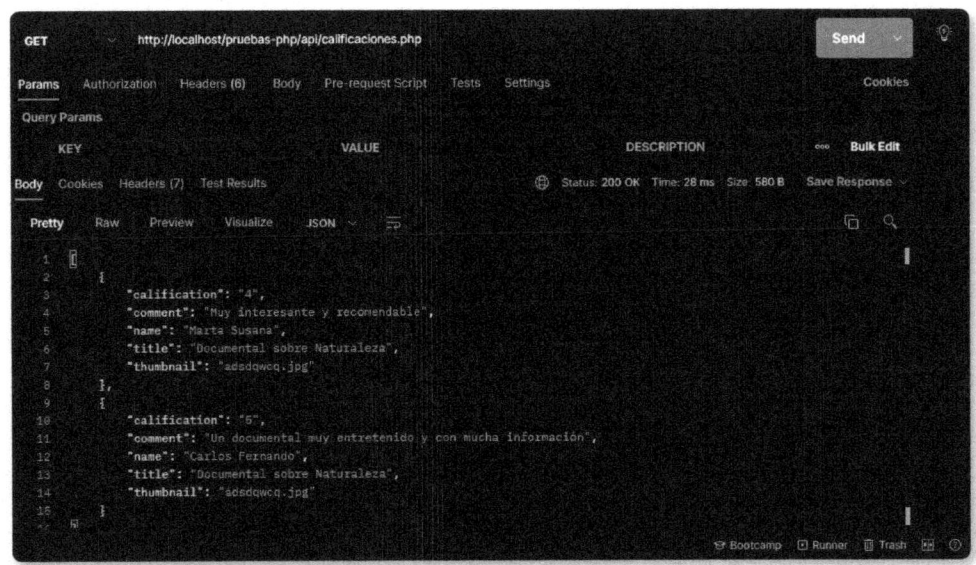

Figura 10.6. El cliente Postman te permite leer los datos de manera más
presentable y realizar peticiones mediante varios métodos.

Una vez que puedas obtener los datos mediante una petición GET, puedes verlos de forma legible dentro de Postman. Con esto, el primer endpoint de tu API está listo para ser utilizado, por lo tanto, es el momento de crear una petición POST.

10.3 PETICIONES POST Y CREACIÓN DE DATOS

Por lo general, los métodos HTTP responden a un tipo de operación que se realiza en el servidor. El método **GET** es un tipo de petición que solicita datos del servidor, con un límite en la cantidad de datos por enviar, y que por lo general se encarga de retornar información. Los datos no viajan encriptados, sino únicamente como texto plano, y solo es posible enviar información en texto. Como sabrás, si has creado un formulario y deseas enviar su información con un archivo, una petición **GET** no te será suficiente. En su lugar, las peticiones **POST** no tienen límite en el envío de datos, y la información viaja encriptada hasta el servidor. Por lo general, las peticiones **POST** se utilizan para generar algo en el servidor, es decir, se trata de peticiones que crean algún tipo de operación, como un inicio de sesión, un cierre de sesión o algún proceso en el servidor, que manipule datos sensibles, como contraseñas, usuarios, o información similar.

Si deseas crear una nueva reseña en el sistema, tendrás que originar un endpoint que reciba datos por medio de un POST. Esto significa, que se recibirán datos en formato JSON, dado que se trata de una API REST, y se transformarán en información trabajable en PHP, un arreglo o un objeto, a partir de lo cual se creará un nuevo objeto de tipo **Calification**, que se guardará en la base de datos.

Para esto, en primer lugar, será necesario que crees un nuevo método en tu controlador **CalificationsController**, donde trabajaste el método anterior **GET**. Allí, coloca el siguiente código:

```php
public static function crearCalificacion(
    $cal, $res, $name, $video)
{
    if($cal==null ||
        $res==null ||
        $name==null ||
        $video==null)
    {
        return [
            "Status"=>"Faltan datos",
        ];
    }
}
```

De momento, lo único que hace el nuevo método es verificar que se hayan recibido los cuatro parámetros de la función y que estos no sean nulos, en caso contrario, retornará un arreglo con la clave **Status** con el valor **Faltan datos**. Lo siguiente, en caso de que los datos no sean nulos, será crear con ellos una nueva calificación de esta manera:

```php
$connection = new Connection();
$calificacion =
    new Calification($cal, $res, $name, $video);
$calificacion->save($connection);
$connection->close_connection();
```

Una vez creada la calificación en la base de datos, se retornará un arreglo de la siguiente manera:

```php
return [
    "Status"=>"Calificacion Guardada",
];
```

La función debería lucir de esta forma:

```php
public static function crearCalificacion($cal, $res, $name, $video)
{
```

```
if($cal==null || $res==null || $name==null
   || $video==null)
{
    return [
        "Status"=>"Faltan datos",
    ];
}
$connection = new Connection();
$calificacion =
    new Calification($cal, $res, $name, $video);
$calificacion->save($connection);
$connection->close_connection();

return [
    "Status"=>"Calificacion Guardada",
];
}
```

Antes de continuar, sería una buena idea parsear o verificar los datos que se reciben en el modelo **Calification**. Dentro del método **constructor** de la clase **Calification**, llama a la siguiente función:

```
public function __construct($calification, $comment, $name, $video_id)
{
    $this->calification =
        self::escapeData($calification);
    $this->comment = self::escapeData($comment);
    $this->name = self::escapeData($name);
    $this->video_id = self::escapeData($video_id);
    $this->status = 0;
}
```

Una vez hecho esto, ya puedes crear un nuevo endpoint en tu carpeta **api**. Allí, crea un archivo llamado **crearCalificación.php** y, en su interior, coloca el siguiente código:

```
<?php

header('Content-Type: application/json');
require_once '../controllers/CalificationsController.php';
```

Lo primero que realizarás es importar el controlador que has creado antes y setear el contenido de la respuesta al tipo JSON. Una vez hecho esto, será necesario obtener los datos que se recibirán en formato JSON y parsearlos a datos legibles por PHP.

```
$json = file_get_contents('php://input');
$data = json_decode($json, true);
```

Mediante el método **file_get_contents()**, se obtendrán los datos en estándar JSON y, por medio de la función **json_decode()**, se transformarán a un arreglo de PHP.

Lo último será llamar al método que has creado antes, dentro de tu controlador, transformarlo a formato JSON nuevamente e imprimirlo como respuesta de tu endpoint.

```
echo json_encode(\Controller\CalificationsController
  ::crearCalificacion(
  $data['calificacion'],
  $data['comentario'],
  $data['nombre'],
  $data['video']
));
```

Así, el archivo completo lucirá de esta manera:

```php
<?php

header('Content-Type: application/json');
require_once '../controllers/CalificationsController.php';

$json = file_get_contents('php://input');
$data = json_decode($json, true);

echo json_encode(\Controller\CalificationsController
  ::crearCalificacion(
    $data['calificacion'],
    $data['comentario'],
    $data['nombre'],
    $data['video']
));
```

Ahora, puedes probar tu nuevo endpoint por medio del método **POST** mediante el cliente Postman. Crea una nueva petición y, como cuerpo, coloca el siguiente código en datos de tipo raw y en formato JSON:

```json
{
  "calificacion": 4,
  "comentario": "Muy recomendable",
  "nombre": "Micaela",
  "video": 1
}
```

Como resultado, deberías ver algo como lo siguiente:

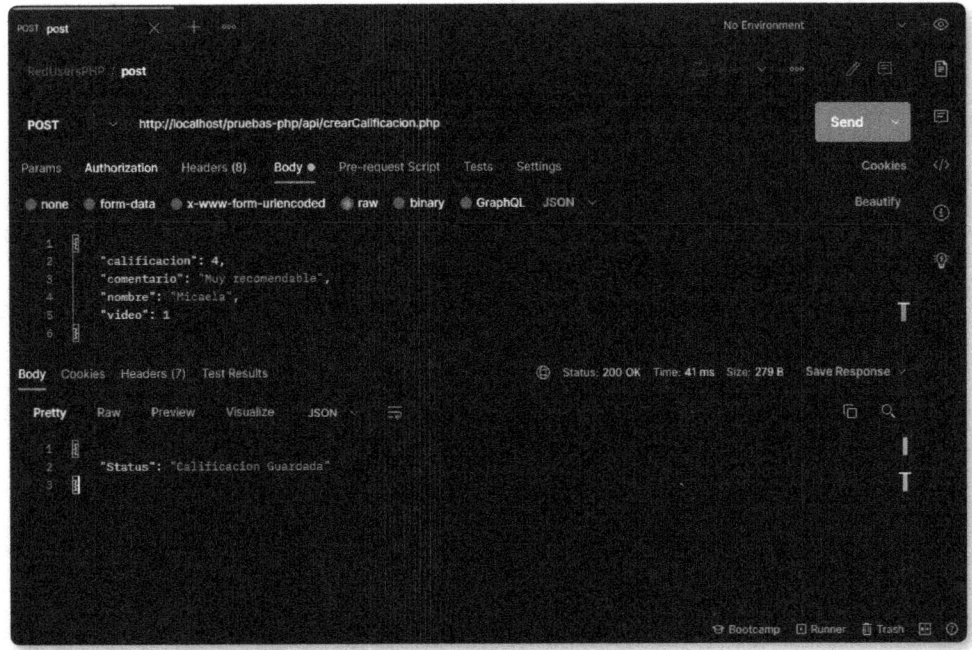

Figura 10.7. Tras enviar los datos en formato JSON, se retorna otro
mensaje en el mismo formato que indica el resultado.

Así, se han generado los datos de manera satisfactoria en la base de datos. En caso de que omitas algún dato, verás como resultado el mensaje que indica la falta de información (**Figura 10.8.**).

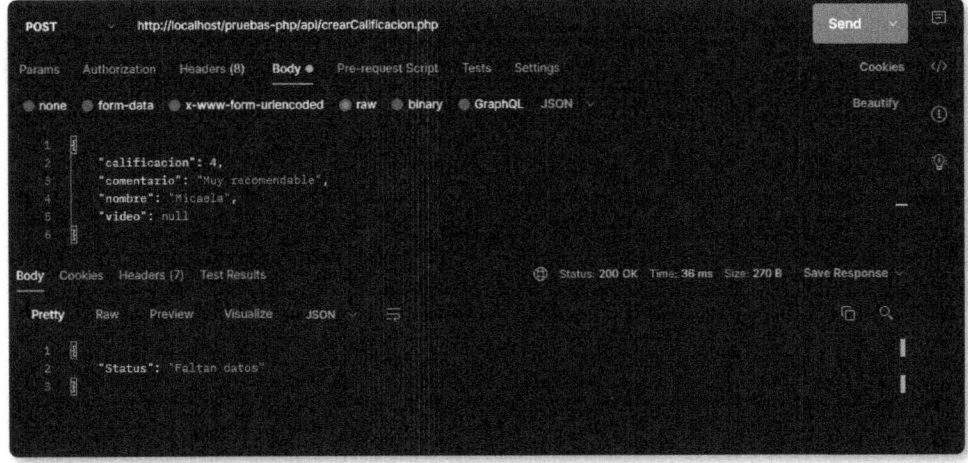

Figura 10.8. En esta imagen se aprecia el mensaje "Faltan datos", en el apartado Status.

Ahora, tras enviar los datos a la ruta o endpoint por el método **POST**, se creará un nuevo registro en la base de datos.

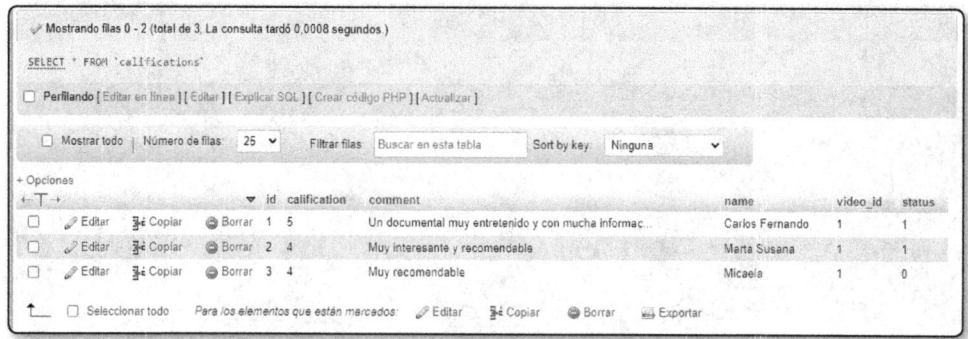

Figura 10.9. Si el método pasa la validación correspondiente, se crea una nueva entrada en la base de datos.

10.4 BORRADO DE DATOS

Una vez que hayas creado los métodos **GET** y **POST**, puedes continuar con otro método necesario, el **DELETE**, un método HTTP que se encargará de borrar datos. Mediante este endpoint, tendrás que aceptar una petición que se encargará de recibir un ID, el cual se debe buscar en la base de datos, y luego borrar ese registro.

Para esto, lo primero será crear un método en el modelo **Calification**, llamado **delete()**, que tendrá el siguiente contenido:

```
/**
 * @param Connection $connection
 * @param $id
 * @return boolean
 */
public static function delete(Connection $connection, $id): bool
{
    $con = $connection->get_connection();
    $stmt = $con->prepare
        ("DELETE FROM califications WHERE ID="
            .self::escapeData($id));
    return $stmt->execute();
}
```

En este caso, el método **delete()** acepta como parámetro una conexión de la clase **Connection** y un parámetro **ID**, y retornará como resultado un valor booleano.

La firma del método contiene las anotaciones que indican la cantidad de parámetros y el tipo de dato que el método retorna, con lo cual varios **IDE** de desarrollo te ayudarán en el momento de llamar y utilizar la función (**Figura 10.10.**).

```
public static function borrarCalificacion($id)
{
    if($id==null)
    {
        return [
            "Status"=>"Faltan datos",
        ];
    }
    $connection = new Connection();
    $res = Calification::delete($connection, $id);
    return [
            public static function Calification::delete(Controller\Connection $connection, $id) bool
        "Status"=>$res
            Parameters: Controller\Connection $connection
    ];
                                        $id
}
            Declared in: Models\Calification
            Source:      .../models/Calification.php
            'delete' on www.php.net ↗
```

Figura 10.10. El IDE PHPStorm te facilita el desarrollo indicándote los parámetros y el valor devuelto de la función.

Luego, dentro del controlador **CalificationsController**, crea el siguiente código, que se encargará de llamar a este método y retornar un estado en formato JSON. Sin embargo, sería una buena idea responder con la cantidad de datos eliminados o indicar si se ha borrado el comentario o si, por el contrario, no se ha encontrado un registro con ese ID.

Para esto, puedes utilizar el método **rowCount()**, un método de la librería **PDO** que te permite conocer la cantidad de filas afectadas por una instrucción SQL. Si se llega a borrar un registro, este método retornará **1**; en caso contrario, retornará cero. Dado que PHP toma el valor cero como falso y los números enteros como verdaderos, puedes modificar el método de la siguiente manera:

```php
public static function delete(Connection $connection, $id): bool
{
    $con = $connection->get_connection();
    $stmt = $con->prepare
        ("DELETE FROM califications WHERE ID="
            .self::escapeData($id));
    $stmt->execute();
    if($stmt->rowCount()) return true;
    return false;
}
```

De esta forma, el método retornará **true** en caso de que se hayan borrado registros, y **false** en el caso contrario. Luego, en tu controlador, coloca el siguiente método:

```php
public static function borrarCalificacion($id)
{
    if($id==null)
    {
        return [
            "Status"=>"Faltan datos",
        ];
    }
    $connection = new Connection();
    $res = Calification::delete($connection, $id);
    return [
        "Status"=>$res
    ];
}
```

De esta manera, se llama al método **delete()** tras validar los datos que se enviaron a la API y, luego de esto, se retornará **verdadero** o **falso** como el estado de la respuesta.

En este punto, solo necesitarás crear un nuevo archivo, llamado **borrarCalificacion.php**, con el contenido similar a las peticiones **POST**:

```php
<?php

header('Content-Type: application/json');
require_once '../controllers/CalificationsController.php';

$json = file_get_contents('php://input');
$data = json_decode($json, true);

echo json_encode(\Controller\CalificationsController
    ::borrarCalificacion(
    $data['id'],
));
```

Tras enviar un **ID** al endpoint en Postman por medio del método **HTTP DELETE**, se borrará de la base de datos todo lo que se encuentre con ese ID enviado. En caso de borrar algo en la base de datos, retornará **true**, y en caso contrario, **false**.

10.5 ACTIVIDADES

A continuación se presentan las preguntas que deberías saber responder para considerar aprendido el capítulo.

10.5.1 Test de autoevaluación

1. ¿Qué métodos HTTP conoces?

2. ¿Qué es una consulta **SQL INNER JOIN** *y en qué se diferencia de una* **OUTER JOIN***?*

3. ¿Qué son las anotaciones?

4. ¿Qué beneficios conlleva el desarrollo separado del front-end y del back-end?

5. ¿Qué tipos de API conoces?

10.5.2 Ejercicios prácticos

1. Crea un método en el modelo **Calification** *para actualizar el registro.*

2. Ahora, crea una función que llame a este método en tu controlador, y que valide los datos.

3. En caso exitoso, retorna como valor en JSON un mensaje que retorne el éxito o el fracaso de la operación.

DASHBOARD

Ahora que has comenzado a crear tu API, es momento de empezar a trabajar en el sistema de tu dashboard, para que permita administrar tus comentarios en los distintos productos que se venden en la plataforma, consultando antes de mostrar cualquier comentario en tu front-end, que será visto por los posibles clientes.

11.1 COMENTARIOS

Ahora que tu API esta lista, es momento de crear algunos métodos más que permitan administrar los comentarios, sumar funcionalidades y avanzar con tu sistema. En el capítulo anterior, trabajaste en el sistema que te posibilita crear nuevas calificaciones y comentarios mediante métodos HTTP en una API REST, enviando objetos por medio de JSON. Hasta ahora, has creado métodos para ver los nuevos comentarios, crear otros, o borrarlos. En este nuevo capítulo, verás cómo implementarlos con un front-end y comenzarás a crear nuevos métodos.

En primer lugar, será necesario elaborar una tabla en tu sistema de administración que te permita obtener los registros completos, para saber si deben ser validados o si deben borrarse antes aparecer en el sistema que los clientes ven. Para esto, abre tu archivo **CalificationsController.php** y crea el siguiente método:

```
public static function getAllCalifications()
{
    $connection = new Connection();
    $sql = "SELECT califications.id,
        califications.calification,
        califications.comment, califications.name,
        califications.status,
```

```
      videos.title
      FROM califications
      INNER JOIN videos
      ON videos.id=califications.video_id
      ORDER BY califications.id DESC";
  $con = $connection->get_connection();
  $stmt = $con->prepare($sql);
  $stmt->execute();
  $califications = $stmt
    ->fetchAll(PDO::FETCH_ASSOC);
  $connection->close_connection();
  return $califications;
}
```

Este método, muy similar a lo que has creado antes, se encarga de buscar y traer todas las calificaciones creadas en el sistema, en este caso, sin una consulta **WHERE**, pero utilizando una instrucción **JOIN**, que te permitirá obtener una tabla como resultado, uniendo las tablas **comments** y **videos** mediante la consulta **INNER JOIN**. Recuerda que estas consultas te permiten generar una tabla con todos los registros que coincidan entre la unión de las dos tablas, omitiendo aquellos registros sin relación.

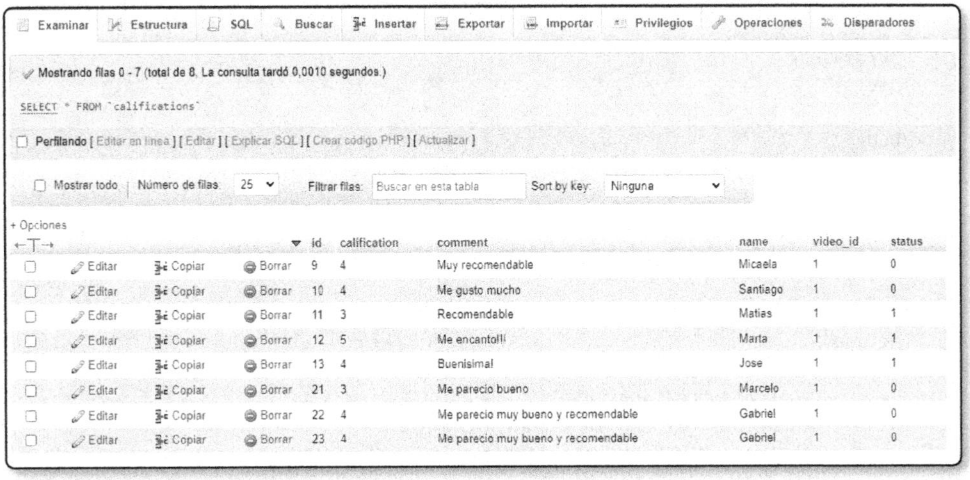

Figura 11.1. Tu API debería permitirte realizar las operaciones CRUD necesarias de todo tipo.

Una vez que hayas creado este método, puedes originar un nuevo archivo dentro de la carpeta **views**, llamado **califications.php**. Allí, coloca el siguiente código con los mismos importes que poseen los demás archivos de tu sistema de administración, utilizando la barra de navegación lateral y superior, el pie de página y el encabezado.

```php
<?php
session_start();
if(!isset( $_SESSION['user'] )){
    header("Location: ./login.php");
}
?>
<!DOCTYPE html>
<html lang="es">
<?php include './components/head.php'; ?>
<body>

<?php include './components/top-nav-bar.php'; ?>
<div class="container-fluid">
    <div class="row">
        <?php include
        './components/side-navbar.php'; ?>
        <main class="col-md-9 ms-sm-auto
            col-lg-10 px-md-4">
            <h2 class="mt-3">
                Calificaciones del sistema:
            </h2>
            <br>
            <table class="table">

            </table>
        </main>
    </div>
</div>

</body>
</html>
```

Ahora que has originado un nuevo archivo para tu sistema, crea una tabla en su interior con estos encabezados.

```html
<table class="table">
    <thead>
        <tr>
            <th scope="col">#</th>
            <th scope="col">Calificación</th>
            <th scope="col">Comentario</th>
            <th scope="col">Nombre</th>
            <th scope="col">Título</th>
            <th scope="col">Status</th>
            <th scope="col">Validar</th>
            <th scope="col">Borrar</th>
        </tr>
    </thead>
    <tbody>

    </tbody>
</table>
```

En esta tabla, además de mostrar la información sobre cada uno de los comentarios, se crearán botones para distintas acciones, como por ejemplo, borrar comentarios malintencionados de tu sistema o que no son relevantes, o validar aquellos que deseas mostrar, para que se vean en el front-end. Dentro del cuerpo de la tabla, crea el siguiente bucle **foreach()**:

```php
<?php
require
    '../controllers/CalificationsController.php';
$califications = \Controller\CalificationsController
    ::getAllCalifications();

foreach ($califications as $i) { ?>
    <tr id="comment-<?php echo $i['id']; ?>">
        <td><?php echo $i['id']; ?></td>
        <td><?php echo $i['calification']; ?>

        </td>
        <td><?php echo $i['comment']; ?></td>
        <td><?php echo $i['name']; ?></td>
        <td><?php echo $i['title']; ?></td>
        <td><?= ($i['status']==1) ?
            "Válida" : "Pendiente" ?>
        </td>
        <td>
            <form action=" " method="post">
            </form>
        </td>
        <td>
            <button class="btn btn-danger">
                <i class='fas fa-trash'></i>
            </button>
        </td>
    </tr>
<?php } ?>
```

Como puedes ver en el código anterior, en primer lugar se requiere al archivo **CalificationsController** y se llama al método estático para obtener todas las calificaciones. Luego, se abre el bucle con la lista de elementos, y se imprimen en una columna los ID de cada comentario, la calificación, el comentario, el nombre del usuario, el título del video, el estado del comentario, aclarando mediante un operador **ternario** si se encuentra validado o no. Por último, un formulario que te permitirá validar el comentario o colocarlo como no válido y un botón que te permitirá borrarlo.

El **operador ternario** es una funcionalidad en PHP que te permite realizar operaciones mediante valores booleanos.

Es decir, al igual que un condicional **if else**, el operador ternario te posibilita llevar a cabo una acción u otra, dependiendo de un valor que resulte verdadero o falso.

Coloquialmente, se conoce al operador ternario como una abreviación o simplificación en una línea del condicional **if else**, y es perfectamente posible utilizarlo para mostrar un texto u otro. Esta es una de las principales aplicaciones. En este caso:

```
<td>
    <?=($i['status']==1) ? "Válida" : "Pendiente" ?>
</td>
```

Como puedes ver, si el estado es igual a **1**, se mostrará el string **Válida**, y, en caso contrario, **Pendiente**. Lo siguiente será el borrado de comentarios. Dado que, en el capítulo anterior, comenzaste a crear tu API y originaste distintos métodos, es momento de utilizarla para borrar un comentario.

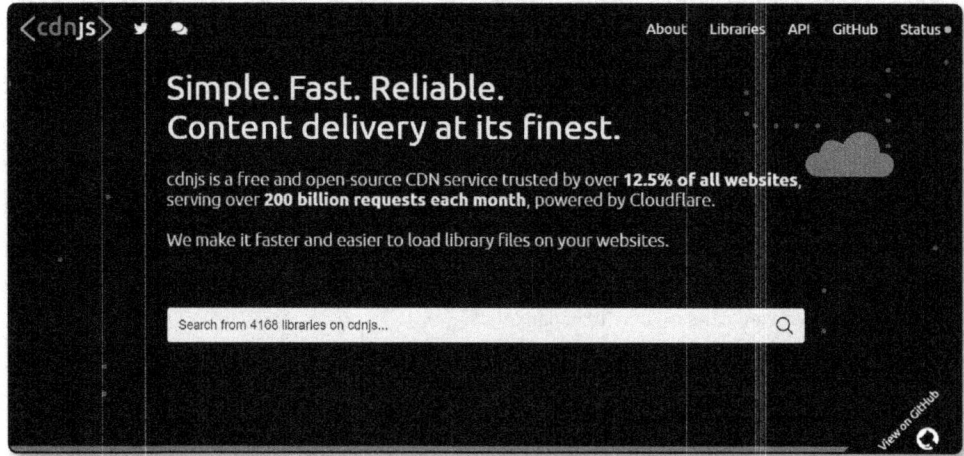

Figura 11.2. Si necesitas llamar a librerías de JavaScript o del front-end, *cdnjs* es una buena alternativa.

11.2 LLAMAR A TU API CON JAVASCRIPT

Una vez que hayas definido algunas de las columnas de la tabla para administrar comentarios, es momento de definir un botón que te permitirá llamar al método de borrado de comentarios. Para esto, ubica el siguiente contenido como última columna en tu tabla:

```
<td>
   <button
      class="btn btn-danger"
      onclick="deleteComment(
         <?php echo $i['id']; ?>)"
      >
      <i class='fas fa-trash'></i>
   </button>
</td>
```

Como puedes ver, en este botón se coloca la clase **btn** y **btn-danger**, de Bootstrap, para darle un fondo rojo fuerte, que será útil para mostrar un botón de borrado. Luego, se registra en el evento **onclick** una función JavaScript que aún no has creado. Antes de hacerlo, puedes ver que también se define, como contenido del botón, un elemento HTML **<i>** con una clase de la librería **Font Awesome**. Esta librería de CSS e iconos para la Web es sencilla de utilizar y puede importarse de la misma manera que Bootstrap. Dentro de tu archivo encabezado, puedes llamar a la librería Font Awesome mediante su CDN, por medio de una etiqueta **<link>**.

Figura 11.3 Al importar Font Awesome, puedes comenzar a utilizar sus iconos en tu web.

Esto te permitirá colocar un icono de un bote de basura en el botón de borrado, con lo cual el usuario entenderá que se trata de la eliminación de un comentario.

Ahora, tendrás que crear una función en JavaScript, que se encargará de borrar el comentario de la tabla, enviando a la API una petición HTTP por medio de un método. Para esto, puedes utilizar JavaScript sin ninguna librería, usando JSON y el objeto **XMLHttpRequest**, un objeto que permite realizar peticiones HTTP en una página web sin necesidad de recargar la página, es decir, como una función **AJAX**. La sigla **AJAX** hace referencia a **JavaScript Asíncrono** y **XML**, y se trata de un conjunto de técnicas que te permiten modernizar sitios web y crearlos con modularización entre el front-end y el back-end. Aunque sus siglas sugieran el uso del formato XML, no es necesario en absoluto conocerlo, dado que las técnicas AJAX se basan en el uso de JavaScript Asíncrono, y permiten usar también el formato JSON en tus sistemas, omitiendo otros formatos de información.

Si deseas aprender más sobre cómo utilizar JavaScript, los distintos métodos de su API y diferentes funcionalidades, así como también JSON y cómo trabajar con él, puedes leer la obra JavaScript, en este link.

Debajo de tu tabla, coloca el siguiente código:

```
<script>
function deleteComment(comment) {

    data = {
       id: comment
    }

    const xhttp = new XMLHttpRequest();
    xhttp.onload = function() {
       const res = JSON.parse(this.responseText)
       console.log(res);
    }
    xhttp.open("POST",
       "../api/borrarCalificacion.php");
    xhttp.setRequestHeader("Content-type",
       "application/json");
    xhttp.send(JSON.stringify(data));
}
</script>
```

Como puedes ver en este código JavaScript, lo primero que se realiza es la creación de un objeto que tiene el **id** del comentario y que se guarda en la variable **data**. Luego, se crea una constante al instanciar un objeto de la clase **XMLHttpRequest**, y al llamar a su método **send()**, se envía la petición con los parámetros en formato JSON con la configuración definida en el método **open()**, el cual te permite definir el método HTTP que va a utilizarse y la URL o endpoint al cual se envía la petición. El método **setRequestHeader()** te permite definir los encabezados de la petición definiendo, por ejemplo, su contenido, en este caso JSON.

Figura 11.4. Font Awesome es una librería de fácil uso con cientos de recursos para el desarrollo front-end.

La propiedad **onload** toma como valor una función que se ejecuta una vez que se obtiene una respuesta de la petición, en este caso, lo primero que se hace es **parsear** la respuesta obtenida de la API o convertirla a un objeto JavaScript desde JSON.

Dado que en esta API se retorna en formato JSON un objeto con la clave **Status** con valor **true**, en caso de borrar el comentario de la base de datos, también debería borrarse de la tabla en el front-end de esta manera:

```
xhttp.onload = function() {
    const res = JSON.parse(this.responseText)
    console.log(res);
    if(res.Status)
    {
        document.getElementById("comment-"
            +comment).remove();
    }
}
```

Así, al borrar de la base de datos, se debería eliminar la fila de tabla. Al trabajar con AJAX, puedes borrar distintos comentarios, separando del front-end las operaciones del back-end. De esta forma, el código queda mucho más separado y más fácil de mantener.

11.3 VALIDAR LOS COMENTARIOS

Una vez que se envían los comentarios, deberían poder validarse desde la misma sección del panel de administración.

Es decir, en la tabla, se necesitaría un botón que te permitiera validar un comentario o colocarlo como pendiente; esto funciona como administración de los comentarios visibles desde el front-end. Para llevarlo a cabo, lo primero será crear una función en el modelo **Calification**, que permita cambiar el valor de la columna **status**, de esta manera:

```php
/**
 * @param Connection $connection
 * @param int $id
 * @param int $status
 * @return boolean
 */
public static function validate(
    Connection $connection,
    int $id,
    int $status): bool
{
    $con = $connection->get_connection();
    $sql = "UPDATE califications
        SET status=".self::escapeData($status)."
        WHERE id=".self::escapeData($id);
    $stmt = $con->prepare($sql);
    $stmt->execute();
    if($stmt->rowCount()) return true;
    return false;
}
```

Este método toma como parámetros, en primer lugar, un objeto de la clase **Connection**, un **id** y un **status**, es decir, un uno o un cero, dependiendo del valor en que quiera cambiarse al comentario. Además, la función retorna como valor **true** o **false**, dependiendo de si se ha encontrado y actualizado o no una columna de la base de datos.

Luego, en la carpeta **actions** del directorio **views**, crea un archivo llamado **validateComment.php**, con el siguiente código:

```php
<?php
session_start();
if(!isset( $_SESSION['user'] )){
    header("Location: ./login.php");
}
```

```php
require '../../models/Calification.php';
require '../../controllers/Connection.php';
use Models\Calification;

$status = $_POST['status'];

Calification::validate(
    new \Controller\Connection(),
    $_POST['id'],
    !$status);

header("Location: ../califications.php");
```

En este archivo, se verifica en primer lugar que el usuario haya iniciado sesión previamente a realizar cualquier operación. En caso de que esto haya pasado, se obtiene el estado actual del comentario enviado por parámetro en el formulario anterior, y se envía a la función como argumento, pero en caso opuesto. Es decir, por medio del operador !, se envía como parámetro un **0** en caso de que el valor sea **1**, y en caso de que sea **0**, se envía un **1**.

Ahora, solo necesitas, crear en la tabla de tu panel de administración, un formulario que envíe la información correspondiente, de esta manera:

```html
<td>
    <form action="actions/validateComment.php"
        method="post">
        <input type="hidden"
            name="id"
            value="<?php echo $i['id']; ?>" />
        <input type="hidden"
            name="status"
            value="<?php echo $i['status']; ?>" />
        <button class="btn btn-primary">
            <?php if($i['status']==1){
            echo
            "<i class='fas fa-times-square'></i>";
            }
            else{
            echo
            "<i class='fas fa-check-square'></i>";
            }
            ?>
        </button>
    </form>
</td>
```

Como puedes ver, en este caso se utiliza un condicional **if else** para determinar qué tipo de icono se va a mostrar en cada caso. Gracias a la librería Font-Awesome, puedes recurrir a iconos como una cruz, un bote de basura o una tilde que te permitan crear una interfaz mucho más interesante para tu aplicación. En el ejemplo, el condicional se encarga de mostrar una tilde en caso de que el estado del comentario sea cero; esa tilde dentro del botón permite indicar que se va a validar el comentario al hacer clic sobre él. La cruz indica lo contrario, ya que, al presionarla, se lo colocará como pendiente.

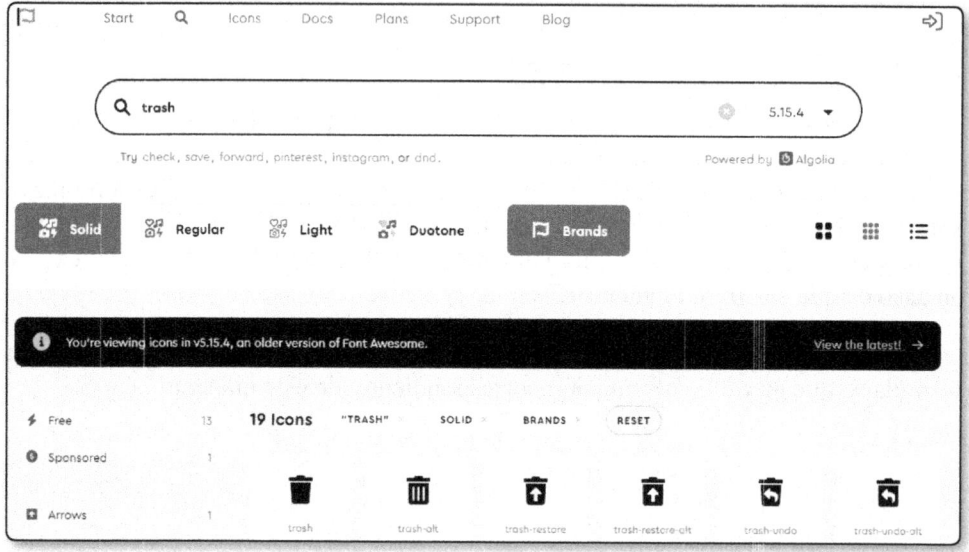

Figura 11.5. Font Awesome posee también un buscador para implementar iconos que necesites.

Ahora, solo necesitas agregar un link a la página con la tabla de comentarios en tu panel de administración. Dentro del archivo que contiene la barra de navegación lateral, **side-navbar.php**, en el directorio **components** de tu carpeta **views**, modifica el código agregando las siguientes líneas:

```
<nav
    id="sidebarMenu"
    class="col-md-3 col-lg-2
        d-md-block
        bg-light
        sidebar collapse">
<div class="position-sticky pt-3">
    <ul class="nav flex-column">
        ...
        <li class="nav-item">
            <a class="nav-link"
            href="califications.php">
```

```
                Comentarios/Calificaciones
        </a>
      </li>
    </ul>
  </div>
</nav>
```

Tu aplicación debería verse de esta manera:

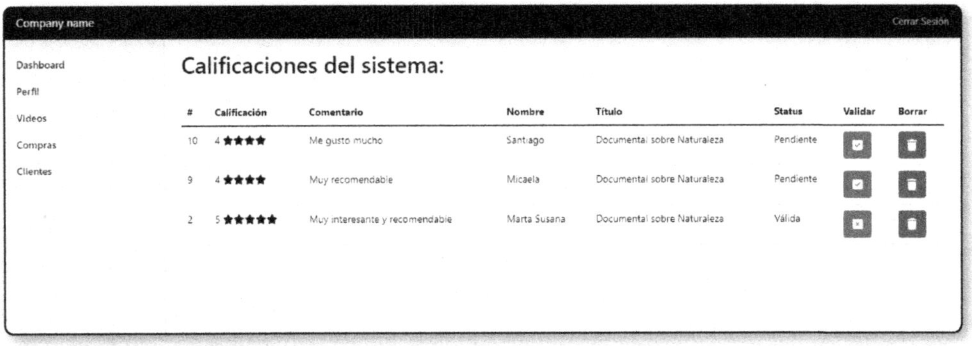

Figura 11.6. Al importar Font Awesome, puedes comenzar a utilizar sus iconos en tu web.

También puedes agregar estrellas dependiendo de la calificación en puntaje dada por los usuarios para lo cual se mostrarán cuatro estrellas en caso de que un usuario haya colocado ese puntaje. Para esto, puedes utilizar los iconos de la librería Font Awesome, con un componente como **<i class='fas fa-star'></i>**, que generará una estrella. Dentro de tu tabla, coloca el siguiente código en la columna de la calificación:

```php
<td><?php echo $i['calification']; ?>
    <?php
        for($j = 0; $j<$i['calification']; $j++)
        {
            echo "<i class='fas fa-star'></i>";
        }
    ?>
</td>
```

Ahora, cada comentario o valoración generará estrellas por la cantidad dada en la calificación del video o la película.

También puedes enviar el valor de tu sesión a la API para evitar que se consignen datos falsos o desde fuentes externas. De momento, tu API funciona sin estar abierta a peticiones **CORS**, es decir, solo puede llamarse desde un mismo dominio, sin embargo, para aumentar la seguridad y evitar riesgos, puedes enviar como parte de tu objeto JSON el valor de tu sesión actual creada en el servidor.

Para esto, modifica el objeto **JavaScript data** que creaste en la función dentro de tu archivo **califications.php**, de esta manera:

```
function deleteComment(comment) {

    data = {
        id: comment,
        session: "<?php echo $_SESSION['user'] ?>",
    }
    ...
}
```

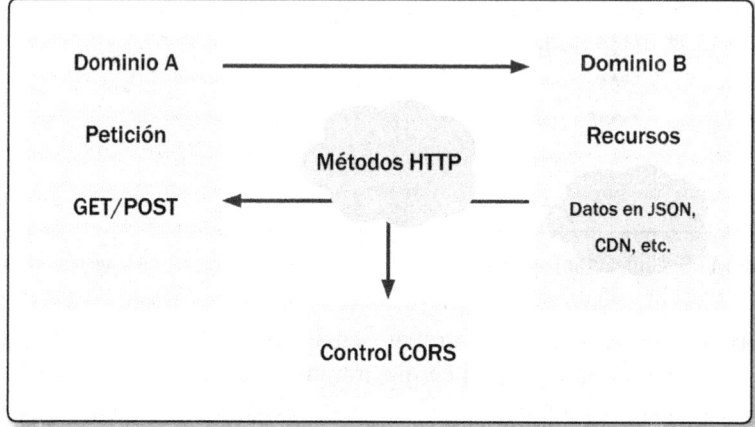

Figura 11.7. Las peticiones CORS, es decir, entre dominios cruzados, son controladas por el origen, en general, permitiendo o bloqueando las peticiones.

Luego, dentro del archivo de tu API que se encarga de llamar al método **borrarCalificacion()**, coloca el siguiente código:

```
if(!isset($data['session'])){
    die(json_encode(
        ["Status"=>false]
    ));
}

echo json_encode(
    \Controller\CalificationsController
        ::borrarCalificacion(
            $data['id'],
        )
);
```

En caso de que el front-end no envíe como dato el contenido de la sesión, se enviará como resultado **falso**, y no se borrará la calificación deseada.

11.4 CREACIÓN DE COMENTARIOS

Una vez que ya sabes cómo utilizar AJAX para realizar peticiones HTTP, puedes comenzar a trabajar con los distintos endpoints de la API que has creado. En primer lugar, sería una buena alternativa empezar con la creación de comentarios, uno de los endpoints que creaste durante el capítulo pasado. Para esto, será necesario que crees un nuevo archivo en la raíz de tu proyecto, donde se han alojado las demás vistas para el usuario final. En este nuevo documento, trabajarás con varias peticiones, y el usuario será capaz de crear sus propios comentarios e, incluso, ver todos los otros, pero primero es necesario trabajar con el código JavaScript que se encargará de permitir esto.

Para lograrlo, dentro del archivo que acabas de generar, coloca las etiquetas HTML de estructuras básicas y, en su interior, etiquetas **<script>**, donde tendrás que crear una nueva función llamada **addComment()** y, en su interior, un objeto JavaScript como el siguiente:

```
<script>
function addComment() {

    const comment = {
        calificacion: 4,
        comentario: "Me parecio muy bueno!",
        nombre: "Gabriel",
        video: 1
    }
</script>
```

Ahora, este objeto será convertido a formato JSON y enviado a un endpoint del back-end de tu aplicación para crear un nuevo comentario. Para esto, tendrás que agregar código similar al que utilizaste en las llamadas anteriores, con un objeto de la clase **XMLHttpRequest**, de esta manera:

```
const data = JSON.stringify(comment)

const xhttp = new XMLHttpRequest();
xhttp.onload = function() {

    const res = JSON.parse(this.responseText)
    console.log(res);

    if(res.Status == "Calificacion Guardada")
    {

    }
}
```

```
xhttp.open("POST", "api/crearCalificacion.php");
xhttp.setRequestHeader("Content-type",
   "application/json");
xhttp.send(data);
```

Como puedes ver, en este caso se guardan los datos en la constante **data** y, luego se envían al back-end por medio de una petición. Sin embargo, como en este caso los datos vendrán de un formulario que se debe proveer al usuario que ingresará los datos, lo mejor será validarlos antes, verificando que ninguno sea nulo. Esto puedes hacerlo de la siguiente forma:

```
<script>
function addComment() {

   const comment = {
      calificacion: 4,
      comentario: "Me parecio muy bueno!",
      nombre: "Gabriel",
      video: 1
   }

   for(x in comment)
   {
      if(!comment[x])
      {
         return;
      }
   }
   const data = JSON.stringify(comment)

   const xhttp = new XMLHttpRequest();
   xhttp.onload = function() {
      const res = JSON.parse(this.responseText)

      if(res.Status == "Calificacion Guardada")
      {
         console.log("Éxito! ", res);
      }
   }
   xhttp.open("POST", "api/crearCalificacion.php");
   xhttp.setRequestHeader("Content-type",
      "application/json");
    xhttp.send(data);
}

addComment();
</script>
```

En el código anterior, se utiliza un bucle **for in**, de JavaScript, para realizar un bucle entre las distintas propiedades de tu objeto. En caso de que alguno de los datos del objeto sea falso o nulo, se frenará la ejecución de la función, y se podría mostrar al usuario algún tipo de mensaje para indicarle que debe llenar todos los datos del formulario.

En el siguiente capítulo, verás cómo llamar a los demás métodos y endpoints del back-end desde el front-end, para generar nuevos comentarios como lo haría un usuario normal.

11.5 ACTIVIDADES

A continuación se presentan las preguntas que deberías saber responder para considerar aprendido el capítulo.

11.5.1 Test de autoevaluación

1. ¿Qué es una consulta **INNER JOIN***?*

2. ¿Qué beneficio trae el uso de AJAX?

3. ¿Qué significa la sigla AJAX? ¿Es necesario trabajar con XML si lo implementas?

4. ¿Es necesario validar datos en una petición HTTP?

11.5.2 Ejercicios prácticos

1. Elabora un formulario en el archivo **comentarios.php** *que creaste en la última parte de este capítulo. Puedes omitir las etiquetas HTML* **Form** *y utilizar solo* **Divs** *en este caso. Solo necesitas elementos* **Input** *y un elemento* **Button** *que sirva para enviar el formulario.*

2. Envía una petición HTTP, tomando todos los campos del formulario, ya validados, y mándalos por medio de una petición **Post** *para crear un nuevo comentario.*

12

MAQUETA

El siguiente paso en esta entrega será comenzar a trabajar con el front-end de tu aplicación, para utilizar y consumir la API que has estado elaborando desde el back-end, con el objetivo de permitir a los desarrolladores front-end no tener que utilizar código PHP ni ninguna tecnología con la cual no estén ya familiarizados.

12.1 CREAR LA MAQUETA

Ahora que tu API esta lista, comenzarás a trabajar con el entorno del front-end encargado de levantar toda la información y de enviar también datos para que sean consumidos por la API, para crear nuevas calificaciones. Para empezar, crearás una carpeta en tu proyecto llamada **calificaciones**, la cual se encargará de contener solo código del front-end. Como verás más adelante, este directorio únicamente constará de archivos HTML, CSS y JavaScript, sin intervención de archivos de PHP o relacionados con el back-end, y le dará libertad a los maquetadores y desarrolladores front-end para trabajar sin necesidad de mezclar código PHP.

En primer lugar, crea un archivo HTML en el interior de la carpeta que acabas de generar y, luego, coloca las etiquetas básicas de estructura HTML:

```
<!doctype html>
<html lang="en">
<head>
    <meta charset="UTF-8">
    <meta name="viewport"
        content="width=device-width,
        user-scalable=no, initial-scale=1.0,
        maximum-scale=1.0, minimum-scale=1.0">
```

```
    <meta http-equiv="X-UA-Compatible"
        content="ie=edge">
    <title>Document</title>
</head>
<body>

</body>
</html>
```

Una vez hecho esto, tendrás que crear una carpeta llamada **assets**, donde colocarás distintos archivos estáticos, como CSS y JavaScript. En este ejemplo, tendrás que llamar a la librería **Bootstrap** y también a la librería **JQuery**, que te asistirán en la creación de peticiones HTTP y en la creación de contenido basado en las respuestas de tu API. El elemento **<head>** de tu aplicación debería lucir de esta manera:

```
<head>
    <meta http-equiv="Content-Type"
        content="text/html; charset=UTF-8">
    <meta name="viewport"
        content="width=device-width,
        initial-scale=1">
    <meta name="description" content="">
    <title>Sistema de calificaciones</title>

    <link href="assets/bootstrap.min.css"
        rel="stylesheet">
    <link href="assets/styles.css" rel="stylesheet">
</head>
```

Como puedes ver, dentro del head de tu archivo HTML se colocaron llamadas a dos archivos CSS. El archivo **Bootstrap**, al cual puedes llamar mediante un CDN, se encontrará junto con el material adicional de esta entrega. Además, coloca en tu archivo, por encima de la etiqueta de cierre **</body>**, la siguiente línea de código: **<script src="assets/jquery-3.6.0.js"></script>**

Esta llamada se encargará de incluir en tu proyecto el código de la librería **JQuery** en su versión 3.6.0, que viene incluido en el material adicional de este volumen.

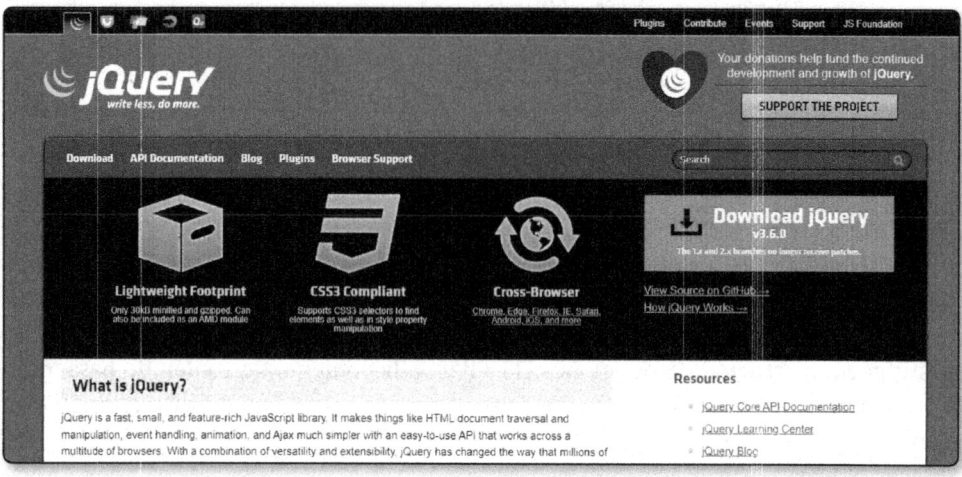

Figura 12.1. JQuery también puede utilizarse desde un CDN de manera
gratuita, ingresando a la dirección *https://jquery.com/*.

Una vez incluidas ambas librerías, es momento de comenzar a maquetar.
Crea un archivo CSS dentro de la carpeta **assets**, llamado **styles.css**, donde colocarás
alguno de los estilos creados por ti mismo. Dentro de tu archivo HTML, coloca el
siguiente código:

```
<body class="d-flex h-100
    text-center
    text-white
    -custom-bg">
<div class="cover-container
    d-flex w-100
    h-100 p-3
    mx-auto flex-column">
    <header class="mb-5">
        <div>
        <h3 class="float-md-start mb-0">
            Nuestro catálogo
        </h3>
        <nav class="nav nav-masthead
        justify-content-center float-md-end">
            <a class="nav-link active"
                aria-current="page" href="#">
                Home
            </a>
            <a class="nav-link" href="#">
                Películas
            </a>
            <a class="nav-link" href="#">
```

```
                Comprar
            </a>
        </nav>
    </div>
  </header>
</body>
```

Esta sección formará el encabezado de tu página web dando estilos mediante ciertas clases de tu librería, que te evitarán escribir código CSS. La clase **text-center** forzará donde pueda en aquellos componentes en los que no se sobrescriba el texto alineado al centro. La clase **text-white** configurará la regla CSS de **color: white;** con lo cual los componentes ubicados en el interior del cuerpo de tu documento, excepto que una regla más específica lo sobrescriba, tendrán el color blanco en el texto.

Las clases **mb**, **mt**, **ml** y **mr** son clases de Bootstrap dedicadas a definir el margen de los elementos. La primera configura el margen inferior o **margin-bottom**, de allí su nombre; la siguiente, la regla **margin-top**; la penúltima, el margen izquierdo o **margin-left**; y la última, **margin-right** o el margen de la derecha. La clase debe llevar un guion medio y un número del uno al cinco para indicar la cantidad de margen que se aplica –uno, la menor; y cinco, la mayor, con 3 rem de margen–. La clase **float-md-start**, aplica la propiedad CSS **float: left;** y la clase **float-md-end** aplica lo contrario –**float: right;**–, por eso, puedes utilizarlas para elementos que desees que se envíen a la izquierda o a la derecha del contenedor.

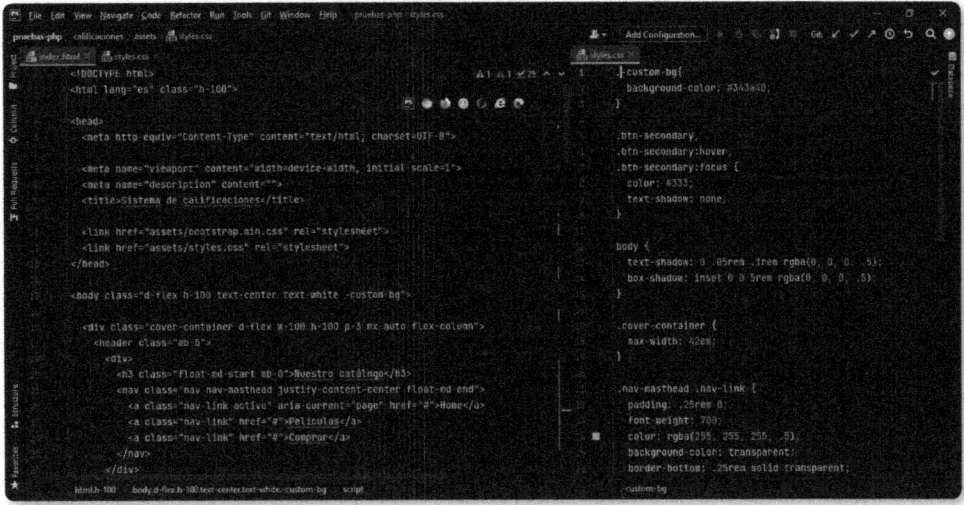

Figura 12.2. A la hora de maquetar, los IDE y editores que permiten dividir la pantalla con dos archivos son muy útiles.

Si deseas aprender más sobre la librería de estilos Bootstrap, todas sus clases, los selectores y componentes disponibles, puedes hacerlo en el E-book Bootstrap, desde este **enlace**.

Una vez creado este código, continúa debajo con el siguiente:

```
<main class=»container justify-content-center mt-5»>
   <div class="row">
      <div class="col-12">
         <h1>Califique nuestro catálogo</h1>
      </div>
   </div>
   <div class="row">
      <p class="lead">Desde esta sección puede
      calificar todos los volumenes y entregas de
      nuestro sistema.
      Además, puede leer las calificaciones de los
      demás usuarios para decidir mejor.
      </p>
   </div>
</main>
```

Dado que Bootrstrap utiliza por defecto para sus contenedores la propiedad **Flexbox**, puedes llamar a otras características de este sistema de posicionamiento y de muestra. Por ejemplo, la clase **justify-content-center**, como podrás imaginar, aplica la propiedad de **flexbox justify-content**, con el valor **center**, para que los elementos se centren en el medio de la pantalla. Las clases **row** te permiten forzar una fila de contenido, en la cual puedes definir distintas columnas, dependiendo de su ancho, dividiendo la pantalla en un **grid** de doce columnas. Debajo de este elemento **<main>**, tendrás que mostrar las distintas calificaciones y los títulos a los que cada uno pertenece. De esta manera, los usuarios podrán ver qué calificaciones tiene cada título o documental antes de comprarlo. Para ello, en primer lugar, crearás un contenido estático que te servirá para entender cómo se verá. Debajo del elemento **<main>**, coloca un contenedor que deberá tener el siguiente código:

```
<div class=»container»>
    <div class="row" id="calif—container">
        <div class="col-12
            col-sm-12 col-md-4
            col-lg-4 col-xl-4">
            <div class="card">
            <div class="card-img-top" style="
            background: url(
            https://via.placeholder.com/140x100)
                no-repeat center;
                background-size: cover;
                height: 100px;">
            </div>
            <div class="card-body">
                <h5 class="card-title">
                    Card title
                </h5>
                <p class="card-text">
                  Some quick example</p>
                <a href="#"
                    class="btn btn-primary">
                    Go somewhere
                </a>
            </div>
        </div>
    </div>
</div>
```

La clase **col** especifica columnas, con un número que define el ancho máximo y una resolución en la cual se aplicaría ese ancho. Por ejemplo, la clase **col-12** especifica un ancho del cien por ciento para las pantallas más pequeñas; la clase **col-sm-12** aplica la misma regla para pantallas de tipo smartphones, teléfonos y dispositivos similares; la clase **col-md** especifica un ancho para pantallas de tablets, dispositivos de tamaño medio, y el **4** en este caso indica que ocupará un tercio de la pantalla, es decir, un 33% del espacio disponible de las doce columnas. La clase **col-lg** indica una regla para las pantallas más grandes, como computadoras de escritorio y portátiles, y la regla **xl** indica un ancho para las pantallas de gran tamaño con resoluciones máximas. Al utilizar un **4** en estas clases, indicas un tercio del espacio disponible. Al utilizar un **6**, se indica que ocupará la mitad del espacio. En caso de que apliques un **3**, tendrás cuatro columnas o una con un cuarto del espacio. Puedes combinar distintas reglas de columnas, utilizando una que ocupe la mitad del espacio con **col-md-6**, y otras dos que ocupen un cuarto con **col-md-3** para cada una. En este caso, tendrás que repetir este contenedor con las clases **col** dos veces más, para tener tres que ocupen cada uno un tercio del espacio de su contenedor y, así, definir tres tarjetas con contenido en tu página web. Para finalizar, coloca el cierre del **</body>** y la llamada a la librería **JQuery** y del documento HTML.

```
    ...
    </div>

    <script src="assets/jquery-3.6.0.js"></script>
</html>
```

Lo siguiente sería agregar algunas reglas personalizadas de estilos CSS, como un fondo para el cuerpo del documento, un color para los botones, ancho máximo para algunos contenedores, un relleno y margen para los elementos de la navegación, colores para los hipervínculos y fondo para las tarjetas. Dentro de tu archivo **styles.css**, define el siguiente código:

```
.-custom-bg{
    background-color: #343a40;
}

body {
    text-shadow: 0 .05rem .1rem rgba(0, 0, 0, .5);
    box-shadow: inset 0 0 5rem rgba(0, 0, 0, .5);
}

.cover-container {
    max-width: 42em;
}

.nav-masthead .nav-link {
    padding: .25rem 0;
    font-weight: 700;
    color: rgba(255, 255, 255, .5);
    background-color: transparent;
    border-bottom: .25rem solid transparent;
}

.nav-masthead .nav-link:hover,
.nav-masthead .nav-link:focus {
    border-bottom-color: rgba(255, 255, 255, .25);
```

```
}

.nav-masthead .nav-link+.nav-link {
   margin-left: 1rem;
}

.nav-masthead .active {
   color: #fff;
   border-bottom-color: #fff;
}

.bd-placeholder-img {
   font-size: 1.125rem;
   text-anchor: middle;
   -webkit-user-select: none;
   -moz-user-select: none;
   user-select: none;
}

.card
{
   background-color: #333;
}
```

Ahora que se han definido estilos, la maqueta, aunque solo con contenido estático, está lista, por lo tanto, si abres en el navegador esta página HTML, debería verse de esta manera:

Figura 12.3. Con el contenido estático, tu página debería lucir de esta manera.

Como tu sitio ya está listo, es el momento de comenzar con las llamadas a los endpoints de tu API, crear peticiones y definir métodos que generen contenido dinámico en lugar de solo contenido estático, y que este provenga de la base de datos.

12.2 CONSUMIR LA API CON JAVASCRIPT

Una vez que tengas la maqueta lista, es momento de comenzar a trabajar con el desarrollo JavaScript. En este caso, se utilizará la librería **JQuery**, consumiendo los distintos endpoints de la API desarrollada. En primer lugar, será necesario traer los registros del método **GET**, que obtiene las calificaciones, comentarios, imágenes y películas o documentales calificados. Para esto, coloca etiquetas **<script>** debajo de la llamada a la librería **JQuery** y, en su interior, ubica el siguiente código:

```
<script>
const url =
"http://localhost/pruebas-php/api/calificaciones.php"

$.get(url, function(data, status){


});
</script>
```

La librería de JavaScript te permite realizar peticiones HTTP de manera sencilla. En primer lugar, se define la URL o endpoint al que se quiere realizar la petición y se coloca como primer parámetro de la función **get()**. El segundo parámetro es una función anónima o callback desde la cual se pueden pasar dos parámetros, la respuesta de la petición o cuerpo que se retorna, y en segundo lugar, el estatus. Cada petición HTTP retorna además del cuerpo, un **header** o cabeceras con un estado, que se puede interpretar de distinta forma dado que se trata de un número variable. Un estado **200** significa que la petición se responde con un estado de éxito o correctamente mientras que **201** también representa un estado correcto, pero indica que algo se ha creado en el servidor.

El estado **404** indica que no se ha encontrado la URL o endpoint y retorna **Not Found**. Si se retorna 419, significa que la petición ha sido inválida por haber caducado. Esto es común en plataformas que aceptan recibir formularios y se ha mantenido la sesión abierta demasiado tiempo, o se utiliza algún tipo de token para validar las peticiones.

En caso de retornar un estado **500** o una variación de este, significa que el servidor ha tenido algún tipo de error, ya sea de sintaxis o una falla por otra razón. En este caso, siempre es problema del servidor.

Si realizas un **console.log()** con el estado de la respuesta a la petición, verás, en la consola del navegador, el resultado de la respuesta con el código que ha enviado.

```
<script>
```

```
    $.get(url,
        function(data, status){
            console.log(status)
    });
</script>
```

En cambio, si imprimes por consola el cuerpo de la petición utilizando el código **console.log(data)**, verás como resultado el cuerpo de la petición. En este caso, se debería imprimir un arreglo con las calificaciones y mostrarlas en consola.

```
▼ (3) [{…}, {…}, {…}] ⊞                                        (index):97
   ▼ 0:
         calification: "4"
         comment: "Buenisima!"
         name: "Jose"
         thumbnail: "adsdqwcq.jpg"
         title: "Documental sobre Naturaleza"
       ▶ [[Prototype]]: Object
   ▼ 1:
         calification: "5"
         comment: "Me encanto!!!"
         name: "Marta"
         thumbnail: "adsdqwcq.jpg"
         title: "Documental sobre Naturaleza"
       ▶ [[Prototype]]: Object
   ▼ 2:
         calification: "3"
         comment: "Recomendable"
         name: "Matias"
         thumbnail: "adsdqwcq.jpg"
         title: "Documental sobre Naturaleza"
       ▶ [[Prototype]]: Object
      length: 3
    ▶ [[Prototype]]: Array(0)
```

Figura 12.4. De esta manera, en la consola del navegador se imprimen los datos del arreglo devuelto.

Ahora, solo necesitas crear un bucle que recorra este arreglo devuelto y lo coloque dentro del documento HTML. Para esto, en primer lugar, tendrás que dejar completamente vacío el **<div>** que creaste antes, que posee el **id calif—container**, dado que en su interior se colocarán todos los datos recibidos. Para esto, una vez vaciado el contenedor, agrega el siguiente código JavaScript.

```
$.get("http://localhost/pruebas-php/api/calificaciones.php",
    function(data, status){
        for (let i in data)
        {
            $("#calif—container").append(
            `<div class="col-12 col-sm-12 col-md-4
               col-lg-4 col-xl-4">
               <div class="card">
```

```
        <div class="card-img-top" style="
        background:
        url() no-repeat center;
        background-size: cover;
        height: 100px;">
    </div>
    <div class="card-body">
        <h5 class="card-title">
            Card title
        </h5>
        <p class="card-text"></p>
        <a class="btn btn-primary"
            href="#" >Go somewhere</a>
    </div>
    </div>
</div>`
    )
  }
});
```

Ahora, la función **GET** se encargará de ejecutar un bucle **for in** de JavaScript y, en su interior, seleccionará el elemento con el id **calif—container**. Por medio del método **append()** de la librería **JQuery**, se agregará, al final del contenido, el código HTML que se especifique en su interior. Si deseas aprender más sobre los métodos de JavaScript, JQuery y las distintas librerías de este lenguaje, puedes leer el informe Frameworks de JavaScript, desde este enlace.

En este caso, se utilizan los operadores `` para que se interprete el código HTML y en su interior puedas colocar los elementos de cada objeto que el arreglo tiene en su interior. Dentro de la función **append()**, deberías colocar el siguiente contenido:

```
`<div class="col-12 col-sm-12 col-md-4 col-lg-4 col-xl-4">
   <div class="card">
      <div class="card-img-top" style="
         background:
         url(http://localhost/pruebas-
         php/public/uploads/${data[i].thumbnail}
         )
         no-repeat center;
         background-size: cover;
         height: 100px;">
      </div>
      <div class="card-body">
         <h5 class="card-title">
            ${data[i].title}
         </h5>
         <p class="card-text font-italic">
            ${data[i].comment}
         </p>
         <p class="card-text font-italic">
            Por: ${data[i].name}
         </p>
      </div>
   </div>
</div>`
```

Como puedes ver, en lugar de utilizar comillas dobles que engloban un **string** o cadena de caracteres, puedes utilizar este operador, cuyo nombre oficial es **plantillas literales** o en inglés **backticks**, que te permite crear cadenas de texto dinámicas, es decir, introducir en su interior variables dentro del texto. Para ello, si necesitas colocar una variable, solo tienes que introducir el operador **${}**, y lo que se encuentre dentro esta se transformará en el contenido de la variable dentro de la cadena de caracteres en la que se halle.

Ahora, agrega al archivo **styles.css** la siguiente regla:

```
.font-italic{
   font-style: italic;
}
```

De forma que, si ejecutas el mismo código, en el navegador verás como resultado el siguiente contenido como muestra la **Figura 12.5.**:

Figura 12.5. Ahora, en el navegador se muestra como resultado este bloque con las tres calificaciones.

12.3 UTILIZAR FETCH EN JAVASCRIPT

Otra forma de consumir una API en JavaScript sin necesidad de utilizar las funciones de JQuery si no deseas utilizar esta librería, es usando la función **fetch()**, que te permite realizar peticiones a distintos endpoints, utilizando métodos HTTP como **GET** y **POST** sin necesidad de llamar a la librería anterior. Para esto, puedes utilizar el siguiente código:

```
fetch("http://localhost/pruebas-php/api/calificaciones.php", {
    method: "GET",
    headers: {
        "Content-Type": "application/json"
    },
})
    .then((response) => response.json())
```

```
    .then(
       (result) => {
         console.log(result);
       },
       (error) => {
         console.log(error);
       }
    );
```

Verás que, en la consola del navegador, se imprime el mismo cuerpo de la petición con el arreglo ya transformado de JSON a JavaScript gracias al método **json()**. En caso de error, este se especificará al capturarse como una excepción.

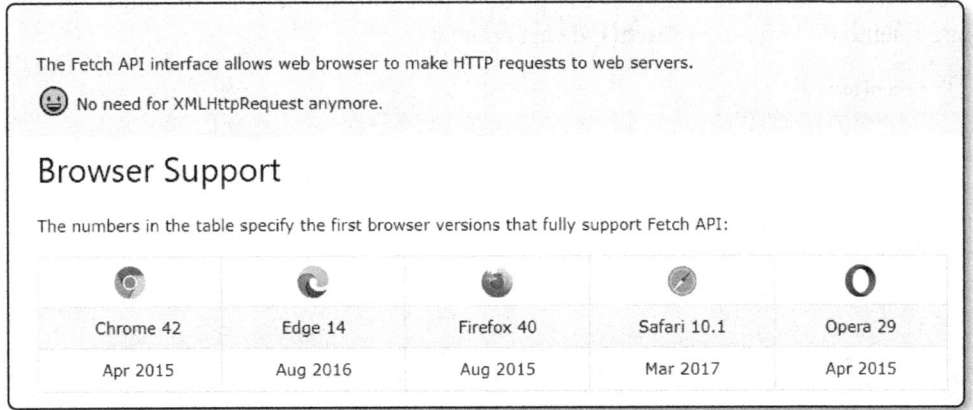

Figura 12.6. El organismo de estándares W3 define la función *fetch* como reemplazo del *XMLHttpRequest* y con soporte en los principales navegadores.

Ahora que sabes cómo obtener por medio de una petición **GET** un arreglo con distintos objetos y procesar esa petición, también es posible enviar datos para consumir un endpoint **POST** y crear algún tipo de registro en el back-end. En tu API creaste un endpoint encargado de registrar distintas calificaciones de los usuarios, recibiendo un nombre, un comentario, una calificación numérica y el ID del video. Para ello, tendrás que utilizar el método **fetch()**, que te permitirá enviar a la base de datos una nueva calificación. Dentro de tu archivo HTML, coloca el siguiente código JavaScript:

```
const url = «http://localhost/pruebas-php/api/crearCalificacion.php»;

fetch(url, {

}) 
.then((response) => response.json())
.then(
```

```
    (result) => {
        console.log(result)
    },
    (error) => {
        console.log(error);
    }
);
```

En este código, se define una nueva constante, la URI del endpoint para crear nuevas calificaciones por medio del método **POST**, y se envía como parámetro de la función **fetch()**. Luego, se especifica como resultado que la respuesta debe imprimirse por consola tanto en caso de éxito como de excepción. A continuación, debes definir el encabezado y el cuerpo de la petición, que se colocan como segundo argumento de la función **fetch()**, de esta manera:

```
fetch(url, {
    method: "POST",
    headers: {
        "Content-Type": "application/json"
    },
    body: {

    },
})
```

Lo primero que se definirá es el método HTTP por el que se enviará la petición. Luego, se definen los encabezados, que pueden especificar, por ejemplo, el contenido de la petición; y por último, el cuerpo, donde se necesita enviar en formato JSON los cuatro valores antes especificados. Puedes hacerlo de esta manera:

```
body: JSON.stringify({
    "calificacion": 5,
    "comentario": "Obra Maestra",
    "nombre": "Mateo",
    "video": 2
}),
```

Ahora, si ejecutas el código que acabas de definir, se enviará al back-end la petición, y por consola, podrás ver como resultado el valor en JSON:

```
{
    Status: "Calificacion Guardada"
}
```

En el navegador, deberías ver algo como lo siguiente:

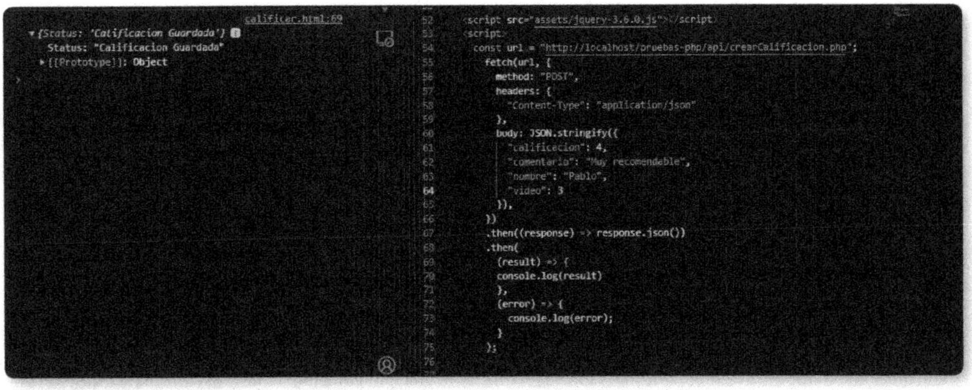

Figura 12.7. Tras ejecutar el código, se muestra como resultado de la petición el estado de la API.

En el siguiente capítulo, verás cómo se desarrollan formularios por medio de AJAX, para consumir endpoints de tu API y permitirle al usuario enviar datos por medio de peticiones HTTP.

12.4 ACTIVIDADES

A continuación se presentan las preguntas que deberías saber responder para considerar aprendido el capítulo.

12.4.1 Test de autoevaluación

1. *¿Qué funciones de JavaScript para peticiones HTTP conoces?*

2. *¿Qué función HTTP provee JQuery?*

3. *¿Qué mejora provee separar el front-end del back-end con una API?*

4. *¿Qué realiza la función* **fetch()***?*

12.4.2 Ejercicios prácticos

1. *Crea un formulario en el archivo para crear nuevas calificaciones.*

2. *A continuación, agrega un evento que se dispare tras el submit del formulario.*

3. *Agrega una funciona a este evento, que te permita enviar una petición* **POST** *HTTP. La función debería tomar los valores del formulario y crear la nueva calificación en el back-end.*

13

COMENTARIOS Y RESEÑAS

Para finalizar y dar los toques de cierre a esta entrega, es momento de permitir a los usuarios crear sus propios comentarios y reseñas de un producto, de manera dinámica y sin necesidad de un formulario tradicional procesado por un archivo PHP, sino por un endpoint de tu API que reciba datos de una petición HTTP.

13.1 CREAR TU FORMULARIO AJAX

Ahora que ya sabes cómo utilizar uno de los endpoints de tu sistema para solicitar datos mediante peticiones HTTP por medio del método **GET**, es momento de avanzar con el desarrollo para que tus usuarios sean capaces de crear sus propias reseñas de manera dinámica, generadas por ellos mismos, y que se registren y administren en el sistema para luego validarse, mostrarse o ser borradas por los administradores. Dado que esta sección del sitio se ha ido elaborando con JavaScript desde el comienzo, puedes trabajar todo desde el mismo archivo sin necesidad de pasar a otro distinto. En este caso, lo que necesitas es crear un formulario que se encargue de enviar los datos necesarios al sistema back-end, por lo tanto, puedes crear una barra lateral que se encargue de esto. Por ejemplo, dentro de tu archivo **HTML**, coloca el siguiente código, justo antes de las llamadas a los archivos **JavaScript**:

```
<div id="sidebar">
    <div class="container">
        <div class="row">
            <span
                id="closeSidebar"
                onclick="closeSidebar()">X
            </span>
            <br><br>
```

```
        </div>
        <div class="row">
            <h3>Calificar:</h3>
        </div>
    </div>
</div>
```

Luego, en tu archivo **CSS**, agrega en primer lugar, la siguiente regla para la etiqueta **<body>**:

```
body {
    text-shadow: 0 .05rem .1rem rgba(0, 0, 0, .5);
    box-shadow: inset 0 0 5rem rgba(0, 0, 0, .5);
    overflow: hidden;
}
```

Y al final, las siguientes líneas de código:

```
#sidebar{
    width: 25%;
    height: 100vh;
    position: absolute;
    right: -25%;
    top: 0;
    background-color: #1a1e21;
    box-shadow: inset 0 0 5rem rgb(0 0 0 / 50%);
    transition: right 2s ease;
}

#closeSidebar{
    display: flex;
    justify-content: end;
    cursor: pointer;
}
```

En este código, en primer lugar se define como regla para el documento que aquellos elementos fuera del ancho del cuerpo no se vean, aun sin barras de desplazamiento. Luego, se especifica una barra lateral, que se coloca en **position: relative**, con lo cual, ocupará un ancho del 25% del ancho de la pantalla, y un alto total, gracias a la propiedad **height: 100vh**. A continuación, se declara como posición absoluta que se coloque a la derecha de la pantalla y desde la parte superior de esta, con un fondo azul oscuro y efectos extras. La propiedad **transition** se encargará de que, al abrir o cerrar esta barra lateral, se tome dos segundos para un efecto lento y decorativo.

Figura 13.1. Al hacer clic sobre el botón Calificar, debería abrirse
un menú lateral con el formulario.

Ahora, para abrir esta barra lateral de la pantalla, que por defecto estará cerrada, modifica la navegación del sitio, de esta manera:

```html
<nav class="nav nav-masthead justify-content-center float-md-end">
    <a class="nav-link active"
        aria-current="page"
        href="#">Home
    </a>
    <a class="nav-link"
        href="#">Películas
    </a>
    <a class="nav-link"
        onclick="openSidebar()"
        style="cursor: pointer">Calificar
    </a>
</nav>
```

Al pulsar sobre el elemento **Calificar** de la barra de navegación, se ejecutará la función **openSidebar()** y, al hacer clic dentro de la barra lateral sobre el elemento con el ID **closeSidebar**, se ejecutará la función **closeSidebar()**, de las cuales ninguna de las dos se encuentra aún declarada.

Lo siguiente será declarar las funciones seleccionadas antes, para que la barra lateral se abra y se cierre correctamente. Dentro de las etiquetas **<script>**, coloca el siguiente código:

```
<script>
function closeSidebar()
{
    document.getElementById(“sidebar”)
        .style.right = “-25%”;
}

function openSidebar()
{
    document.getElementById(“sidebar”)
        .style.right = “0”;
}
</script>
```

Una vez definidas estas funciones, podrías mover todo el contenido de tu código JavaScript a un archivo por separado y llamarlo debajo de tu llamada a la librería **JQuery**.

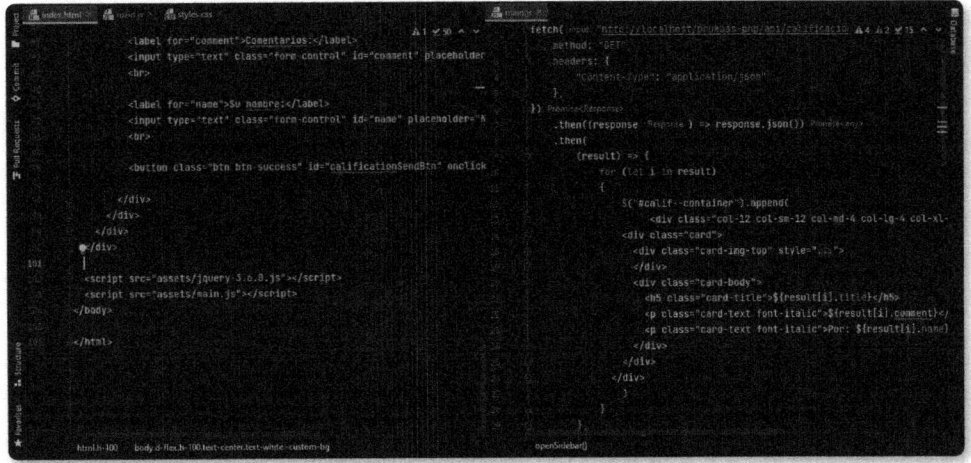

Figura 13.2. Los editores que permiten separar archivos en dos pantallas facilitan el desarrollo de aplicaciones de estas características.

Lo siguiente será crear el formulario que contendrá los valores que enviará el usuario. Esto significa que tendrás que crear varios campos **<input>** que contengan estos valores, aun cuando no se trata de un formulario tradicional que es procesado por otro archivo recargando el sitio web. Estos campos deben ser tomados por medio del código JavaScript y enviados por medio de una petición HTTP.

Dentro del contenedor de tu barra lateral, coloca el siguiente código:

```html
<div id=»sidebar»>
    <div class="container">
        <div class="row">
            <span id="closeSidebar"
                onclick="closeSidebar()">X
            </span>
            <br><br>
        </div>

        <div class="row">
            <h3>Calificar:</h3>
        </div>
        <div class="row mt-3">
            <div id="calificationForm">
                <label for="video_id">
                Serie/Documental:</label>
                <select class="form-control"
                    id="video_id">
                <option value="1">Serie 1</option>
                <option value="2">Serie 2</option>
                <option value="3">Serie 3</option>
                </select>
                <br>
```

De momento, esta lista de documentales o series serán una lista estática, definida manualmente en HTML, pero, luego, se reemplazará por un listado de los elementos de la base de datos, con tus videos cargados en el sistema.

Lo siguiente será definir un campo en el cual el usuario coloque la calificación en estrellas, es decir, un número del uno al cinco para evaluar el producto. Para esto, en primer lugar, coloca una llamada al CDN de la librería **Font-Awesome** de la misma forma que has hecho dentro de los archivos de tu sistema.

Figura 13.3. Puedes llamar a la librería Font-Awesome solamente agregando el CDN en el head de la aplicación.

Luego, coloca debajo del elemento **\<select\>** el siguiente código:

```
<label for="calification">Calificación:</label><br>
<input type="hidden" id="calification" value="" />
<span>
    <i class="fas fa-star"
        onclick="setCalification(1)"></i>
    <i class="fas fa-star"
        onclick="setCalification(2)"></i>
    <i class="fas fa-star"
        onclick="setCalification(3)"></i>
    <i class="fas fa-star"
        onclick="setCalification(4)"></i>
    <i class="fas fa-star"
        onclick="setCalification(5)"></i>
</span>
<br><br>
```

Estas etiquetas **\<i\>**, como debes imaginar, renderizan iconos de estrellas, los cuales servirán al usuario para definir qué calificación dar a cada producto. Al hacer clic sobre cada uno de estos elementos, podrás definir qué valor tiene el elemento **\<input\>** superior, el cual tendrás que capturar con su valor y enviarlo al back-end.

Antes de continuar con el formulario, define en tu archivo **JavaScript**, la función **setCalification()**, de la siguiente manera:

```
function setCalification(value)
{
    let stars = document.getElementsByClassName
        ("fa-star");
    document.getElementById("calification")
        .value = value;
    for(let i = 0; i<value; i++)
    {
        stars[i].style.color = "yellow";
    }
}
```

En este caso, lo primero que hace la función es seleccionar aquellos elementos de la clase **fa-star** y almacenarlos en un arreglo llamado **stars**. Luego de ello, se selecciona el elemento con el ID **calification** –aquel input oculto que acabas de crear– y se define como valor el parámetro que se ha pasado como valor de la función. De esta manera, si el usuario hace clic sobre la primera estrella, se ejecuta la función y se pasa como parámetro el valor uno, por lo tanto, el input guardará el valor uno. Si hace clic sobre la segunda estrella, la función es llamada con el parámetro dos y, por ende, la calificación en el input pasará a ser dos, y así sucesivamente. Luego, se recorre el arreglo de estrellas o **stars**, que contienen las cinco estrellas de la librería, y se continúa hasta que se hayan dado tantas vueltas como valor seleccionado, y a cada una se le da el color amarillo. Si se seleccionó el tres, se recorrerán las tres primeras estrellas y serán amarillas esas tres.

Sin embargo, en este caso, si el usuario coloca un valor superior, por ejemplo cuatro, y luego desea cambiarlo a tres, esto no servirá. Por ende, puedes agregar este código a la función:

```
function setCalification(value)
{
    let stars = document.getElementsByClassName
        ("fa-star");
    for (let j = 0; j<5; j++) {
        stars[j].style.color = "white";
    }

    document.getElementById("calification")
        .value = value;
    for(let i = 0; i<value; i++)
    {
        stars[i].style.color = "yellow";
    }
}
```

Ahora, en primer lugar, se recorre en bucle el arreglo de estrellas, se pasan todas a color blanco y, luego, se pintan de color aquellas seleccionadas, con lo cual el usuario ya puede cambiar sin problemas las valoraciones dadas.

Lo siguiente será crear una entrada de datos para comentarios y otra para el nombre del usuario, de esta manera:

```
<label for="comment">Comentarios:</label>
<input type="text"
    class="form-control"
    id="comment"
    placeholder="Recomendable, Muy buena..." />
<br>

<label for="name">Su nombre:</label>
<input type="text"
    class="form-control"
    id="name"
    placeholder="Nombre y apellido" />
<br>

<button class="btn btn-success"
    id="calificationSendBtn"
    onclick="sendCalification()">
```

```
    Enviar
</button>
```

Solo queda declarar la función **sendCalification()**, la cual es llamada cuando se hace clic sobre el botón **Enviar**.

13.2 CREAR LAS PETICIONES AL BACK-END

Para crear la petición al back-end, necesitarás crear una función en JavaScript que se dedique a enviar los valores por medio de una petición HTTP a través del método **POST**.

```
url = "http://localhost/pruebas-php/api/crearCalificacion.php"

function sendCalification()
{
    fetch(url, {
        method: "POST",
        headers: {
            "Content-Type": "application/json"
        },
        body: JSON.stringify({

        })
    })
        .then((response) => response.json())
        .then((result) => {
    });
}
```

Dentro del cuerpo de la petición, tendrás que colocar los valores que vienen desde el formulario, de esta forma:

```
body: JSON.stringify({
    calificacion: $("#calification").val(),
    comentario: $("#comment").val(),
    nombre: $("#name").val(),
    video: $("#video_id").val()
})
```

Luego, podrías depurar el resultado mostrando por consola lo que retorna la API y, en caso de éxito, ofrecer un mensaje u otro en caso de fallo:

```
.then((result) => {
    console.log(result);
});
```

En este caso, si envías la petición, en consola deberías ver el resultado:

Figura 13.4. Al ejecutar la función enviando los datos con el botón, verás en la consola el resultado.

En caso de éxito, es decir, si la clave **Status** contiene el valor **Calificación Guardada**, entonces podrías mostrar un texto de agradecimiento y deshabilitar el botón para evitar que se envíen varias peticiones nuevamente.

```
if(result.Status === "Calificacion Guardada")
{
    $("#calificationSendBtn")
        .prop('disabled', true);

    $("#calificationForm")
        .append(`
            <p>Su calificación ha sido enviada.
            Muchas gracias por su opinión</p>
        `);
}
else
{
$("#calificationForm")
    .append(
        `<p>Por favor, complete todos los
        campos.</p>`
    );
}
```

En caso de éxito, se mostrará el mensaje de agradecimiento y, en caso contrario, un mensaje que invite al usuario a terminar de completar todos los datos. Otra validación extra puede ser por medio de JavaScript, para evitar que se envíe el formulario si alguno de los campos no ha sido completado (**Figura 13.5.**).

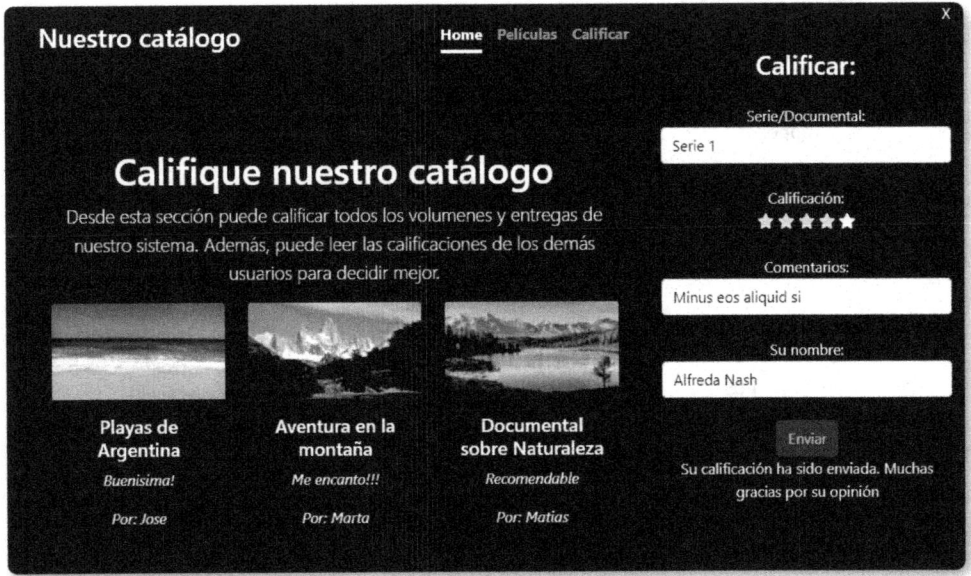

Figura 13.5. Debajo del formulario, se agrega el texto de agradecimiento.

Por ejemplo, podrías agregar la siguiente validación al comienzo de la función:

```
if(!$("#calification").val() ||
   !$("#comment").val() ||
   !$("#name").val() ||
   !$("#video_id").val())
{
   $("#calificationForm")
      .append(`
         <p>Por favor, complete todos los
         campos.</p>
      `);
   return;
}
```

La instrucción **return;** cortará la ejecución de la función si esta entra dentro del condicional cuando uno de los valores es nulo. La función completa debería verse de esta manera:

```
function sendCalification()
{
   if(!$("#calification").val() ||
      !$("#comment").val() ||
```

```javascript
        !$("#name").val() ||
        !$("#video_id").val())
{
    $("#calificationForm")
        .append(`
          <p>Por favor, complete todos los
          campos.</p>`)
        return;
}

fetch("http://localhost/pruebas-
    php/api/crearCalificacion.php", {
    method: "POST",
    headers: {
        "Content-Type": "application/json"
    },
    body: JSON.stringify({
        calificacion: $("#calification").val(),
        comentario: $("#comment").val(),
        nombre: $("#name").val(),
        video: $("#video_id").val()
    })
})
.then((response) => response.json())
.then((result) => {
    console.log(result);
    if(result.Status
        === "Calificacion Guardada"){
        $("#calificationSendBtn")
            .prop('disabled', true);
        $("#calificationForm")
            .append(`
              <p>Su calificación ha sido
              enviada. Muchas gracias por su
              opinión</p>`);
    }
    else
    {
        $("#calificationForm")
            .append(`
              <p>Por favor, complete todos
              los campos.</p>`);
    }
});
}
```

En caso de que la validación salte en el momento de verificar los campos, deberías ver el mensaje debajo del formulario como muestra la **Figura 13.6**.

De esta manera, la aplicación posee una validación tanto en el front-end como en el back-end, así se evitan varios tipos de ataques informáticos y, a su vez, facilita al usuario la interacción con la aplicación.

Figura 13.6. Al no completar todos los campos, la validación JavaScript corta la ejecución de la función.

13.3 CONTACTO DESDE EL FRONT-END

Además de crear distintos registros en el back-end, una API puede recibir todo tipo de información y realizar acciones que solo pueden ser llevadas a cabo por un servidor, es decir, por lenguajes del back-end. Una base de datos solo puede ser administrada o manipulada desde un servidor; un correo electrónico debe mandarse desde un servidor en el back-end; un registro o inicio de sesión, o un logout son acciones que deben manipularse desde el back-end.

Si posees un formulario o si deseas agregar al sistema un formulario de contacto que envíe un correo electrónico, la API tendrá que encargarse de realizar esta acción y recibir los datos necesarios desde el front-end.

Para comenzar, crea un método en la clase modelo **Mailer** que has originado y utilizado en las entregas anteriores. Allí, coloca el siguiente código:

```php
public function sendContactMail($to, $message, $email)
{
    $this->mail->addAddress($to, 'Usuario');
    $this->mail->addReplyTo
        ('soporte@gmail.com', 'Sistema de gestión');
    $this->mail->isHTML(true);
    $this->mail->Subject = "Formulario de contacto";
    $this->mail->Body = "";
    $this->mail->AltBody = "";

    try{
        $this->mail->send();
        return true;
    }
    catch (\Exception $e)
    {
        return $e;
    }
}
```

Una vez hecho esto, puedes crear un nuevo controlador o aprovechar el controlador **CalificationsController** para que se encargue de llamar a este método. También deberías definir un cuerpo para el correo, que se encargue de enviar la información necesaria sobre el contacto enviado desde el front-end, por ejemplo:

```php
$this->mail->Subject = "Formulario de contacto";
$this->mail->Body = "
    <html>
        <meta charset='utf-8'>
        <body style='text-align: center'>
            <h1>Hay un nuevo contacto desde el
            sitio web:</h1>
            <p>
                Mensaje: ".$message."
            </p>
            <p>
                Correo: ".$email."
            </p>
        </body>
    </html>
";
```

Una vez hecho esto, define en un controlador el siguiente método:

```
public static function sendContactMail($name, $message)
{
    $mailer = new Mailer();
    $resultado = $mailer
      ->sendContactMail("soporte@mail.com",
        $message,
          $email);
      return [
         "Status"=>$resultado,
      ];
}
```

y crea un archivo nuevo en la carpeta **API**, llamado **contacto.php**, que funcionará como nuevo endpoint, listo para recibir peticiones HTTP cuando se llene un formulario de contacto.

Este formulario tendrá que poseer el siguiente código:

```
<?php

header('Content-Type: application/json');
http_response_code(201);
require_once '../controllers/CalificationsController.php';

$json = file_get_contents('php://input');
$data = json_decode($json, true);

echo json_encode(\Controller\CalificationsController
::sendContactMail(
    $data[email],
    $data['mensaje']
));
```

Funciona como los demás endpoints de tu API, pero, en este caso, se ha hecho uso de la función **http_response_code()**. Este método te permite definir, en las **cabeceras HTTP**, qué código de respuesta se enviará en la respuesta de la petición, es decir, un número, como en el capítulo anterior, **200**, **201**, **404**, **500**. En este caso, el código **201**, el cual indica que algo se ha creado en el servidor, y para indicar que se ha instanciado el modelo **Mailer** y enviado un correo electrónico con el mensaje. También puedes configurar el **código de la respuesta** mediante el método **header()**, de esta manera:

```
<?php
header('Content-Type: application/json', true,201);
```

Si pruebas el nuevo endpoint desde un cliente como Postman, verás la respuesta con el nuevo código en la cabecera:

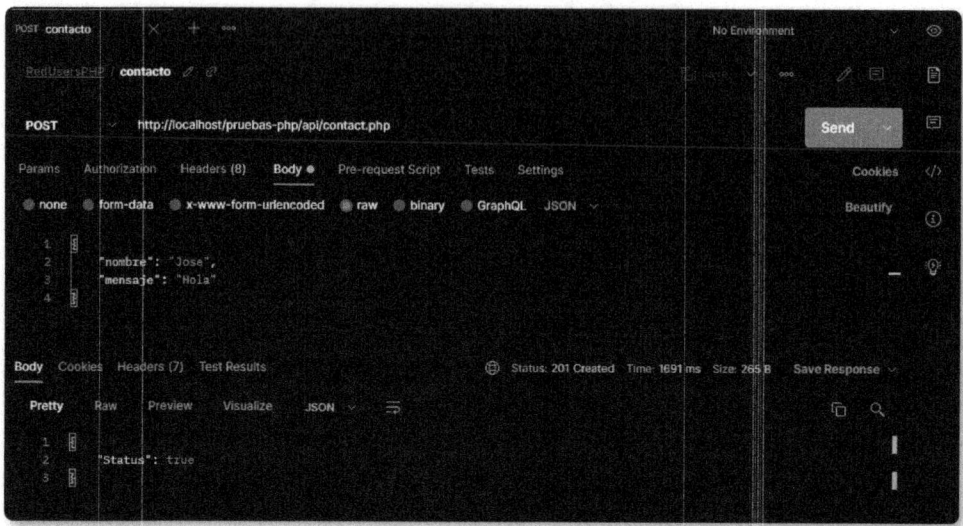

Figura 13.7. Postman te permite realizar peticiones HTTP sin necesidad de código del front-end.

Otra forma de utilizar una API, realizar peticiones HTTP y probar los endpoints sin necesidad de crear el front-end es mediante extensiones de **Visual Studio Code**, por ejemplo, **REST Client**.

Esta extensión del editor te permite realizar peticiones **POST**, **GET**, **PUT** o **DELETE**, entre otros métodos, sin necesidad de utilizar Postman o de crear el código del front-end, con lo cual, el desarrollador back-end también puede abstraerse del código del lado del cliente y probar sus métodos de forma más rápida.

Tras instalar la extensión, solo necesitas crear dentro de tu proyecto un archivo llamado **request.http** y, en su interior, colocar el siguiente código:

```
# Contacto
POST http://localhost/pruebas-php/api/contact.php
content-type: application/json

{
    "email": "email@mail.com",
    "mensaje": "Hola"
}
```

Como notarás, si instalaste la extensión, aparecerá un pequeño texto para indicarte que puedes enviar la petición; si haces clic sobre él, la petición se enviará y, a la derecha, se mostrará su resultado.

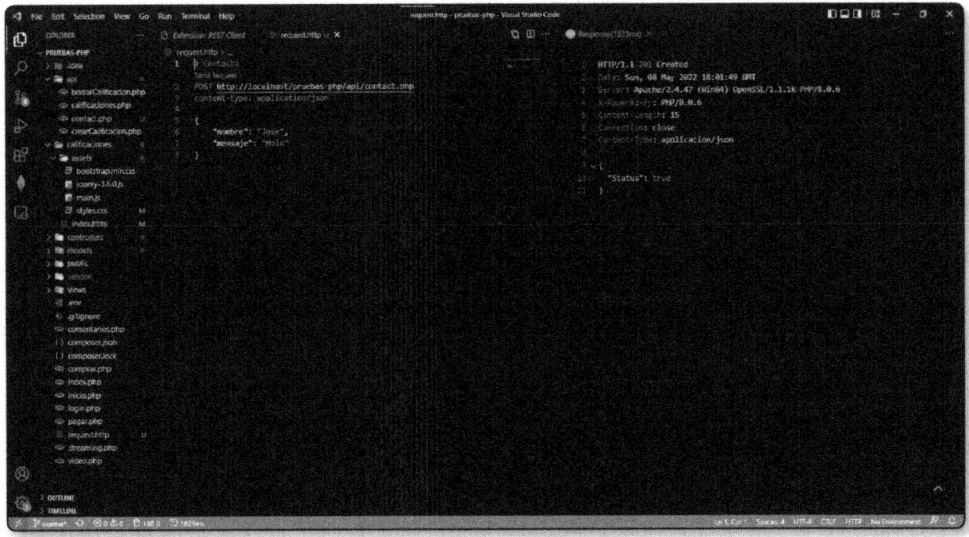

Figura 13.8. Al no completar todos los campos, la validación JavaScript
corta la ejecución de la función.

Una vez hecha la petición, verás el cuerpo de la respuesta y el código de
la cabecera de la respuesta en la nueva sección. De esta forma, puedes comenzar a
desarrollar en el front-end el formulario de contacto.

Coloca dentro del archivo **CSS** de tu aplicación el siguiente código:

```css
.modal-content{
    background-color: #1a1e21;
    box-shadow: inset 0 0 5rem rgb(0 0 0 / 50%);
}

.form-control, .form-control:focus{
    background-color: #1a1e21;
    color: white;
}
```

Como podrás imaginar, en esta sección crearás un formulario dentro de
un modal, que permitirá a los usuarios enviar información de contacto. Dentro del
archivo HTML, debajo del contenedor que muestra los documentales o series, coloca
este código:

```html
<div class="row mt-5">
<button type="button"
    class="btn btn-dark" data-bs-toggle="modal"
```

```
    data-bs-target="#exampleModal"
    style="width: 50%; margin: auto">
       Contactenos
    </button>

    <div class="modal fade"
       id="exampleModal"
       tabindex="-1"
       aria-labelledby="exampleModalLabel"
       aria-hidden="true">
       <div class="modal-dialog">
          <div class="modal-content">
             <div class="modal-header">
             <button type="button"
                class="btn-close"
                data-bs-dismiss="modal"
                aria-label="Close">
             </button>
             </div>
             <div class="modal-body">
             <div>
             <label for="email">Email: </label>
             <input type="text"
                class="form-control"
                id="email" />
             <br />
             <label for="email">Su mensaje:
             </label>
             <textarea class="form-control"
                id="mensaje"></textarea>
             <br />
             </div>
             <button type="button"
             class="btn btn-primary">
             Save changes</button>
             </div>
          </div>
       </div>
    </div>
</div>
```

De esta manera, al pulsar sobre el nuevo botón, el usuario verá un modal como este:

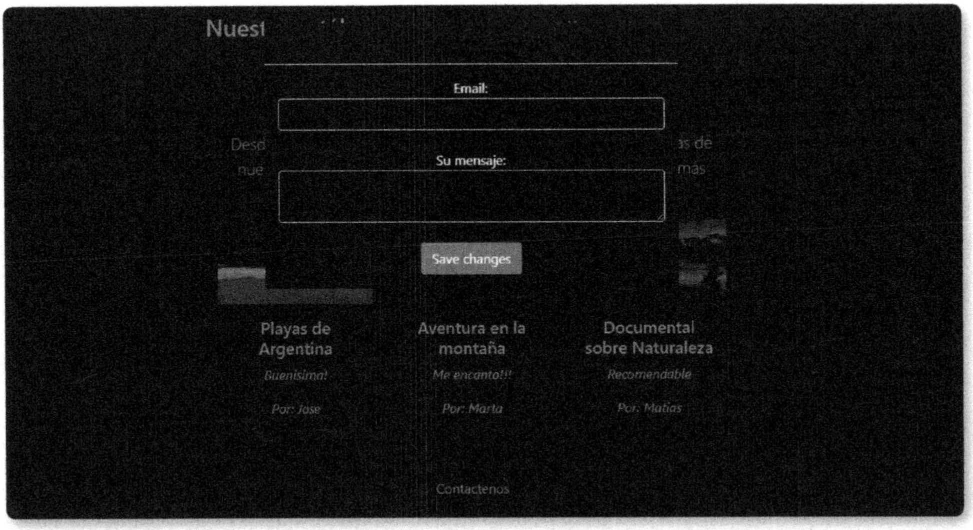

Figura 13.9. El nuevo modal se abre tras presionar el botón y mostrará el formulario de contacto.

Ahora, solo necesitas crear el código JavaScript que se encarga de llamar a la API, de la misma forma que lo hiciste con el formulario que envía nuevas reseñas al back-end. Agrega el siguiente evento al botón del formulario:

```
<button type="button"
    class="btn btn-primary"
    id="sendContactBtn"
    onclick="sendContact()">Save changes</button>
```

Luego, crea la nueva función en tu archivo JavaScript. Ahora se mostrará el texto que desees como agradecimiento al usuario.

```
function sendContact()
{
    fetch("http://localhost/pruebas-
      php/api/contact.php", {
      method: "POST",
      headers: {
        "Content-Type": "application/json"
      },
      body: JSON.stringify({
        email: $("#email").val(),
        mensaje: $("#mensaje").val(),
      })
    })
      .then((result) => {
        console.log(result);
      });
}
```

Ya sabes cómo crear una aplicación separando por completo el front-end del back-end, facilitándote ampliamente el desarrollo de sistemas escalables, donde pueden participar distintos desarrolladores con diversos conocimientos sin necesidad de mezclar sus áreas de trabajo ni aprender distintas tecnologías fuera de ellas.

13.4 ACTIVIDADES

A continuación se presentan las preguntas que deberías saber responder para considerar aprendido el capítulo.

13.4.1 Test de autoevaluación

1. ¿Cómo se crean los endpoints de una API?

2. ¿Qué códigos HTTP conoces? ¿En qué parte de la petición se envían?

3. ¿Cómo se define el código de una respuesta HTTP?

4. ¿Qué beneficios trae separar y modularizar el front-end del back-end de una aplicación?

13.4.2 Ejercicios prácticos

1. El formulario de contacto necesita una validación en el back-end. Para ello, crea un condicional que retorne **false** *si faltan datos.*

2. Dentro de la función **sendContactMail()** *del controlador, retorna* **false** *si el e-mail o el mensaje son nulos.*

3. En el front-end, agrega un condicional **JavaScript** *que evite que se envíe la petición en caso de que el formulario no se haya completado.*

GLOSARIO

- ▶ **AJAX:** es un conjunto de técnicas que te permiten crear páginas web con JavaScript, evitando recargar sitios. La sigla significa JavaScript Asíncrono y XML, sin embargo, puede utilizarse fácilmente con JSON.

- ▶ **Anotación:** en PHP, las anotaciones permiten agregar metadatos sobre un método, función o campo de clase. Es ampliamente utilizado en frameworks de testeo, como PHPUnit.

- ▶ **Bucle for in**: en JavaScript, los bucles for-in te permiten iterar sobre arreglos u objetos.

- ▶ **Cabeceras HTTP**: el encabezado de una petición define información como un código de estado, bloques de metainformación, método de la petición.

- ▶ **Callback:** las funciones anónimas o lambdas son funciones que se declaran y en ese momento se ejecutan, ya que no se orientan para ser reutilizadas.

- ▶ **Código de respuesta**: el código de respuesta HTTP se indica dentro del encabezado de la respuesta, y señala un estado. Los estados son 200, un código de éxito; 400 y 500, estados fallidos.

- ▶ **CORS:** esta sigla hace referencia a la política de peticiones a dominios cruzados. Sin cabeceras CORS, las peticiones entre dominios cruzados no funcionan.

- ▶ **Endpoints:** se conoce de esta manera a las URL de una API, a las cuales se pueden realizar peticiones HTTP o consultas de algún tipo.

- ▶ **Estatus 419**: es un código de estado de una respuesta HTTP. Por lo general, indica que el estado de la petición ha caducado. Dentro de la seguridad informática, la mayoría de formularios y secciones con autenticación se definen con tiempo de validez.

▼ **Evento onclick**: es un evento HTML, al cual se llama tras realizar clic sobre un elemento, ejecuta una función o porción de código JavaScript. Puede ejecutarse también tras presionarse en una web mobile.

▼ **Flexbox:** es un conjunto de diseño de CSS3 que te permite crear elementos adaptables, dependiendo del tamaño y la forma de la pantalla.

▼ **Font-Awesome:** es una librería orientada a facilitar el uso de fuentes y de iconos en páginas web.

▼ **GET:** método HTTP utilizado por lo general para realizar peticiones a una URL. La información no viaja encriptada.

▼ **Grid:** el diseño CSS con grid es un conjunto de técnicas orientadas a dividir la página en áreas, definidas por el tamaño de la pantalla.

▼ **INNER JOIN**: es un tipo de consulta SQL utilizado para unir tablas relacionadas, para formar como resultado de la consulta una tabla con los registros que coinciden en ambas tablas.

▼ **JQuery:** es una librería de JavaScript orientada a limitar o reducir el código mediante métodos ya creados.

▼ **Operador ternario**: es un condicional que permite analizar un valor booleano realizando una operación u otra, como una versión abreviada del condicional **if else**.

▼ **Parsear:** el parseo de datos se basa en copiar la información y procesarla transformándola en otro estándar válido distinto.

▼ **POST:** es un método HTTP sin límite de datos y con encriptación, que se utiliza generalmente para realizar alguna operación en un servidor donde se guardan datos o similares.

▼ **XML:** es un formato o estándar de datos utilizado para almacenar, transportar u organizar información. Por lo general, se usa en sistemas SOAP.

Parte 4

PHPMAILER, NEWSLETTERS, GESTIÓN DE CORREOS Y MAQUETAS HTML

PHP Avanzado
Roles
Interfaz
Características adicionales
Newsletters y correos electrónicos

14

PHP AVANZADO

En esta nueva entrega de PHP, verás cómo continuar trabajando con aspectos avanzados del lenguaje, así como distintas cuestiones de la tecnología que se usan día a día en el mundo laboral, técnicas modernas y buenas prácticas para implementar a la hora de crear aplicaciones.

14.1 TRABAJO EN EQUIPO CON PHP

Al trabajar en un entorno real, incluso cuando el desarrollador lo hace de manera independiente, puede verse en la necesidad de desarrollar con otras personas, trabajar el código de un tercero, mejorarlo, complementarlo o, incluso, trabajar en un repositorio o código utilizado comunitariamente, con lo cual debe conocer la forma en la que se comparte y distribuye código en forma global. Algunas cuestiones sensibles no deben salir de un servidor o de una computadora, mientras que el código duro es el que se debe compartir. **GitHub**, GitLab y **BitBucket** son famosos servicios y sitios utilizados en el mundo para distribuir, compartir y contribuir en el ambiente del desarrollo, así como también para colaborar entre equipos en una empresa, programando y compartiendo proyectos.

Figura 14.1. Composer permite trabajar con librerías de la
comunidad de PHP, instalándolas en tus proyectos.

Un ejemplo es el de las credenciales de acceso o conexión en un proyecto.
Dentro de una aplicación, se puede desarrollar la conexión a una base de datos
utilizando host, usuario y contraseña, a un servidor externo, a una API que utiliza
tokens de seguridad, a una cuenta de correos para el envío de mails, entre muchas
otras cosas más. Es fundamental saber cómo se trabaja con el código para evitar
que estas credenciales se compartan globalmente o se filtren. Por ejemplo, tanto en
producción como en desarrollo, las credenciales de acceso a una base de datos no
deben compartirse ni commitearse a un repositorio remoto. Al trabajar con un servicio
de repositorios de proyecto, se necesita que el código se envíe a la plataforma, pero
luego de hacerlo, habrá que dejar algunas partes del código fuera de estos **commits**,
como cualquier credencial personal o contraseña que sea sensible. Para esto, si se
trabaja con el popular gestor de versionado Git, suele utilizarse un archivo llamado
.gitignore, que se encarga de dejar fuera de los commits y del código remoto
aquellos archivos que se quieren excluir. Sin embargo, si deseas dejar fuera de los
repositorios remotos todos los archivos que tengan contraseñas, datos sensibles
o credenciales, estaría quedando fuera parte importante de un proyecto, incluso,
archivos como clases, interfaces u otros que, además, tienen partes importantes para
que la aplicación trabaje.

Si quieres aprender a trabajar con herramientas de versionado de código y sistemas de repositorios, puedes leer el volumen Git y GitHub, de la colección Programador Full Stack, desde el siguiente *enlace*.

Por esta razón, suele trabajarse en PHP y en otros lenguajes con archivos y librerías que manipulan variables de entorno. El funcionamiento general de ellos es mediante la creación de un archivo de variables de entorno, normalmente llamado **.env** o **.env.dist** por convención, donde se colocan en pares clave y valor datos como contraseñas y credenciales de conexión y acceso.

En algunos frameworks y librerías, esto se logra rápidamente porque vienen incluidos en el núcleo de los mismos. Sin embargo, si trabajas con Java, PHP o Node. JS, sin utilizar un framework que incluya esta característica, necesitarás instalar alguna librería especializada en la lectura de archivos con variables de entorno.

Para PHP, hay una sencilla librería disponible para instalar mediante Composer, que permite almacenar y leer credenciales desde un archivo con variables de entorno. En esta entrega, estarás trabajando con Composer para la instalación de algunas librerías y tendrás que tenerlo disponible en tu computadora. Para instalar Composer, solo necesitas dirigirte a su página oficial en *https://getcomposer.org*, y descargar el instalador, si usas Windows.

Figura 14.2. Brew permite instalar rápidamente en tu computadora diversos programas para MacOS.

Si trabajas bajo MacOS, puedes instalar este software directamente desde su página oficial, siguiendo los pasos que se indican o, de manera más sencilla, mediante Brew, el gestor de paquetes para este sistema operativo.

En sistemas operativos Linux, puedes actualizar la lista de repositorios disponibles e instalarlo desde la terminal sin necesidad de acceder a ningún sitio web ni descargarlo desde el navegador.

Recuerda que para utilizar de manera correcta Composer, debes tener instalado PHP en el sistema operativo, así como también necesitarás MySQL, el gestor de bases de datos, porque lo utilizarás en este proyecto. Para verificar que PHP esté instalado y disponible, puedes ejecutar el comando **php —version** en una terminal, lo cual te mostrará la versión del lenguaje que tienes en tu equipo.

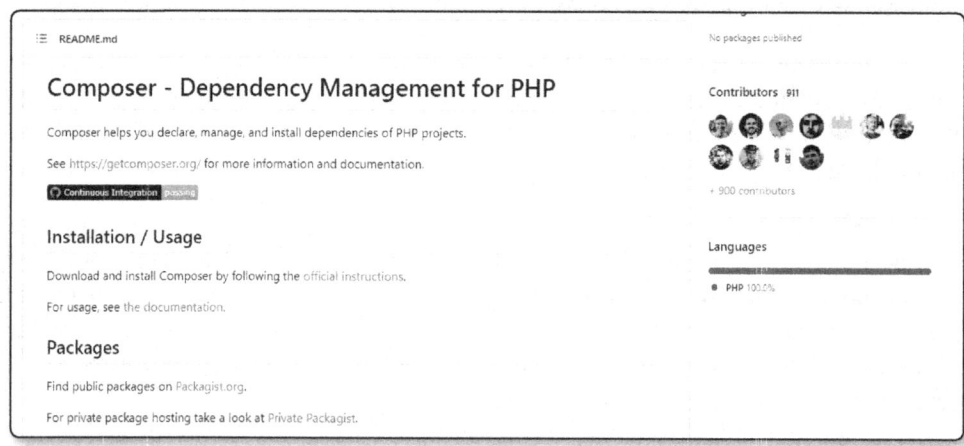

Figura 14.3. En GitHub encontrarás el repositorio de Composer
para comprender su uso y colaborar con el proyecto.

Si necesitas ayuda con la instalación o actualización de PHP, así como del gestor de bases de datos MySQL, puedes leer la primera entrega de esta colección, PHP Avanzado, desde el siguiente *enlace*.

Una vez que hayas instalado Composer, solo necesitas correr en una nueva terminal el comando **composer —versión** para verificar la instalación del software, o escribir únicamente **composer**, con lo cual se te mostrará la versión junto con una lista de comandos y operaciones disponibles (**Figura 14.4.**).

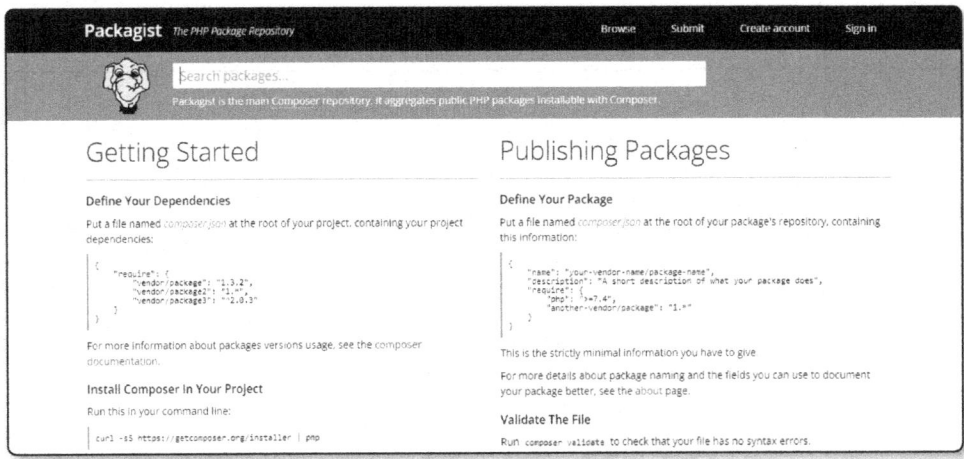

Figura 14.4. En *https://packagist.org* puedes encontrar diversos paquetes y librerías para tus proyectos en PHP.

Una vez hecho esto, puedes comenzar a trabajar con la aplicación de este volumen, creando una nueva carpeta en tu entorno de trabajo. Si usas Windows, hazlo en la carpeta **htdocs** del paquete XAMPP. Allí, crea un nuevo directorio y, tras darle el nombre que desees, ejecuta el comando **composer require vlucas/phpdotenv**; la librería se instalará en el directorio del nuevo proyecto y te permitirá trabajar con archivos que manipulan variables de entorno. Esta librería trabajará con un archivo llamado **.env**, donde tendrás que colocar por el momento las credenciales de acceso a la base de datos. Al estar trabajando de manera local, en tu computadora personal, las bases de datos suelen configurarse con el usuario y contraseña **root** y en blanco, con **root** y **root**, o simplemente con **admin** y **admin**. Sin embargo, puedes estar trabajando con una base de datos remota, donde no puedes compartir contraseña o usuario, o en un servidor de producción, cuyas credenciales no pueden filtrarse, dado que sería una falla de seguridad catastrófica. Entonces, lo más conveniente es crear un archivo de credenciales y mantenerlo fuera de los commits de la aplicación. Por ende, si alguien más baja el proyecto desde GitHub, GitLab u otro sitio web, tendrá que crear su propio archivo **.env**.

Crea un archivo **.env** y coloca el siguiente código:

```
APP_NAME="Documentacion"
DB_HOST="localhost"
DB_PORT=3306
DB_USER="root"
DB_PASSWORD=""
DB_NAME="php-avanzado-2"
```

Como puedes ver, en este archivo se incluyen las credenciales que necesitas en pares de clave y valor. Puedes utilizar los nombres que desees, pero recuerda que necesitarás acceder a estos valores por medio de los nombres que les has dado.

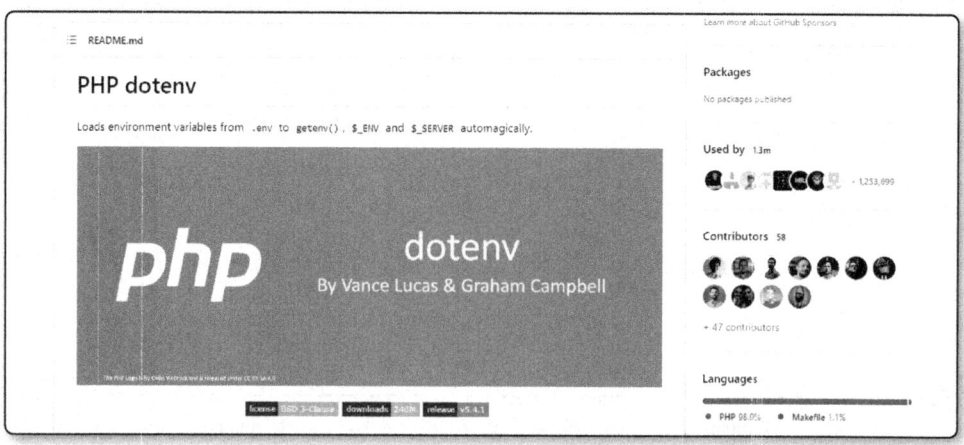

Figura 14.5. La librería Dotenv está disponible en GitHub para acceder a su código o colaborar con él.

Una vez hecho esto, crea un archivo llamado **index.php** en la raíz del proyecto y allí coloca el siguiente código:

```
require_once './vendor/autoload.php';

$dotenv = Dotenv\Dotenv::createImmutable('./');
$dotenv->load();
```

Si pruebas el código en tu navegador, no deberías ver ningún error ni mensaje de ningún tipo, ya que la librería se ha instalado y se ha cargado la carpeta **vendor** con las librerías de Composer. En caso de encontrarte con algún error, puedes ejecutar el comando **composer dump-autoload**, que te permitirá actualizar el cargador de paquetes instalados en el proyecto. Agrega el siguiente código:

```
echo $_ENV['DB_PASSWORD'];

echo $_ENV['DB_USER'];
```

Verás en el navegador tanto el usuario como la contraseña que has cargado en el archivo **.env**. El siguiente paso es crear un archivo **.gitignore** para que el gestor de versiones Git ignore el archivo **.env** y no lo mantenga en su rastro, y así se evite el envío a un repositorio remoto. Este archivo debería tener el siguiente contenido:

```
.env
/vendor
```

Además del archivo **.env**, también es una buena práctica mantener la carpeta **/vendor** por fuera de los **commits**, para que cada programador instale de manera independiente las librerías y dependencias necesarias para el desarrollo de la aplicación. Ahora, si envías el código de tu aplicación a un repositorio remoto en Internet y lo descargas en otra computadora, solo necesitas ejecutar el comando **composer install** para volver a instalar todas las librerías necesarias.

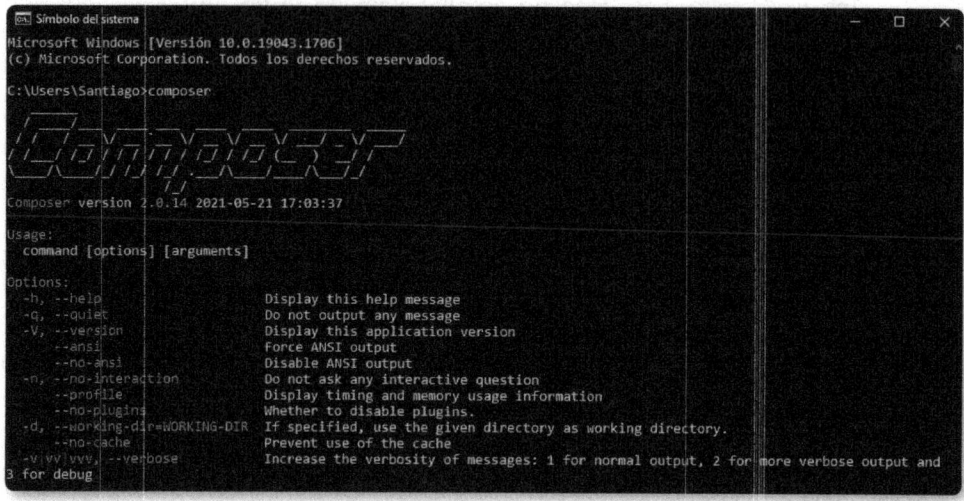

Figura 14.6. Composer puede correr desde tu computadora en la terminal, desde cualquier ubicación.

Una vez que hayas cargado esta librería, es momento de comenzar a trabajar con la aplicación y con las clases que la conforman. Lo primero será crear una clase que te permita conectarte a una base de datos. Para hacerlo, crea un directorio llamado **models** y, en su interior, una clase **Connection**, con el siguiente código:

```php
<?php

class Connection
{
    protected $connection;
    protected $servername;
    protected $username;
    protected $password;
    protected $db;

    public function __construct()
    {
        $dotenv =
            Dotenv\Dotenv::createImmutable('./');
        $dotenv->load();
    }
}
```

Si instancias esta clase, se cargará la librería **Dotenv** en el nuevo objeto, con lo cual puedes definir aquí la conexión utilizando las variables de entorno que has cargado en la computadora. El método constructor de tu clase **Connection** debería lucir de esta manera:

```php
public function __construct()
{
    $dotenv = Dotenv\Dotenv::createImmutable('./');
    $dotenv->load();

    try {
        $this->username = $_ENV['DB_USER'];
        $this->password = $_ENV['DB_PASSWORD'];
        $this->servername = $_ENV['DB_HOST'];
        $this->db = $_ENV['DB_NAME'];
        $this->connection = new PDO(
            "mysql:host=$this->servername;
                dbname=$this->db",
            $this->username,
            $this->password);
        $this->connection->setAttribute(
            PDO::ATTR_ERRMODE,
            PDO::ERRMODE_EXCEPTION
        );
    } catch(PDOException $e) {
        echo "Connection failed: " .
            $e->getMessage();
    }
}
```

Al cargar esta clase e instanciarla como un nuevo objeto, se debería crear una nueva conexión a la base de datos con estas credenciales. También puedes crear métodos dentro de la clase como lo has hecho en las entregas anteriores de esta colección, que te permitan acceder a la propiedad **$connection** de la clase y cerrar la conexión, de esta forma:

```php
public function get_connection()
{
    return $this->connection;
}

public function close_connection()
{
    $this->connection = null;
}
```

Luego de crear este código, reemplaza el código en tu archivo **index.php** con el que se muestra a continuación:

```php
<?php

require_once './vendor/autoload.php';
include './models/Connection.php';

$connection = new Connection();
```

```
if($connection->get_connection())
{
    echo "Conexión exitosa";
}
```

Deberías ver en el navegador el texto Conexión Exitosa, como resultado de ejecutar este archivo.

14.2 DESARROLLO DE LOS MODELOS

Ahora que sabes instalar una librería dentro de tu proyecto en PHP y cómo trabajar con archivos que manipulen las variables de entorno, puedes comenzar a trabajar con los modelos de la aplicación. Para este volumen, trabajarás con una aplicación documental, que permitirá a distintos usuarios con diferentes roles y funciones en el sistema, verificar y realizar un seguimiento de los documentos que se han subido. Para esto, comienza por crear el modelo **User**, que se encargará de representar a los distintos usuarios del sistema. Al igual que en las entregas anteriores, tendrás que trabajar con métodos que permitan almacenar nuevos usuarios, iniciar sesión en el sistema, cerrar sesión y devolver los detalles del usuario, entre otros. En primer lugar, genera una clase llamada **Model**; será la superclase que dará lugar a las otras clases hijas en el sistema. Será una clase abstracta, que por herencia podrá llevar a otros modelos a poseer ciertas características.

Si deseas aprender más sobre las características de la herencia en PHP, la abstracción, interfaces y otros aspectos avanzados, puedes leer el segundo volumen de Programación Orientada a Objetos en PHP, de RedUSERS Premium, desde el siguiente *enlace*.

Una vez creada la clase **Model**, coloca el siguiente código en su interior:

```php
<?php

abstract class Model
{
    public abstract function save(Connection
    $connection);

    public abstract static function getDetails();

    public function getProperties()
    {
      foreach ($this as $key => $value)
      {
         print "$key => $value, type:"
         . gettype($value) . ".\n";
      }
    }
}
```

El método abstracto **save()** se encargará de definir la firma del método con un único parámetro, que será un objeto de la clase **Connection**, y que deberá ser implementado en aquellas clases que hereden de ella.

Luego, la función **getProperties()** es un método orientado a recorrer y devolver los atributos de la clase, imprimiendo su nombre de variable, valor y tipo de dato.

Por último, la función **find()** busca el objeto dentro de la base de datos y retorna la información correspondiente.

Ahora que has creado esta clase, debes crear las clases **User** y **Role**:

```php
<?php

require_once 'Model.php';

class User extends Model
{
    protected string $name;
    protected string $email;
    protected string $password;
    protected int $role_id;
    protected bool $email_verified;
```

```php
    public function __construct($name, $email,
$password)
    {
        $this->name = $name;
        $this->email = $email;
        $this->password = $password;
        $this->role_id = 2;
        $this->email_verified = false;
    }

    public function save(Connection $connection)
    {
        $connection = $connection->get_connection();

        $stmt = $connection->prepare(
            "INSERT INTO users (name, email,
            password, role_id, email_verified)
            VALUES (:name, :email, :password,
            :role_id, :email_verified)");

        $stmt->bindParam(":name", $this->name);
        $stmt->bindParam(":email", $this->email);
        $stmt->bindParam(":password",
            $this->password);
        $stmt->bindParam(":role_id",
            $this->role_id);
        $stmt->bindParam(":email_verified",
            $this->email_verified);

        return $stmt->execute();
    }
}
```

La clase **usuario** implementa el método **save()**, que guarda un nuevo usuario en la base de datos. También tendrás que implementar el método **find()**, de la siguiente manera:

```php
public static function find(Connection $connection, int $id)
{
    $con = $connection->get_connection();
    $stmt = $con->prepare("SELECT id, name, email,
        role_id, email_verified
        FROM users WHERE id= ?");
    $stmt->execute(array($id));

    return $stmt->fetch();
}
```

Ahora tendrás que crear la clase **Role**, que se relacionará de una a muchos con la clase **User**, dado que varios usuarios pueden tener el mismo rol; en este caso, administradores y usuarios regulares:

```php
<?php

class Role extends Model
{
    protected $name;

    public function __construct($name)
    {
        $this->name = $name;
    }

    public function save(Connection $connection)
    {
        $connection = $connection->get_connection();

        $stmt = $connection->prepare(
            "INSERT INTO roles (name)
            VALUES (:name)");
        $stmt->bindParam(":name", $this->name);

        return $stmt->execute();
    }

    public static function find(Connection
    $connection, int $id)
    {
        $con = $connection->get_connection();
        $stmt = $con->prepare("SELECT id, name
            FROM roles WHERE id= ?");
        $stmt->execute(array($id));

        return $stmt->fetch();
    }
}
```

El próximo paso es crear el modelo **Document**, que también deberá heredar de la clase **Model**, con lo cual implementará los métodos **save()** y **find()**:

```php
<?php

class Document extends Model
{

    protected $name;
    protected $file;
    protected $status;
```

```php
    public function __construct($name, $file)
    {
        $this->name = $name;
        $this->file = $file;
        $this->status = "Pending";
    }

    public function save(Connection $connection)
    {
        $connection = $connection->get_connection();

        $stmt = $connection->prepare("INSERT INTO
            documents (name, file, status)
            VALUES (:name, :file, :status)");

        $stmt->bindParam(":name", $this->name);
        $stmt->bindParam(":file", $this->file);
        $stmt->bindParam(":status", $this->status);

        return $stmt->execute();
    }

    public static function find(Connection $connection, int $id)
    {
        $con = $connection->get_connection();
        $stmt = $con->prepare("SELECT id, name,
        file, status FROM documents WHERE id= ?");
        $stmt->execute(array($id));
        return $stmt->fetch();
    }
}
```

Los tres modelos más importantes han sido creados y puedes continuar con el desarrollo de la aplicación.

Figura 14.7. Al crear un nuevo repositorio en GitHub, puedes acceder al código desde cualquier otro dispositivo con Internet.

14.3 HERENCIA DE MÉTODOS

La herencia en PHP, y en cualquier lenguaje orientado a objetos, permite crear otras funcionalidades, además de definir las firmas de los métodos y aquellas funciones que deben implementarse o sobrescribirse. Una función interesante es proveer a otras clases de métodos que pueden reutilizarse en distintas partes de la aplicación sin necesidad de sobrescribirlos en cada clase hija. Por ejemplo, el método **find()** puede definirse una única vez, pero a pesar de esto, utilizarse en todas las clases sin tener que sobrescribirlo. Cambia la clase **Model** de esta manera:

```php
<?php

abstract class Model
{

    Protected static string $table;
    public abstract function save(
        Connection $connection);

    public function getProperties()
    {
        foreach ($this as $key => $value)
        {
            print "$key => $value, type:" .
                gettype($value) . ".\n";
        }
    }

    public static function find(
    Connection $connection, int $id)
    {
        $con = $connection->get_connection();
        $stmt = $con->prepare("SELECT * FROM "
            . self::$table ." WHERE id= ?");
        $stmt->execute(array($id));
        return $stmt->fetch();
    }
}
```

Como puedes ver, en la superclase **Model** se definen la propiedad **$table** y el método estático **find()**, que retorna todos los campos de una tabla, la cual será aquella que se defina como propiedad **$table**, un campo protegido de la clase y estático.

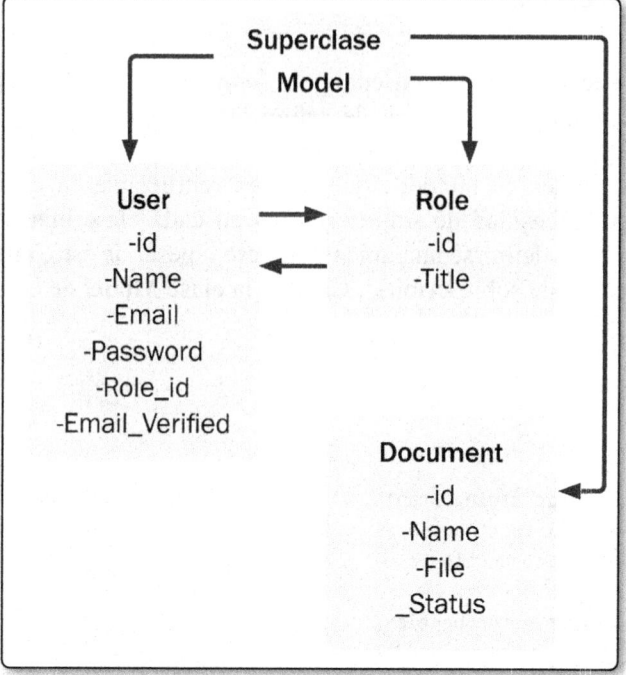

Figura 14.8. Diagramar los sistemas antes de comenzar a desarrollar
es siempre una buena práctica para el trabajo.

Lo único necesario para que este método funcione en las demás clases es que aquellas clases que quieran implementarlo sobrescriban la propiedad **$table** con el nombre de la tabla que llevará asociado este modelo. Por ejemplo, en la clase **User**:

```
class User extends Model
{
    protected static string $table = "users";
}
```

O en la clase **Document**:

```
<?php

class Document extends Model
{
    protected static string $table = "documents";
}
```

Y de la misma forma, en todas las demás clases en que desees implementar el método **find()**.

14.4 MAQUETAR LAS VISTAS

Ahora que has desarrollado los modelos, es momento de trabajar con algunas vistas para el sistema. Crea una nueva carpeta en el nuevo proyecto, llamada **views**, y allí coloca un archivo **login.php**.

Para ingresar al sistema, será necesario tener una pantalla de inicio de sesión, donde los usuarios puedan colocar su usuario y contraseña. En su interior, coloca en primer lugar las etiquetas básicas de HTML:

```html
<!doctype html>
<html lang="es">
<head>
    <meta charset="UTF-8">
    <meta name="viewport"
        content="width=device-width, user-
        scalable=no, initial-scale=1.0, maximum-
        scale=1.0, minimum-scale=1.0">
    <meta http-equiv="X-UA-Compatible"
        content="ie=edge">
    <title>Document</title>
</head>
<body>

</body>
</html>
```

Ahora, reemplaza el encabezado del archivo por el siguiente código:

```html
<!doctype html>
<html lang="en">
<head>
    <meta charset="UTF-8">
    <meta name="viewport"
        content="width=device-width, user-
        scalable=no, initial-scale=1.0, maximum-
        scale=1.0, minimum-scale=1.0">
    <meta http-equiv="X-UA-Compatible"
        content="ie=edge">
    <link
    href="https://cdn.jsdelivr.net/npm/bootstrap@5.2
    .0-beta1/dist/css/bootstrap.min.css"
    rel="stylesheet" integrity="sha384-
    0evHe/X+R7YkIZDRvuzKMRqM+OrBnVFBL6DOitfPri4tjfHx
    aWutUpFmBp4vmVor" crossorigin="anonymous">
    <title>Document</title>
    <style>
        .container{
```

```
        margin: 0;
        padding: 0;
        max-width: 100vw;
        width: 100vw;
        overflow: hidden;
    }
    #formLogin{
        background-color: #ffffff;
        height: 100vh;
    }
    #backImg{
        background-image:
        url("./public/imgs/bg-buildings.jpg");
        background-position: center;
        background-size: cover;
        background-repeat: no-repeat;
        height: 100vh;
    }
    </style>
</head>
```

Sustituye el cuerpo del documento con este código:

```
<body>
    <div class="container">
        <div class="row">
            <div class="col-6 col-md-6 col-lg-6"
                id="formLogin">

            </div>
            <div class="col-6 col-md-6 col-lg-6"
                id="backImg">

            </div>
        </div>
    </div>
</body>
</html>
```

En este archivo se define, en primer lugar, un contenedor, en cuyo interior se declaran luego dos columnas. En la primera hay que maquetar el formulario de ingreso, y en la segunda, generar un mejor diseño. La columna mostrará una imagen de stock como fondo, que encontrarás como parte del material adicional. Para crear el formulario, puedes utilizar el siguiente código:

```
<div class="col-6
    col-md-6 col-lg-6
    d-flex justify-content-center
    align-items-center" id="formLogin">
```

```
    <form action="" method="post">
      <label for="email">Email:</label>
      <input type="email"
        name="email"
        class="form-control" required />
      <br />

      <label for="password">Password:</label>
      <input type="password"
        name="password"
        class="form-control" required />
      <br />

      <button class="btn btn-primary">
        Ingresar
      </button>
    </form>
  </div>
```

Como puedes ver, ahora el contenedor que engloba al formulario contiene varias clases de la librería de estilos Bootstrap. Las clases **col-** permiten definir cuánto espacio ocupa esta columna. A su vez, la clase **d-flex** define que la propiedad CSS **display** lleve el valor **flex**, y las clases **justify-content-center** y **aling-items-center** permiten trabajar con las funcionalidades CSS de Flexbox para alinear el formulario tanto vertical como horizontalmente (**Figura 14.9.**).

Figura 14.9. El formulario debería lucir ahora de esta manera.

Ahora tendrás que continuar con el código que se encarga de procesar el envío de este formulario. En los siguientes capítulos verás cómo trabajar con el sistema para que los usuarios puedan iniciar sesión y vean los distintos documentos y elementos.

14.5 ACTIVIDADES

A continuación se presentan las preguntas y los ejercicios que deberías saber responder y resolver para considerar aprendido el capítulo.

14.5.1 Test de autoevaluación

1. ¿Qué es la abstracción? ¿Qué es la herencia?

2. ¿Cómo se puede instalar una librería de PHP?

3. ¿Qué ventajas trae el uso de archivos .env o de variables de entorno?

4. ¿Qué función cumple el archivo .gitignore?

14.5.2 Ejercicios prácticos

1. Instala la librería PHPMailer en tu nuevo proyecto.

2. Crea un repositorio en GitHub o GitLab y envía allí el código de la aplicación.

3. Descarga el repositorio en una nueva carpeta de tu computadora y ejecuta el comando **composer install***.*

4. Verifica en el archivo **composer.json** *la versión de las librerías que has instalado.*

15

Ahora que creaste tu aplicación, es momento de comenzar a trabajar con los roles en el sistema, para que cada usuario pueda ver distintos elementos en el panel de administración. De esta manera, podrás administrar los perfiles de cada uno y decidir qué privilegios tienen.

15.1 CREAR NUEVOS MÉTODOS

Los métodos estáticos en la programación orientada a objetos permiten proveer de funciones útiles que se pueden llamar aun sin haber instanciado un nuevo objeto de la clase. Esto significa que puedes recurrir a estos métodos y devolver un resultado, en cualquier punto del sistema, por ejemplo, accediendo a las características de objeto que guardaste en la base de datos.

Dado que tu aplicación necesita acceder al rol de cada usuario, tienes que crear una función para la clase **User** que permita definir en cada momento si el usuario actual es administrador, es decir que posee todos los atributos y privilegios en el sistema; o si es otro tipo de usuario con menos privilegios, lo que comúnmente se llama invitado. Para hacerlo, en primer lugar crea la tabla **roles** en el gestor MySQL. Puedes hacerlo mediante la siguiente consulta SQL, o ayudarte con la interfaz gráfica que provee **PHPMyAdmin**, como se muestra a continuación:

```
CREATE TABLE roles (
    id INT PRIMARY KEY AUTO_INCREMENT NOT NULL,
    title VARCHAR(255) NOT NULL
);
```

Con esta simple tabla que tiene dos campos, puedes definir los roles en el sistema. Cada registro que se inserte en la tabla tendrá como título el valor que desees colocarle, que puede ser Admin o Invitado, o puedes definir otros personalizados.

Sin embargo, es importante crear estos dos registros para poder acceder desde los objetos de tipo **User**, que tendrán asociados de uno a muchos, un registro de la tabla **Roles** (**Figura 15.1.**).

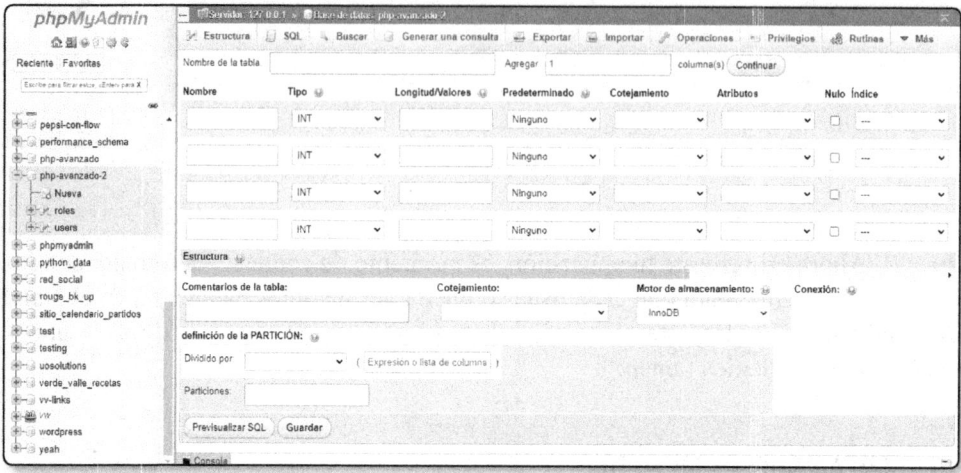

Figura 15.1. PHPMyAdmin permite trabajar con su interfaz gráfica para crear tablas, registros, bases de datos, y realizar muchas otras operaciones.

En cuanto hayas creado la tabla de roles, podrás cargar algunos valores en su interior. Una vez más, puedes utilizar una consulta SQL o la interfaz gráfica del sistema. Para insertar dos nuevos registros, utiliza estas instrucciones:

```
INSERT INTO roles (title) VALUES ('admin');
INSERT INTO roles (title) VALUES ('invitado');
```

Cada usuario en el sistema tendrá su rol cargado mediante una clave foránea. Si no lo hiciste aún, es un buen momento para crear y cargar la tabla de usuarios en el servidor MySQL, lo cual puedes hacer con una sentencia como la siguiente:

```
CREATE TABLE users (
    id INT PRIMARY KEY AUTO_INCREMENT NOT NULL,
    name VARCHAR(255) NOT NULL,
    email VARCHAR(255) NOT NULL,
    password VARCHAR(255) NOT NULL,
    role_id INT NOT NULL,
    email_verified TINYINT DEFAULT 0
);
```

Luego de ejecutar la consulta, se creará en la base de datos una nueva tabla, en la cual tendrás la posibilidad de crear otros usuarios y almacenarlos en el sistema para iniciar sesión. Para esto, carga un nuevo usuario haciendo llamadas a los métodos que creaste dentro de las clases modelo. Dado que el inicio de sesión con contraseña debe estar encriptado, en primer lugar tienes que modificar el método constructor de la clase **User**, para encriptar las contraseñas en la base de datos. Modifica esta clase de este modo:

```php
public function __construct($id, $name, $email, $password)
{
    $this->id = $id;
    $this->name = $name;
    $this->email = $email;
    $this->password = password_hash($password,
        PASSWORD_DEFAULT);
    $this->role_id = 1;
    $this->email_verified = false;
}
```

En el método **constructor**, ahora se solicita, en primer lugar, el parámetro **$id**, dado que en el futuro lo utilizarás para construir usuarios provenientes de la base de datos. Además, se modifica la instrucción que define la contraseña del usuario, encriptándola mediante un algoritmo **Hash**, lo cual te permitirá almacenar la contraseña de forma segura en la base de datos para que solo el usuario conozca su valor real.

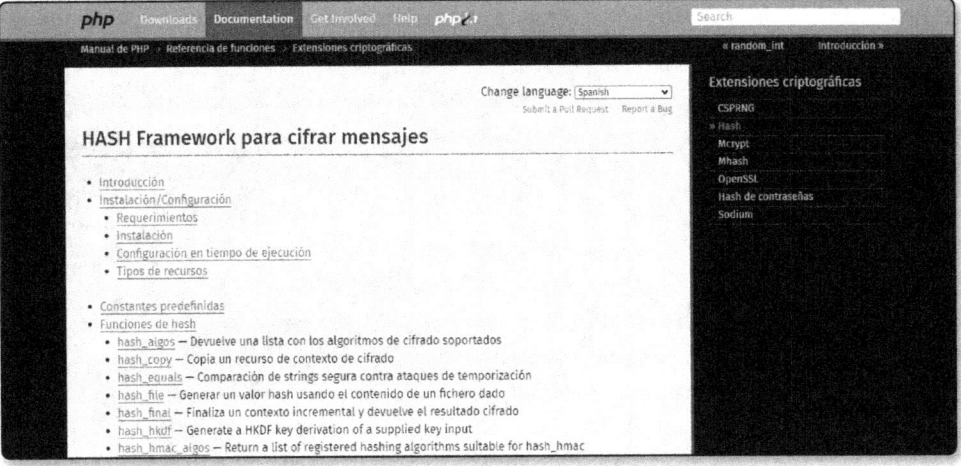

Figura 15.2. PHP permite utilizar las funciones Hash para encriptar y trabajar con datos encriptados.

Para utilizar este método y cargar un usuario en la base de datos, necesitas crear un archivo llamado **index.php** dentro de la raíz del proyecto, y allí colocar el siguiente código:

```php
<?php

require_once './vendor/autoload.php';
include './models/User.php';
include './models/Connection.php';


$user = new User(1, "Santiago", "santi@gmail.com", "1234");

$user->getProperties();

$connection = new Connection();

echo $user->save($connection);
```

Al ejecutar este código en el navegador, si ya cargaste correctamente el archivo **.env** con las variables de entorno de la base de datos, se creará un nuevo usuario en el sistema con los datos generados que enviaste como parámetros al instanciar la clase **User**.

Ahora que creaste un usuario en el sistema, para iniciar sesión tendrás que generar los métodos correspondientes, indicando si las credenciales de inicio de sesión son correctas.

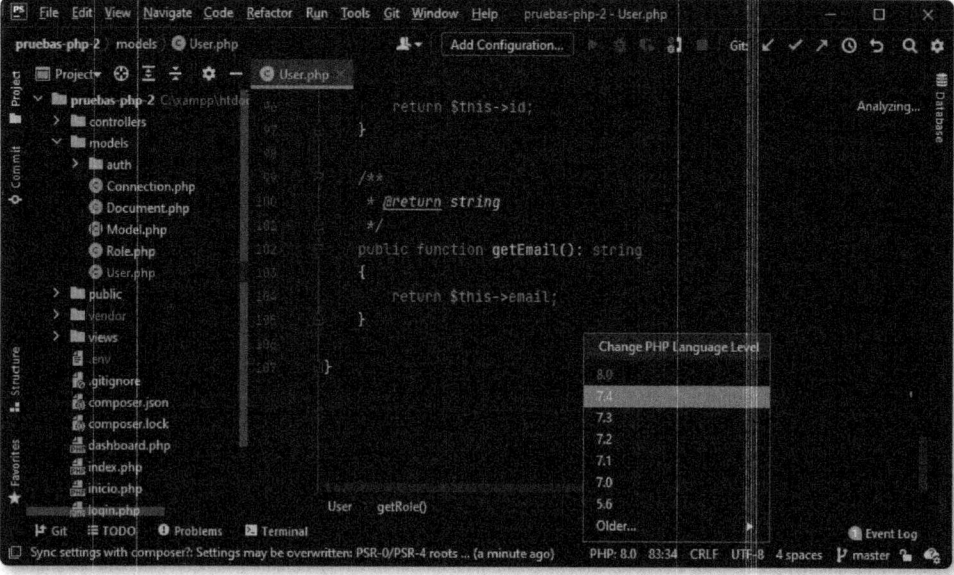

Figura 15.3. Un IDE de desarrollo se utiliza para definir la versión del lenguaje con el cual trabajar.

Una buena práctica es implementar una interfaz que defina los métodos que debe implementar la clase que puede realizar inicios de sesión, en este caso, iniciar sesión y cerrarla. Puedes crear una interfaz llamada **Authenticable**, que declare aquellos métodos que la clase **User** debería tener, de esta manera:

```php
<?php

interface Authenticable
{
    public static function login(
        Connection $connection, $email, $password);

    public static function logout();
}
```

Una vez que hayas declarado la interfaz, puedes implementarla en la clase **User**:

```php
<?php

require_once 'Model.php';
require_once 'Role.php';
require_once 'auth/Authenticable.php';

class User extends Model implements Authenticable
{
    ...
}
```

Si posees un editor de código que integre las funciones de intelisense del lenguaje PHP y detecte errores en el código, te indicará que tu clase **User** debería implementar los métodos **login()** y **logout()** para funcionar sin problemas. En primer lugar, declara ambos métodos dentro de la clase:

```php
public static function login(Connection $connection, $email, $password)
{

}

public static function logout()
{

}
```

Luego, comienza a implementar los métodos, sobrescribiendo el método **login()** de este modo:

```php
public static function login(Connection $connection, $email, $password)
{
    $con = $connection->get_connection();

    $stmt = $con->prepare(
        "SELECT * FROM users WHERE email= ?");
    $stmt->execute(array($email));
    $user = $stmt->fetch();
    if($user && password_verify($password,
        $user['password']))
    {
        return new User($user['id'],
            $user['name'],
            $user['email'],
            $user['password']);
    }
    return null;
}
```

En este método se define la manera en la cual el usuario inicia sesión, buscando en la base de datos alguna coincidencia con el correo electrónico introducido y, por otro lado, verificando que la contraseña coincida, en caso de que se encuentre un registro con el correo indicado.

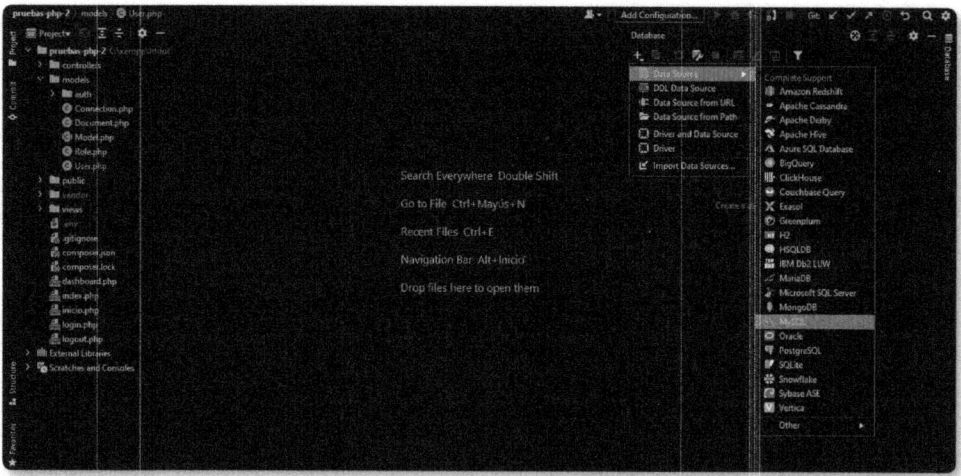

Figura 15.4. Un IDE como PHPStorm permite configurar la base de datos y capturar errores antes de la ejecución.

El siguiente paso es definir un controlador que se encargue de llamar al método de inicio de sesión. Primero, crea una carpeta en la raíz del proyecto llamada **controllers**, y en su interior coloca un archivo denominado **AuthController.php** con el siguiente código:

```php
<?php

require_once 'Controller.php';

class AuthController extends Controller
{

    public static function login(Connection
        $connection, $email, $password)
    {

        return User::login($connection,
            self::escapeData($email),
            self::escapeData($password));
    }
}
```

Al definir la instrucción **return** dentro de un método, su ejecución se corta retornando aquello que coloques luego de esta palabra reservada. En este caso, puedes retornar un objeto al indicar el operador **new**, con lo cual el objeto se puede almacenar como cualquier otra variable.

Dado que esta clase deberá heredar de una superclase llamada **Controller**, deberías crear una en la misma carpeta con dicho nombre, y colocar en su interior el método **escapeData()**, que te permitirá verificar que los datos introducidos no contengan caracteres extraños en su interior, como aquellos utilizados para generar ataques de tipo **inyección SQL** o **XXS Atacks**. Crea en la carpeta **controllers** un archivo **controller.php** con este código:

```php
<?php



class Controller
{
    public static function escapeData($input)
    {
        $input = trim($input);
        $input = htmlspecialchars($input);
        return stripslashes($input);
    }
}
```

Ahora, el método **login** retornará un objeto de tipo usuario, ya que el método estático **login** que implementaste y sobrescribiste en la clase **User** se encarga de instanciar un objeto de la clase **User**, y retornarlo en caso de un inicio de sesión exitoso.

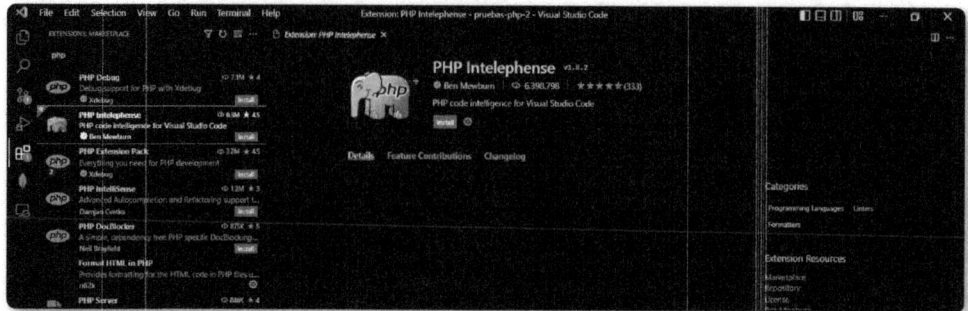

Figura 15.5. Visual Studio Code se emplea para instalar plugins y
extensiones que permitan trabajar con distintos lenguajes.

Dado que, en caso de iniciar sesión, este método retorna un objeto de la clase
usuario, podrás acceder al objeto y guardarlo en una variable, o incluso en memoria,
en una sesión en el servidor. Por esta razón, el código que procesa el intento de inicio
de sesión debería llevar un código como el que se muestra en la siguiente sección,
que deberás colocar en un archivo llamado **inicio.php**, dentro de la raíz del servidor:

```php
<?php

require_once './vendor/autoload.php';
require_once './controllers/AuthController.php';
require_once './models/Connection.php';
require_once './models/User.php';

if(isset($_POST['email']) && isset($_POST['password']))
{
    $connection = new Connection();
    $login = AuthController::login($connection,
        $_POST['email'], $_POST['password']);
    if($login)
    {
        $connection->close_connection();

        session_start();

        $_SESSION['user'] = $login;

        header('Location: ./dashboard.php');

    }
    else{
        echo "Incorrecto";
    }
}
```

Como puedes ver en este código, lo primero que se hace es la carga de las librerías instaladas con Composer. Luego, se cargan las demás clases necesarias, como el controlador y los modelos **User** y **Connection**.

Una vez hecho esto, se verifica que las variables **POST** contengan los datos enviados desde el formulario de inicio de sesión. Recuerda que deberás modificar el formulario que creaste en el capítulo anterior, dentro de la carpeta **views**, en el archivo **login.php**, de esta manera:

```html
<form action="inicio.php" method="post">

    <label for="email">Email: </label>
    <input type="email"
        name="email"
        class="form-control" required />
    <br />

    <label for="password">Password: </label>
    <input type="password"
        name="password"
        class="form-control" required />
    <br />

    <button class="btn btn-primary">
        Ingresar
    </button>
</form>
```

Ahora el archivo con el formulario está apuntando al archivo **inicio.php**, que procesa la información enviada por este formulario mediante una petición **POST**. En caso de proveer las credenciales correctas, se creará una sesión en el servidor.

15.2 GETTERS, SETTERS O ACCESORIOS

Una característica importante de la programación orientada a objetos es la encapsulación, uno de los pilares de este paradigma. La encapsulación dicta que un objeto debe poseer sus atributos privados, y solo accesibles desde su interior; y sus métodos públicos, o visibles para el exterior.

Por ejemplo, un objeto de la clase **User** debería declarar sus métodos como públicos, y sus atributos o propiedades como protegidos o privados; por ende, solo será posible acceder a ellos desde el interior de la clase, nunca desde otra clase. Es decir, si se instancia un objeto de clase **User** dentro de una clase **Controller**, deberías poder ejecutar sin problemas cualquiera de sus métodos. Sin embargo, dado que has declarado como protegidos sus atributos, no debería ser posible acceder a alguna de sus propiedades, como **name**, **id**, **email** o cualquier otra.

En general, las propiedades de un objeto se inicializan al instanciar el objeto mediante el objeto constructor, con lo cual su valor queda declarado. Sin embargo, en muchas ocasiones es necesario que, luego de instanciar y declarar el objeto, se modifique o se necesite acceder al valor de las propiedades.

Por esta razón, suelen declararse y utilizarse los métodos accesorios y modificadores, comúnmente llamados **getters** y **setters**. Los **getters** suelen ser funciones que permiten acceder al valor dentro de una de las propiedades de la clase. Por ejemplo, si tienes que acceder a la propiedad **name** de un usuario, en vez de hacerlo llamando directamente a la propiedad, se hace mediante la llamada al método **getter**. Aunque estos métodos pueden llamarse de la manera que desees, por convención suele usarse la palabra **get** seguida del nombre de la propiedad, con un guion bajo o con una mayúscula intermedia, con la notación conocida como camel case.

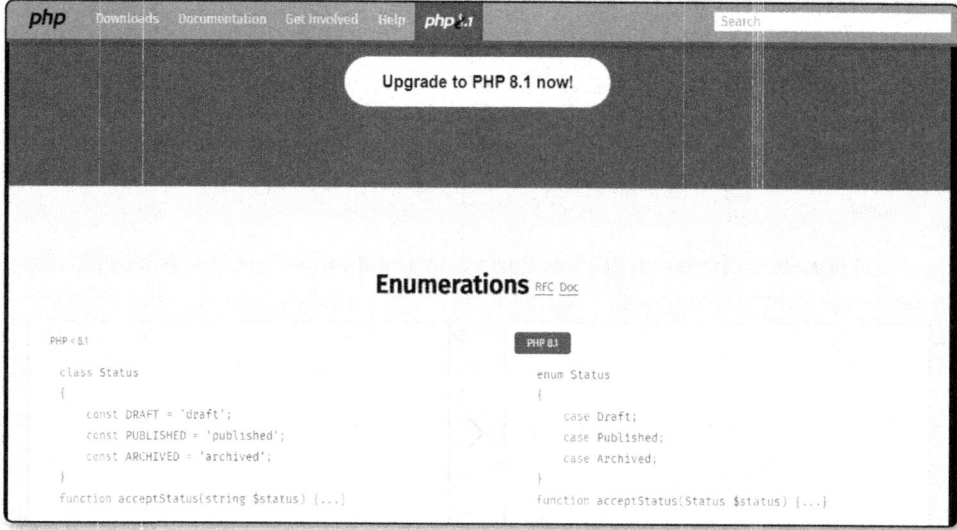

Figura 15.6. La versión 8.1 de PHP incluye varias funcionalidades interesantes para los desarrolladores.

De la misma manera, los métodos **setter** permiten acceder a las propiedades de un objeto y modificarlas, pasándoles como parámetro el nuevo valor de la propiedad. Esto significa que puedes acceder a la propiedad y cambiar su valor con este método, en vez de declarar el valor directamente por su modificador de acceso. De la misma manera que con los métodos **getter**, suele colocarse la palabra **get** delante del nombre de la propiedad, con la notación camel case o con un guion bajo en medio.

En el caso de la clase **User**, deberás crear métodos para obtener el mail y el ID del usuario instanciado. Dentro de la clase, genera las siguientes funciones:

```
/**
 * @return int
 */
public function getId(): int
{
    return $this->id;
}

/**
 * @return string
 */
public function getEmail(): string
{
    return $this->email;
}
```

En este caso, sería una buena idea guardar en sesión el objeto **usuario** que retorna el método **login()** de la clase **AuthController**, y también el ID del usuario que inició sesión. Necesitarás un archivo que procese el formulario para el inicio de sesión creado en el capítulo pasado, y tendrás que acceder en este nuevo archivo a las propiedades del objeto de la clase **User** que se genere con el sistema de inicio de sesión. Este objeto luego se guardará en sesión, y podrás acceder al correo o ID del usuario en cualquier momento.

También precisarás un método para acceder a la propiedad **role** del usuario, es decir, si se trata de un usuario administrador o de un invitado. Para este caso, tendrás que buscar en la base de datos el rol del usuario y, luego, buscar el ID en la base de datos para verificar de quién se trata. Puedes encarar el método de dos maneras. Por un lado, puedes retornar un arreglo que provenga de la base de datos; por el otro, puedes retornar un objeto de la clase **Role**, como hiciste en el método **login()**. Si deseas que el método retorne un arreglo desde la base de datos, puedes hacerlo con un método como el siguiente:

```
public static function getRole(Connection $connection, int $id)
{
    $con = $connection->get_connection();
    $stmt = $con->prepare(
        "SELECT role_id FROM users WHERE id= ?");
    $stmt->execute(array($id));
    $user = $stmt->fetch();

    $stmt = $con->prepare(
        "SELECT * FROM roles WHERE id= ?");
    $stmt->execute(array($user['role_id']));
```

```
    return $stmt->fetch();
}
```

Ahora ya puedes crear el archivo que realice el inicio de sesión en el sistema.

Crea un nuevo archivo dentro de la raíz del proyecto llamado **inicio.php** y, en su interior, coloca en primer lugar la llamada a los archivos necesarios:

```
<?php

require_once './vendor/autoload.php';
require_once './controllers/AuthController.php';
require_once './models/Connection.php';
require_once './models/User.php';
```

Luego, llama al método **login()** y verifica su resultado con un condicional, de este modo:

```
if(isset($_POST['email']) && isset($_POST['password']))
{
    $connection = new Connection();
    $user = AuthController::login(
        $connection,
        $_POST['email'],
        $_POST['password']);

    $connection->close_connection();

    if($user)
    {
        session_start();
        $_SESSION['id'] = $user->getId();
        $_SESSION['user'] = $user;

        header('Location: ./dashboard.php');
    }
    else{
        echo "Inicio de sesión incorrecto";
    }
}
```

Como puedes ver en este código, en primer lugar se realiza la conexión a la base de datos y, luego, se llama al método **login()** y se guarda el resultado en una variable llamada **$user**, dado que la función retorna un objeto de la clase **User**. Tras hacer esto, se cierra la conexión y, en caso de éxito en el inicio, se guarda en sesión al usuario y su ID. Por último, se redirecciona al usuario a un archivo llamado **dashboard.php** en caso de un ingreso correcto. Si pruebas este código y colocas credenciales incorrectas, verás que la función retorna falso y el condicional devuelve

Inicio de sesión incorrecto. Ingresa un usuario en la base de datos con un script como el siguiente:

```
$user = new User("Santiago", "santi@gmail.com", "1234");

$connection = new Connection();

echo $user->save($connection);
```

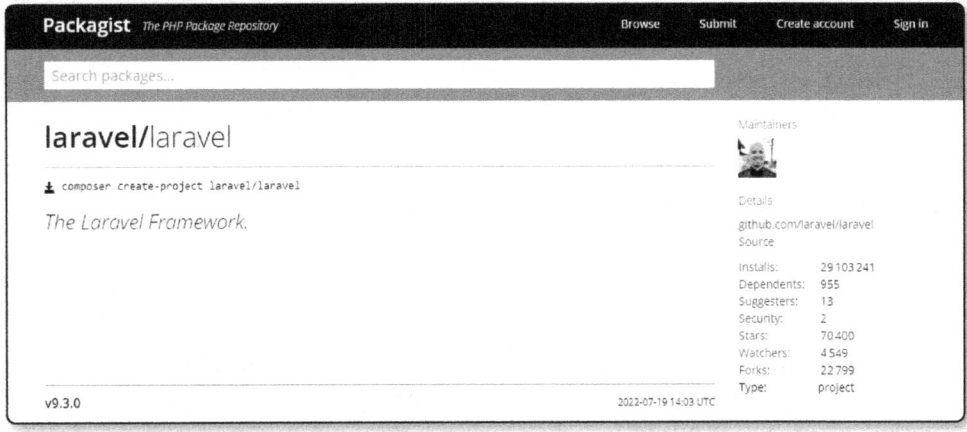

Figura 15.7. Desde Packagist puedes acceder a los repositorios
y código de proyectos para PHP con Composer.

Luego prueba a iniciar sesión con estas credenciales y se redirigirá al usuario al archivo **dashboard.php**. Dentro de este archivo, podrás mostrar al usuario el panel de administración, y dependiendo del tipo de usuario que sea (administrador o invitado), podrás mostrarle cierta información. Dentro del archivo **dashboard.php**, que debe crearse en la raíz del proyecto, coloca el siguiente código:

```php
<?php

require_once './vendor/autoload.php';
require_once './models/Connection.php';
require_once './models/User.php';

session_start();
if(!isset( $_SESSION['id'] )){
    header("Location: ./login.php");
}

$connection = new Connection();
$user = $_SESSION['user'];

include './views/dashboard.php';
```

Desde esta parte, se retoma la sesión del usuario mediante la función **session_start()**, y se guarda el contenido de la variable **$_SESSION['user']** en un objeto con el mismo nombre. Por último, se incluye un archivo dentro de la carpeta **views**, que tendrá el panel de administración. Antes de realizar esto, puedes verificar qué tipo de usuario acaba de iniciar sesión, mediante un condicional como este:

```php
<?php

if(User::getRole($connection, $_SESSION['id'])['title']==="admin"){

    echo "user admin <br />";
    echo "Email: " . $user->getEmail();
}
else{
    echo "user invitado";
}

?>
```

Al ejecutar este código dentro del archivo **dashboard.php**, verás que en caso de que hayas guardado al usuario con el **role_id 1**, se muestra el correo del usuario y el texto **user admin**.

Figura 15.8. El formulario solo debería mostrarse en caso de acceder como un usuario administrador.

Si pones este código dentro de un archivo llamado **dashboard.php**, colocado en la carpeta **views**, puedes comenzar a desarrollar un panel de administración que les permita a los usuarios realizar las diferentes tareas dependiendo de si se trata de un administrador o de un usuario invitado, de la siguiente forma:

```
<!doctype html>
<html lang="en">
<head>
   <meta charset="UTF-8">
   <meta name="viewport"
      content="width=device-width, user-
      scalable=no, initial-scale=1.0,
      maximum-scale=1.0, minimum-scale=1.0">
   <meta http-equiv="X-UA-Compatible"
      content="ie=edge">
   <!- CSS only ->
   <link
   href="https://cdn.jsdelivr.net/npm/bootstrap@5.2
   .0/dist/css/bootstrap.min.css" rel="stylesheet" integrity="sha384-
   gH2yIJqKdNHPEq0n4Mqa/HGKIhSkIHeL5AyhkYV8i59U5AR6 csBvApHHNl/vI1Bx"
crossorigin="anonymous">
   <title>Panel de control</title>
</head>
<body>

<div class="container">
   <div class="row">
      <h1>Dashboard</h1>
      <div class="col-6">
         <?php
         if(User::getRole($connection,
         $_SESSION['id'])['title']==="admin"){
         ?>

         <!- código para administradores ->

         <?php
         }
         else{
         ?>

         <!- código para invitados ->

         <?php
         }
         ?>
      </div>
   </div>
</div>

</body>
</html>
```

Ahora, dentro del bloque de código para los administradores, puedes colocar un formulario que habilite a subir archivos al sistema. En este ejemplo práctico, los administradores podrán subir un archivo al sistema, en el cual se carga un estado que, por defecto, será como pendiente, y los usuarios invitados tendrán que descargar ese archivo, trabajarlo y marcar como terminado el documento. Dentro del bloque de código para los administradores, coloca el siguiente formulario:

```html
<form>
    <h3>Subir un nuevo documento:</h3>

    <label for="name">Nombre</label>
    <input class="form-control"
        type="text"
        placeholder="Nombre del archivo"
        required />
    <br />

    <label for="name">Archivo</label>
    <input class="form-control"
        type="file"
        required />
    <br />

    <button class="btn btn-primary">Crear</button>
</form>
```

Ahora, si ingresas al sistema, como muestra la próxima figura, verás que, en caso de que inicies sesión con un usuario administrador, se mostrará el formulario de carga de un archivo, como acabas de crear.

En el caso de los invitados, deberán ver una lista con los documentos subidos a la base de datos y botones para poder descargarlos.

15.3 ACTIVIDADES

A continuación se presentan las preguntas y los ejercicios que deberías saber responder y resolver para considerar aprendido el capítulo.

15.3.1 Test de autoevaluación

1. ¿Qué es un método accesorio?

2. ¿Qué es la encapsulación y qué importancia tiene en la programación orientada a objetos?

3. ¿Para qué sirven los métodos **getter** *y* **setter***, y cómo suelen denominarse?*

4. ¿De qué modo puede retornarse un objeto instanciado de una clase como valor de una función?

15.3.2 Ejercicios prácticos

1. Crea un método para guardar nuevos documentos en el sistema, de la clase **Document***.*

2. El mismo debe llamarse en un controlador del sistema.

3. El método estático del controlador debe llamarse en un nuevo archivo que procese la información enviada por el formulario que creaste en este capítulo.

16

INTERFAZ

Es momento de comenzar a trabajar en la interfaz del sistema. Tras crear un sistema sólido que permite detectar qué clase de usuario ha iniciado sesión en la aplicación, tendrás que crear una interfaz amena y fácil de utilizar para quienes ingresen a trabajar en ella.

16.1 CREAR LA PLANTILLA WEB

Como podrás imaginar, un sistema web que permite a los usuarios trabajar con distintas secciones necesita que se generen diferentes pantallas similares en la aplicación, de modo que puedan navegar por ella fácil y rápidamente y, a la vez, realizar las tareas diarias manteniendo una interfaz gráfica simple y regular, sin demasiados cambios. Por esta razón, es conveniente crear una plantilla que evite que el desarrollador tenga que rescribir, copiar o pegar las mismas partes una y otra vez, como la barra de navegación, un pie de página o un encabezado con elementos que se repiten.

Todo panel de administración o herramienta web que trabaja como un panel requiere ciertas características para funcionar correctamente, como una pantalla para el inicio de sesión, otra para crear o gestionar los usuarios, otra para cerrar sesión, y pantallas para manipular o trabajar con aquello a lo que se dedica el panel de administración, que en este caso, serán documentos. En este capítulo, trabajarás con un panel que permitirá a los administradores subir al sistema nuevos documentos, crear usuarios, borrarlos o visualizarlos; por otro lado, permitirá que los usuarios invitados gestionen esos documentos, los descarguen y los marquen en el panel de administración como terminados o listos.

Con este fin deberás tener varias pantallas y, a su vez, manipular el front-end para mostrar una u otra opción en el sistema. Para comenzar, vas a crear algunos archivos que serán compartidos por todos los archivos de las vistas, como el encabezado. Crea una carpeta llamada **shared** dentro del directorio **views**, y allí coloca un archivo con el nombre **head.php**, donde tendrás que escribir el siguiente código:

```
<meta charset="utf-8">
<meta http-equiv="X-UA-Compatible" content="IE=edge">
<meta name="viewport" content="width=device-width, initial-scale=1, shrink-to-fit=no">
<meta name="description" content="">
<meta name="author" content="">
<link rel="icon" href="" />
<title>Gestion Documental-Dashboard</title>
<link rel="stylesheet" href="https://cdnjs.cloudflare.com/ajax/libs/font-aweso-me/5.15.0/css/all.min.css" integrity="sha512-BnbUDfEUfV0Slx6TunuB042k9tuKe3xrD-6q4mg5Ed72LTgzDIcLPxg6yI2gcMFRyomt+yJJxE+zJwNmxki6/RA==" crossorigin="anonymous" referrerpolicy="no-referrer" />
<link
    href="https://fonts.googleapis.com/css?family=Nunito:200,200i,300,300i,400,40
0i,600,600i,700,700i,800,800i,900,900i"
    rel="stylesheet">
<link href="public/css/sb-admin-2.min.css" rel="stylesheet">
<script src="https://cdn.jsdelivr.net/npm/sweetalert2@8"></script>
<style>
    .bg-gradient-primary {
        background-color: #6d8de9;
        background-image: linear-gradient
            (180deg,#353638 10%, #585858 100%);
        background-size: cover;
    }
    li.nav-item>button.nav-link{
        border: none;
        background: transparent;
    }
</style>
```

Como puedes ver, en el código del archivo se llama a una hoja externa de estilos, que tendrás que colocar dentro de la carpeta **public**, en un directorio denominado **css**. Dado que se trata de una librería preconfigurada y creada por Bootstrap, ajustada para este panel de administración, podrás descargarla del material adicional que acompaña a este volumen. También se cargan las librerías Sweet Alert y el CDN de Google y sus fuentes, llamando a la familia de fuentes **Nunito**, en sus distintas variantes. Si deseas aprender a trabajar con JavaScript y con librerías de este lenguaje, puedes leer la Guía USERS JavaScript, desde este *enlace*.

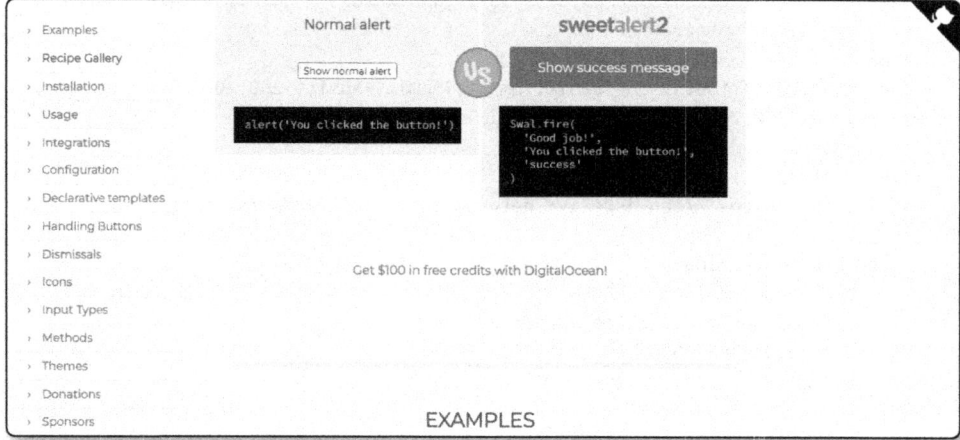

Figura 16.1. La librería Sweet Alert es de código abierto y permite visualizar su código en GitHub.

El siguiente archivo por crear funcionará como barra de navegación lateral, donde se declararán los botones para navegar por el panel de administración en las distintas secciones. Declara un archivo llamado **sidebar.php** y en su interior coloca este código:

```
<!- Sidebar ->
<ul class="navbar-nav
    bg-gradient-primary sidebar
    sidebar-dark accordion"
    id="accordionSidebar">

    <a class="sidebar-brand d-flex
```

```
    align-items-center justify-content-center”
    href=””>
    <div class=”sidebar-brand-icon rotate-n-15”>
    </div>

    <div class=”sidebar-brand-text mx-3”>
        Gestión Documental</div>
</a>

<hr class=”sidebar-divider”>

<div class=”sidebar-heading”>
    Herramientas:
</div>

<li class=”nav-item”>
    <a class=”nav-link” href=””>
        <i class=”fas fa-hamburger”></i>
        <span>Documentos</span></a>
</li>

<li class=”nav-item”>
    <button class=”nav-link”
        data-toggle=”modal”
        data-target=”#logoutModal”>
        <i class=”fas fa-carrot”></i>
        <span>Cerrar Sesión</span>
    </button>
</li>

<li class=”nav-item”>
    <a class=”nav-link collapsed” href=”#”
        data-toggle=”collapse”
        data-target=”#collapseTwo”
        aria-expanded=”true”
        aria-controls=”collapseTwo”>
        <i class=”fas fa-fw fa-cog”></i>
        <span>Usuarios</span>
    </a>
    <div id=”collapseTwo” class=”collapse”
        aria-labelledby=”headingTwo”
        data-parent=”#accordionSidebar”>
        <div class=”bg-white py-2
            collapse-inner rounded”>
            <h6 class=”collapse-header”>
            Configuración de usuarios</h6>
            <a class=”collapse-item” href=””>
                Ver todos</a>
            <a class=”collapse-item” href=””>
```

```
            Crear</a>
        </div>
      </div>
    </li>
  </ul>
  <!- End of Sidebar ->
```

Como puedes ver en este código, se define una lista desordenada con el elemento HTML **<ul>** y, en su interior, varios elementos que funcionarán como hipervínculos para navegar por la aplicación. Entre ellos, se declaran varios **<li>** con la clase **nav-item**, lo cual les da por defecto tanto a él como a sus elementos hijos el color blanco, con la regla **display: block**, y el texto alineado a la izquierda.

Figura 16.2. Si te gusta trabajar con PHP y deseas escribir menos código, un framework como Symfony puede resultarte útil e interesante.

Todos estos elementos se declaran dentro de un elemento HTML **<ul>** con la clase **sidebar**, lo cual define un contenedor con un alto mínimo de 100vh. La unidad de medida **vh** es relativa, y varía dependiendo de la altura de la vista. Esto significa que si la pantalla tiene un alto de 1080 píxeles, el elemento tendrá como alto mínimo ese valor. Tanto el alto relativo **vh** como la unidad de medida de ancho **vw**, que indica el ancho del **viewport** (**viewport height** y **viewport width**) son muy útiles para crear interfaces responsive. Al declarar 100vw, se declara el cien por ciento del ancho, y al declarar **50vw**, se declara un cincuenta por ciento.

Por último, coloca un archivo dentro de la carpeta **shared**, llamado **footer. php**, y en su interior añade el siguiente código:

```
<script src="https://cdn.jsdelivr.net/npm/jquery@3.5.1/dist/jquery.slim.min.js"
integrity="sha384-DfXdz2htPH0lsSSs5nCTpuj/zy4C+OGpamoFVy38MVBnE+IbbVYUew+OrCXaRk
fj" crossorigin="anonymous"></script>
```

```
<script src="https://cdn.jsdelivr.net/npm/bootstrap@4.6.2/dist/js/bootstrap.
bundle.min.js" integrity="sha384-Fy6S3B9q64WdZWQUiU+q4/2Lc9npb8tCaSX9FK7E8HnRr0J
z8D60P9dO5Vg3Q9ct" crossorigin="anonymous"></script>

<script src="public/js/sb-admin-2.min.js"></script>
```

Este fragmento llamará a las librerías de JQuery en su versión 3.5.1, y a la librería de JavaScript de Bootstrap, con lo cual podrás utilizar funcionalidades de eventos sobre los elementos de tu aplicación, como la apertura de **modales** o pop-ups, menús de acordeón u otros elementos.

También se llama a una librería de JS custom, creada al igual que la librería de estilos por Bootstrap, con licencia de código abierto, que se incluye en el material adicional de este capítulo.

Dado que es una librería de JS, es una buena práctica incluir las versiones minimizadas, para evitar una carga lenta y agilizar el proceso de carga de los archivos grandes, como el de una librería.

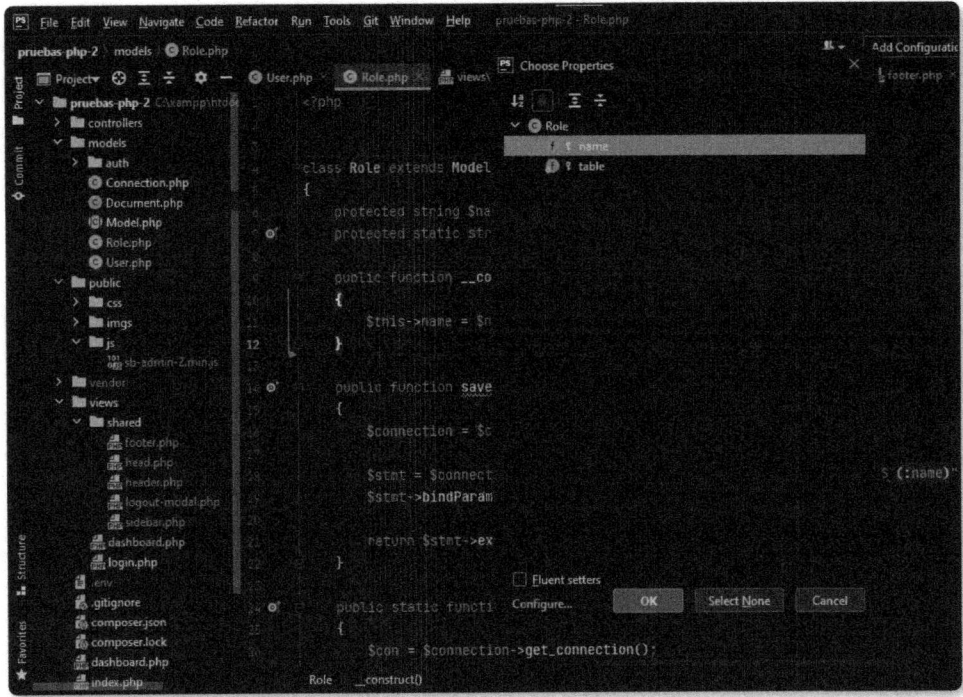

Figura 16.3. Algunos editores de código permiten generar los métodos accesorios automáticamente, sin necesidad de escribirlos a mano.

Por último, tendrás que crear un archivo extra, que contendrá un modal que le permitirá a la aplicación mostrar el menú de **logout**. Como podrás ver en el archivo **sidebar**, se define un botón que permite abrir un modal:

```
<li class="nav-item">
   <button class="nav-link" data-toggle="modal"
      data-target="#logoutModal">
         <i class="fas fa-carrot"></i>
         <span>Cerrar Sesión</span>
   </button>
</li>
```

En este botón se establece la propiedad **data-target**, y en su interior, el valor **logoutModal**, de modo que si declaras un modal con este id y con la propiedad **aria-labelledby="exampleModalLabel"**, el modal se abrirá al cliquear sobre este botón.

Dentro de la carpeta **shared**, coloca un nuevo archivo llamado **logout-modal.php**, y en su interior, incluye el siguiente código:

```
<div class="modal fade" id="logoutModal"
   tabindex="-1" role="dialog"
   aria-labelledby="exampleModalLabel"
   aria-hidden="true">
   <div class="modal-dialog" role="document">
      <div class="modal-content">
         <div class="modal-header">
            <h5 class="modal-title"
            id="exampleModalLabel">
               ¿Listo para salir?</h5>
            <button class=»close»
            type=»button» data-dismiss=»modal»
            aria-label=»Close»>
            <span aria-hidden=»true»>×</span>
            </button>
         </div>
         <div class=»modal-body»>
            Seleccione Logout para salir, o
            cancel para continuar en el sistema.
         </div>
         <form class="modal-footer"
            action="" method='post'>
            <button class="btn btn-secondary"
               type="button"
               data-dismiss="modal">
               Cancel</button>
            <button class="btn btn-primary"
               type='submit'>Logout</button>
         </form>
```

```
            </div>
        </div>
    </div>
```

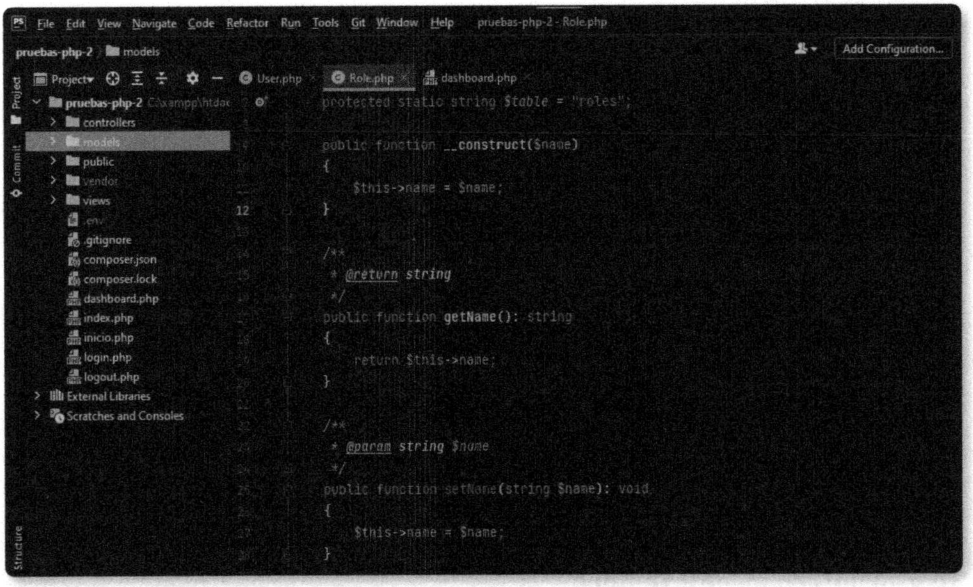

Figura 16.4. Al utilizar anotaciones en los métodos, puedes definir el
tipo de parámetros o el tipo de retorno de la función.

Ahora que has terminado de crear los archivos modulares, es momento de crear el archivo principal del panel de administración, desde el cual llamarás a los demás incluidos en la carpeta **shared**. Dentro de la carpeta **views**, coloca en el archivo **dashboard.php** el siguiente código:

```
<!doctype html>
<html lang="en">
   <head>
      <?php include('views/shared/head.php') ?>
   </head>
<body>
<div id="wrapper">
   <?php include('views/shared/sidebar.php') ?>
   <div id="content-wrapper"
      class="d-flex flex-column pt-3">
      <div class="container">
         <div class="row">
            <h1>Dashboard</h1>
         </div>
         <div class="row">
            <div class="col-6">
```

```
            </div>
          </div>
        </div>
      </div>
    </div>

    <?php include('views/shared/logout-modal.php') ?>
    <?php include('views/shared/footer.php') ?>
  </body>
</html>
```

Dentro de este archivo se llama a los archivos modulares que acabas de crear, y dentro del elemento **<div>** con la clase **container**, se declaran otros dos contenedores, cada uno con la clase **row**; por lo tanto, en cada uno se definirá el contenido, y se mostrarán en filas uno debajo del otro.

Dentro del segundo componente, se definirá el contenido del panel de administración, donde, dependiendo del tipo de usuario, se mostrará uno u otro contenido.

16.2 DEVOLVER EL OBJETO ROLE

En los capítulos anteriores, trabajaste con el método **getRole()**, que toma como parámetros un objeto de la clase **Connection** y un número entero. Antes creaste el método para devolver este valor como parte de un arreglo; ahora, para trabajar con un enfoque más orientado a objetos, modifica el método de la siguiente manera:

```
public static function getRole(Connection $connection, int $id)
{
   $con = $connection->get_connection();
   $stmt = $con->prepare(
     "SELECT role_id FROM users WHERE id= ?");
   $stmt->execute(array($id));
   $user = $stmt->fetch();
   $stmt = $con->prepare(
     "SELECT * FROM roles WHERE id= ?");
   $stmt->execute(array($user['role_id']));

   $role = $stmt->fetch();
   return new Role($role['title']);
}
```

Dentro del panel de administración, dentro del segundo elemento con la clase **row**, agrega el siguiente código:

```
<div class="row">
   <div class="col-6">
   <?php
      if(User::getRole($connection,
         $_SESSION['id'])->getName()==="admin"){
   ?>
   <form>
      <h3>Subir un nuevo documento:</h3>
      <label for="name">Nombre</label>
      <input class="form-control"
         type="text"
         placeholder="Nombre del archivo"
         required />
      <br />

      <label for="name">Archivo</label>
      <input class="form-control" type="file"
         required />
      <br />

      <button class="btn
         btn-primary">Crear</button>
   </form>
   <?php
      }
      else{

      }
   ?>
   </div>
</div>
```

Al entrar al panel de administración, verás un resultado como el que se muestra en la siguiente figura.

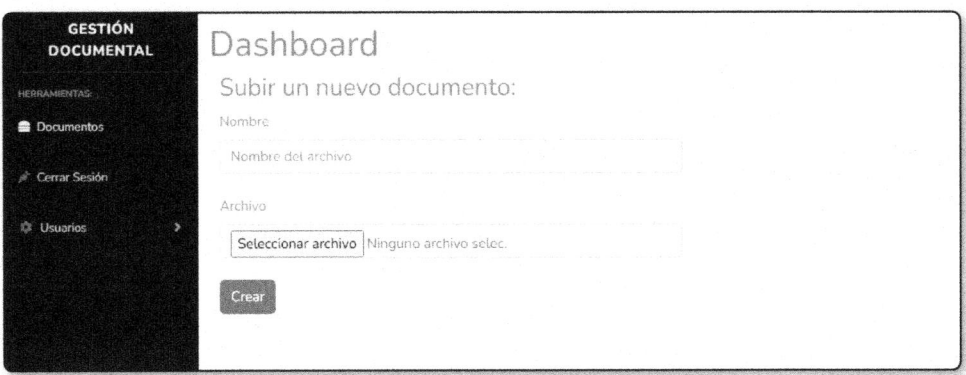

Figura 16.5. En caso de ingresar con un usuario administrador, se mostrará un formulario para subir nuevos archivos.

Recuerda que para que esto funcione, necesitarás haber creado el método accesorio **getName()**, o método **Getter**, de la clase **Role**, antes de poder acceder desde la vista:

```
/**
 * @return string
 */
public function getName(): string
{
    return $this->name;
}

/**
 * @param string $name
 */
public function setName(string $name): void
{
    $this->name = $name;
}
```

Dado que el usuario con el que ingresaste es de tipo administrador, permite subir un archivo mediante el formulario. Sin embargo, también es necesario trabajar el contenido que debería ver el usuario si se trata de un invitado. Para empezar, debes crear una tabla para los documentos del sistema, que estarán cargados en la aplicación para que los invitados puedan descargar. Puedes crear la tabla con un código SQL como el siguiente:

```
CREATE TABLE documents (
    id INT PRIMARY KEY AUTO_INCREMENT NOT NULL,
    name VARCHAR(255) NOT NULL,
    file VARCHAR(255) NOT NULL,
    status TINYINT NOT NULL
)
```

Una vez hecho esto, puedes cargar algunos documentos en la tabla, mediante la siguiente consulta SQL:

```
INSERT INTO documents (name, file, status)
    ("Cotizaciones", "cotización.docx", 0),
    ("Brief", "brief.docx", 0),
    ("Pendientes de pago", "pendientes.docx", 0),
    ("Facturas", "facturas.docx", 0)
```

Si lo deseas, puedes cargar esta información en la base de datos por medio del gestor visual **PHPMyAdmin** que se instala con el paquete XAMPP.

Una vez hecho esto, puedes definir una función que permita acceder a todos los documentos en el sistema. Dado que esta clase de función se puede utilizar en otras clases que hereden de la clase **Model**, puedes declararla en la superclase abstracta y, luego, sobrescribirla en caso de ser necesario:

```php
<?php

abstract class Model
{


    ...

    public static function all(Connection
        $connection)
    {
        $con = $connection->get_connection();
        $stmt = $con->prepare("SELECT * FROM ".
            self::$table);
        $stmt->execute();
        return $stmt->fetch();
    }
```

Una vez hecho esto, puedes sobrescribir la función dentro de la clase **Document**, de esta manera:

```php
<?php

class Document extends Model
{
    protected static string $table = "documents";
    ...

    public static function all(Connection
        $connection)
    {
        $con = $connection->get_connection();
        $stmt = $con->prepare("SELECT id, name,
            file, status FROM ".self::$table);
        $stmt->execute();
        return $stmt->fetchAll(PDO::FETCH_ASSOC);
    }
```

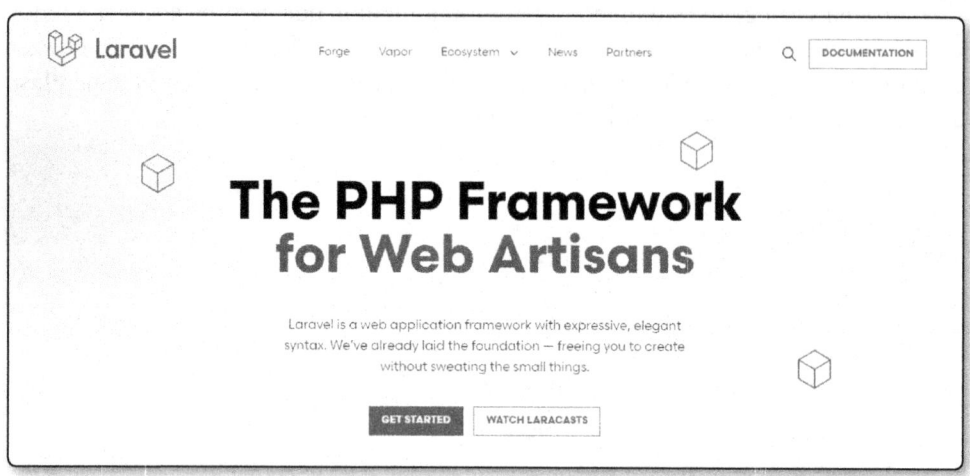

Figura 16.6. Laravel es un framework PHP orientado a objetos, que permite desarrollar bajo el patrón de diseño MVC.

Con esto se toma el **string $table** que contiene el nombre de la tabla de la cual se deben extraer los datos. Luego, puedes llamar a este método dentro del archivo **dashboard.php**, en la raíz del proyecto; debería lucir de forma similar a esta:

```php
<?php

require_once './vendor/autoload.php';
require_once './models/Connection.php';
require_once './models/User.php';
require_once './models/Document.php';

session_start();
if(!isset( $_SESSION['id'] )){
    header("Location: ./login.php");
}

$connection = new Connection();
$user = $_SESSION['user'];

$documents = null;

if(User::getRole($connection,
$_SESSION['id'])->getName()!="admin"){
    $documents = Document::all($connection);
}

include './views/dashboard.php';
```

Solo en caso de que el usuario sea de tipo invitado o, como indica el condicional, sea distinto de un administrador, se realizará la consulta a la base de datos solicitando todos los documentos. Esto se debe a que sería poco práctico e innecesario realizar la consulta y utilizar recursos innecesarios del servidor en una petición a la base datos, si el usuario no precisa estos datos. Por último, dentro de las vistas de la aplicación, en el archivo **dashboard.php** puedes modificar el condicional que creaste antes, colocando un bucle **foreach**, que deberá mostrar en una tabla todos los documentos del sistema:

```php
<div class="col-10">
    <?php
    if(User::getRole($connection, $_SESSION['id'])
        ->getName()==="admin"){
    ?>
    ...
    <?php
        }
    else{ ?>

    <table class="table table-striped">
        <thead>
            <tr>
                <th scope="col">#</th>
                <th scope="col">First</th>
                <th scope="col">Last</th>
                <th scope="col">Handle</th>
            </tr>
        </thead>
        <tbody>
        <?php
        foreach ($documents as $document){
        ?>
        <tr>
            <td scope="row"><?php
            echo $document['id'] . "<br />"; ?>
            </td>
            <td><?php
            echo $document['name']."<br />"; ?>
        </td>
            <td><?php
            echo $document['status']."<br />"
            ;?> </td>
            <td>
            <a href="public/downloads/<?php
            echo $document['file']; ?>"
            download
            class="btn btn-primary">Descargar
            Archivo</a>
```

```
            </td>
          </tr>
          <?php
          }
          ?>
        </tbody>
      </table>

    <?php
        }
    ?>

  </div>
```

Como puedes ver, en caso de que el usuario sea de tipo invitado, se mostrará la tabla de documentos en el sistema. Si ingresas con este tipo de usuario en el sistema, verás como resultado algo similar a lo que se muestra en la **Figura 16.7**.

Si creas una carpeta llamada **downloads** dentro del directorio **public**, y colocas allí algunos archivos como los que cargaste dentro de la base de datos, podrás descargarlos haciendo clic desde el botón que se presenta dentro de la tabla.

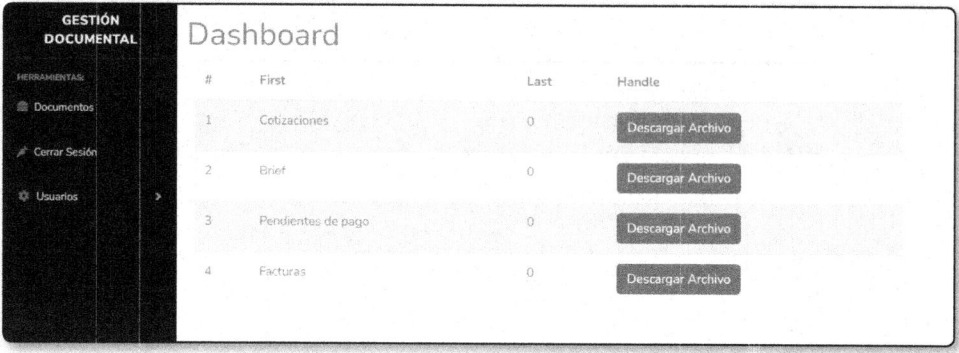

Figura 16.7. En el sistema se muestra la tabla con los archivos cargados en él.

16.3 CARGA DE LOS DOCUMENTOS

Una vez que se muestran los archivos y se permite su descarga, es momento de crear una nueva funcionalidad que permita a los administradores subir nuevos archivos al sistema, documentos a los que luego podrán acceder los usuarios invitados.

Para comenzar, crea una clase **Controller**, llamada **DocumentsController**, que deberá alojarse en la carpeta **controllers** y poseer el siguiente código:

```php
<?php

require_once 'Controller.php';

class DocumentsController extends Controller
{

    public static function saveDocument(
        Connection $connection, $name, $file,
        $temp_name, $fileType)
    {

    if($fileType == "docx")
    {
        $document = new Document(
            self::escapeData($name),
            self::escapeData($file));

        move_uploaded_file(
            $temp_name,
            $_SERVER["DOCUMENT_ROOT"].
            "/pruebas-php-2/public/downloads/".
            $file);

        $document->save($connection);
        return true;
    }
    return false;
    }
}
```

En este código se crea una función estática que, en primer lugar, toma como parámetros un objeto de la clase **Connection**, un nombre para el archivo, el nombre temporal asignado al archivo tras la subida y el tipo de archivo subido, es decir, su formato.

Dentro del cuerpo de la función, se crea un condicional que solo permite subir archivos de tipo docx; es decir, si el usuario intenta subir otro tipo de archivos, no podrá hacerlo. En caso de que desees permitir otros formatos, puedes agregarlo en este condicional. Luego, se crea un nuevo objeto de la clase **Document**, se mueve el archivo a la carpeta **downloads**, dentro del directorio **public**, y se guarda el archivo con el método **save()**. Para finalizar, se retorna el valor booleano true o, en caso de que la validación del formato falle, se devuelve false.

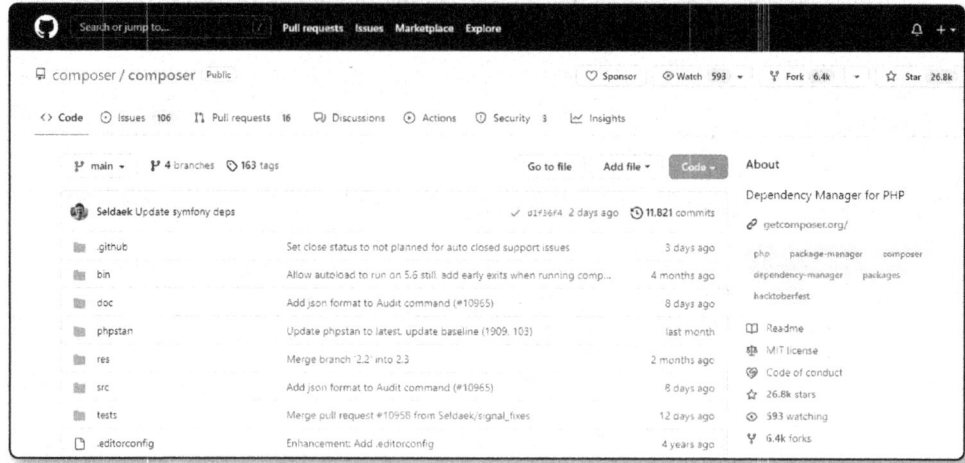

Figura 16.8. Si lo deseas, puedes ver el repositorio oficial de Composer, sugerir cambios o mejoras e, incluso, reportar bugs o problemas.

Lo último que necesitas hacer, es un archivo que procese la carga del formulario en el sistema, dentro de la raíz del proyecto. Crea allí un archivo llamado **upload.php** con el siguiente código:

```php
<?php

require_once './vendor/autoload.php';
require_once './models/Connection.php';
require_once './models/Document.php';
require_once './controllers/DocumentsController.php';

session_start();
if(!isset( $_SESSION['id'] )){
    header("Location: ./login.php");
}

$connection = new Connection();
$user = $_SESSION['user'];

$result = DocumentsController::saveDocument(
    $connection,
    $_POST['name'],
    $_FILES['document']['name'],
    $_FILES['document']['tmp_name'],
    pathinfo($_FILES['document']['name'],
```

```
      PATHINFO_EXTENSION)
);

$connection->close_connection();
if($result)
{
   echo "Archivo subido";
}
else{
   echo "Error";
}
```

Como puedes ver, en el código se importan los archivos y las clases necesarios para la subida de archivos. Luego, se verifica que la sesión se haya iniciado en el sistema y se crea un archivo de la clase **Connection**.

El siguiente paso es llamar al método estático **saveDocument()** y guardar su resultado, que en caso verdadero, muestra el **string** Archivo Subido.

Antes de probar este formulario, agrega la etiqueta **<form>** y el atributo **enctype="multipart/form-data"**, un atributo HTML que especifica que se permite la subida de archivos al servidor. Además, especifica los atributos **action** y **method**, de esta manera:

```
<form action="upload.php"
   method="post"
   enctype="multipart/form-data">
   <h3>Subir un nuevo documento:</h3>
   ...
</form>
```

Ahora, si pruebas el formulario, verás que se carga el archivo y se guarda una nueva entrada en la base de datos. En el próximo capítulo, aprenderás a redireccionar al usuario a una nueva vista en el sistema, que indique que el archivo se ha subido.

16.4 ACTIVIDADES

A continuación se presentan las preguntas y los ejercicios que deberías saber responder y resolver para considerar aprendido el capítulo.

16.4.1 Test de autoevaluación

1. ¿Qué ventajas trae la modularización de elementos HTML en distintos archivos?

2. ¿Qué función permite verificar el estado de una sesión en el servidor?

3. ¿Qué función permite mover y almacenar archivos en el servidor?

4. ¿Qué atributo debe tener un formulario para permitir la subida de archivos?

5. ¿Cómo puedes verificar el tipo de formato de un archivo en PHP?

16.4.2 Ejercicios prácticos

1. Modifica la función que almacena los archivos enviados en el servidor. Permite que los administradores suban archivos PDF, Excel y Power Point.

2. Agrega un botón a la tabla de documentos activos en el sistema; este debe mostrar el texto "marcar como listo".

3. Al cliquearlo, el documento debería cambiar en la base de datos su valor de estado a "terminado".

17

CARACTERÍSTICAS ADICIONALES

Para finalizar con el sistema y dejarlo completamente funcional, será necesario agregar algunas características para los usuarios, como la creación de nuevos usuarios en el sistema y la modificación del estado de los documentos en la aplicación, entre otras.

17.1 AGREGAR FUNCIONALIDADES

Los administradores deben poder sumar nuevos usuarios al sistema para que trabajen en él, descargando los documentos y accediendo a ellos, y luego marcándolos como completados, además de permitirles iniciar o cerrar sesión.

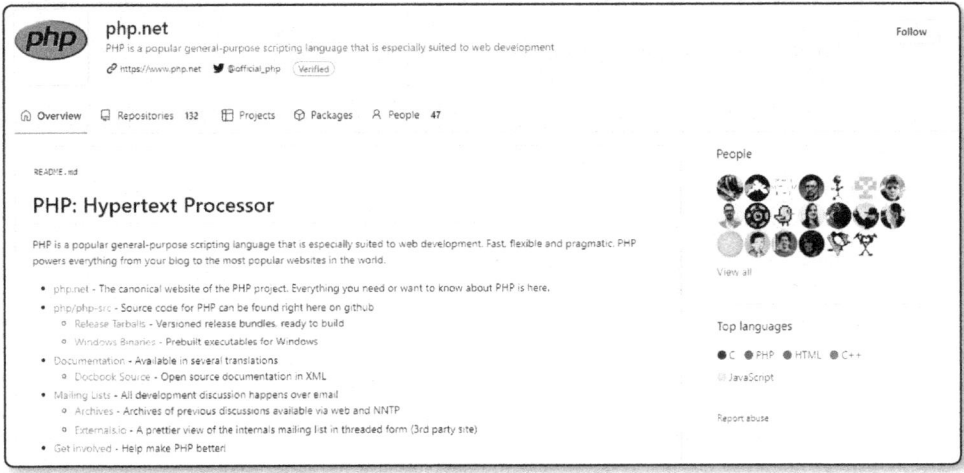

Figura 17.1. PHP ofrece alternativas variadas para quienes desean involucrarse y contribuir a su ecosistema y comunidad.

Con este fin, será necesario recurrir a las propiedades de los usuarios y verificar si se trata de un administrador o de un invitado a la plataforma. Para lograrlo, en primer lugar debes modificar la navegación del sistema, con lo cual los usuarios podrán cliquear en los vínculos y acceder a un lugar u otro. Modifica el archivo **sidebar.php**, que se encuentra dentro de la carpeta **shared**, en el directorio **views**. Allí, cambia la barra lateral de navegación de la siguiente manera:

```
<ul class="navbar-nav bg-gradient-primary sidebar sidebar-dark accordion"
id="accordionSidebar">
    <a class="sidebar-brand d-flex
       align-items-center
       justify-content-center" href="">
       <div class="sidebar-brand-icon rotate-n-15">
       </div>
       <div class="sidebar-brand-text mx-3">
          Gestión Documental</div>
    </a>

    <hr class="sidebar-divider">

    <div class="sidebar-heading">Herramientas:</div>

    <li class="nav-item">
       <a class="nav-link" href="dashboard.php">
          <i class="fas fa-hamburger"></i>
          <span>Documentos</span></a>
    </li>

    <li class="nav-item">
       <button class="nav-link"
          data-toggle="modal"
          data-target="#logoutModal">
          <i class="fas fa-carrot"></i>
          <span>Cerrar Sesión</span>
       </button>
    </li>

    <li class="nav-item">
       <a class="nav-link collapsed"
          href="#" data-toggle="collapse"
          data-target="#collapseTwo"
          aria-expanded="true"
          aria-controls="collapseTwo">
          <i class="fas fa-fw fa-cog"></i>
          <span>Usuarios</span>
       </a>

    <div id="collapseTwo" class="collapse"
```

```
    aria-labelledby="headingTwo"
    data-parent="#accordionSidebar">
        <div class="bg-white py-2
            collapse-inner rounded">
            <h6 class="collapse-header">
            Configuración de usuarios</h6>
            <a class="collapse-item"
            href="usuarios.php">Ver todos</a>
                <a class="collapse-item"
                href="crear-usuario.php">Crear</a>
            </div>
        </div>
    </li>

</ul>
```

Como puedes ver, el primer elemento que lleva el texto Documentos conduce a los usuarios a la vista principal del panel, el archivo **dashboard.php**. El segundo elemento abre el modal que permite cerrar la sesión. En tercer lugar, se coloca un menú desplegable que muestra dos opciones: un vínculo que permite ver a los usuarios del sistema y que guía al archivo **usuarios.php**, y otro que envía a los usuarios a crear un nuevo perfil en el sistema, dentro del documento **crear-usuario.php**. Dado que esta última característica debería reservarse solo para los usuarios administradores, puedes especificar un condicional que muestre esta opción únicamente cuando el usuario en sesión sea un administrador. Modifica esta última parte de la siguiente forma:

```
<div class="bg-white py-2 collapse-inner rounded">
    <h6 class="collapse-header">
        Configuración de usuarios
    </h6>

    <a class="collapse-item" href="usuarios.php">
        Ver todos
    </a>

    <?php if (User::getRole(
        $connection,
        $_SESSION['id'])->getName()==="admin"){ ?>

        <a class="collapse-item"
            href="crear-usuario.php">Crear</a>
    <?php } ?>
</div>
```

Ahora los usuarios administradores serán los únicos capaces de ver esta opción en el menú lateral de navegación. Una vez hecho esto, es momento de comenzar a trabajar en las nuevas características del sistema. Empezando por la vista que permite crear nuevos usuarios, el primer paso será crear un archivo PHP llamado **crear-usuario**, que contendrá este código:

```php
<?php

require_once './vendor/autoload.php';
require_once './controllers/AuthController.php';
require_once './models/Connection.php';
require_once './models/User.php';

session_start();
if(!isset( $_SESSION['id'] )){
    header("Location: ./login.php");
}

$connection = new Connection();
$user = $_SESSION['user'];

if(User::getRole(
    $connection,
    $user->getId())->getName()==="admin") {
        include 'views/crear-usuario.php';
}
else
{
    header("Location: ./dashboard.php");
}
```

Como puedes ver, la lógica de este archivo es la misma que siguen los otros archivos que has ido creando en las secciones previas. Los archivos en la raíz del proyecto se encargan de unir los elementos creados en los distintos módulos del sistema, las vistas, los modelos y los controladores. Los modelos definen las clases representativas para la base de datos como lo haría un **ORM**, y declaran los métodos y las lógicas en funciones que sigue el sistema, relaciones entre tablas, cálculos y operaciones, entre otros. El controlador se ocupa de instanciar clases, llamar a los métodos de estas y operar con las solicitudes del front-end con el back-end, retornando respuestas para que el cliente observe. Las vistas toman los datos y los muestran de forma ordenada en una interfaz gráfica, en HTML, CSS y con JavaScript, ocasionalmente utilizando algo de código PHP para condicionales o bucles. En cuanto a los archivos de la raíz del servidor, funcionan como una clase de enrutador que agrupa los tres módulos anteriores, trabajando así con el patrón **MVC**.

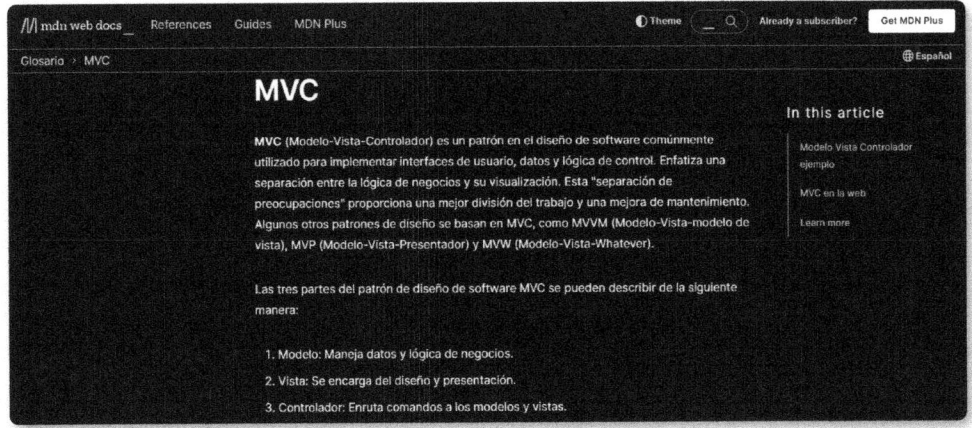

Figura 17.2. MDZ define el patrón de desarrollo orientado a diseño de software web.

En este archivo que acabas de crear, se llama a las funciones y variables de sesión para verificar que el usuario haya pasado por el login, y luego, se verifica que este sea un usuario administrador. En caso de serlo, se trae la vista **crear-usuario. php** que crearás a continuación, dentro de la carpeta **views**; de lo contrario, se lo redirige a la vista **dashboard.php**.

Recuerda que siempre es una **buena práctica** cerrar las conexiones a la base de datos, con lo cual puedes agregar la llamada al método **close_connection()** de la clase **Connection**, de la siguiente forma:

```php
if(User::getRole(
    $connection,
    $user->getId())->getName()==="admin") {
    include 'views/crear-usuario.php';
    $connection->close_connection();
}
else
{
    $connection->close_connection();
    header("Location: ./dashboard.php");
}
```

Una vez hecho esto, ya puedes crear el archivo **crear-usuario.php**, que se ubicará dentro de la carpeta **views**. Allí debes colocar el siguiente código, que posee la misma estructura que las demás interfaces del sistema:

```html
<!doctype html>
<html lang="en">
<head>
    <?php include('views/shared/head.php') ?>
</head>
<body>
```

```
<div id="wrapper">
    <?php include('views/shared/sidebar.php') ?>
    <div id="content-wrapper" class="d-flex
        flex-column pt-3">
        <div class="container">
            <div class="row">
                <h1>Cargar usuarios</h1>
            </div>
            <div class="row">
                <div class="col-10">

                </div>
            </div>
        </div>
    </div>
</div>
<?php include('views/shared/logout-modal.php') ?>
<?php include('views/shared/footer.php') ?>

</body>
</html>
```

Dentro del contenedor con la clase **col-10**, coloca el siguiente formulario, que te permitirá registrar usuarios de tipo invitado en el sistema:

```
<form action="registrar.php" method="post">

    <label for="name">Name</label>
    <input name="name" id="name"
        type="text" placeholder="Ingrese nombre"
        class="form-control" required />
    <br />

    <label for="email">Email</label>
    <input name="email" id="email"
        type="email" placeholder="Ingrese email"
        class="form-control" required />
    <br />

    <label for="password">Password</label>
    <input name="password" id="password"
        type="password"
        placeholder="Ingrese contraseña"
        class="form-control" required />
    <br />

    <button type="submit"
        class="btn btn-primary">Crear</button>

</form>
```

Como puedes ver, este código se encarga de declarar el método **POST** para el envío de los datos, y de mandarlos al archivo **registrar.php**. Además, permite especificar un nombre, un correo y una contraseña para el usuario.

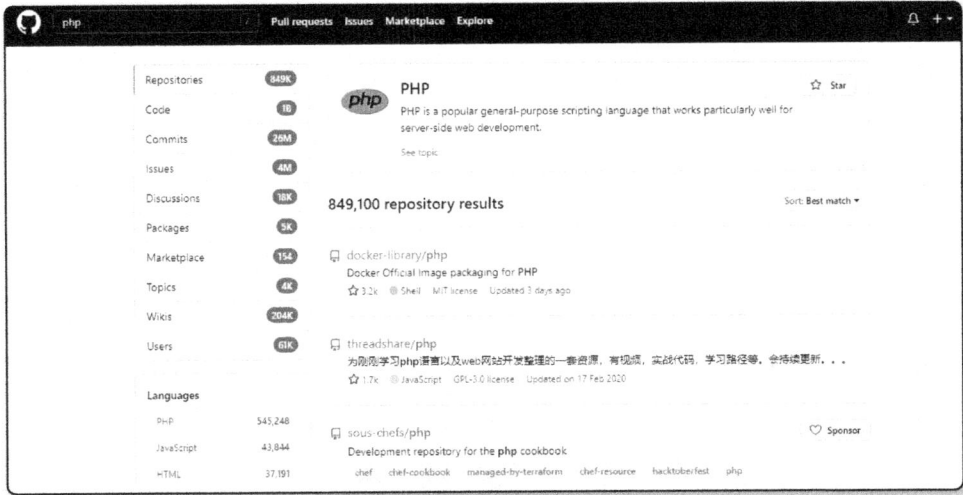

Figura 17.3. Más de 849 mil repositorios en GitHub utilizan o incluyen el lenguaje PHP en su desarrollo.

El siguiente aspecto por trabajar será la creación del archivo **registrar.php**, que procesa el formulario de registro. Crea un archivo con este nombre dentro de la raíz del servidor, y en su interior, llama a los siguientes archivos:

```php
<?php

require_once './vendor/autoload.php';
require_once './models/Connection.php';
require_once './models/User.php';
require_once './controllers/AuthController.php';
```

Luego, verifica que la sesión haya sido iniciada previamente por el usuario:

```php
session_start();
if(!isset( $_SESSION['id'] )){
    header("Location: ./login.php");
}
```

Por último, verifica con un condicional (como lo hiciste en el último archivo) si el usuario es un administrador o un invitado. En caso de ser un invitado, envíalo al archivo **dashboard.php** con una redirección mediante la función **header.php**. En caso de ser un administrador, llama a la función estática **register()** de la clase **AuthController**, y registra un nuevo usuario con los datos enviados del formulario:

```php
$connection = new Connection();
$user = $_SESSION['user'];
if(User::getRole(
   $connection,
   $user->getId())->getName()==="admin") {
   $result = AuthController::register(
      $connection,
      $_POST['name'],
      $_POST['email'],
      $_POST['password']
   );

   if($result)
   {
      header("Location: ./usuarios.php");
   }
   else{
      echo "Error!";
   }
}
else
{
   header("Location: ./dashboard.php");
}
```

Si aún no creaste la función **register()**, hazlo ahora. El código del controlador debería verse de esta forma:

```php
<?php

require_once 'Controller.php';

class AuthController extends Controller
{
   public static function login(Connection
   $connection, $email, $password)
   {
      return User::login(
         $connection,
         self::escapeData($email),
         self::escapeData($password));
   }

   public static function register(
      Connection $connection,
      $name, $email, $password)
   {
      $user = new User(1, self::escapeData($name),
         self::escapeData($email),
```

```
            self::escapeData($password));
        return $user->save($connection);
    }
}
```

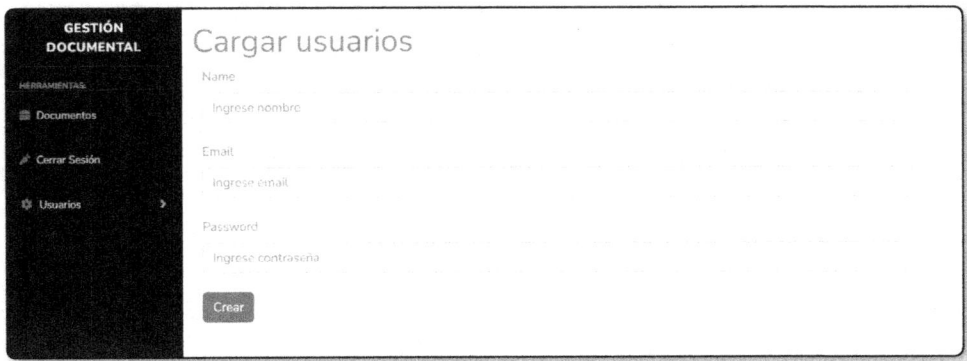

Figura 17.4. El formulario permite registrar nuevos usuarios en el sistema.

Como puedes notar, el código de la función **register()** se encarga de escapar aquellos datos que se envían por parámetro a la función con el método estático **escapeData()**, y envían como argumentos del método constructor de la clase **User**, para luego llamar al método **save()**.

Una vez hecho esto, ya puedes crear nuevos usuarios en el sistema mediante el formulario de registro. Si creas algunos usuarios, y vas a la pantalla de login, verás que puedes ingresar al sistema como invitado y acceder a los documentos en él.

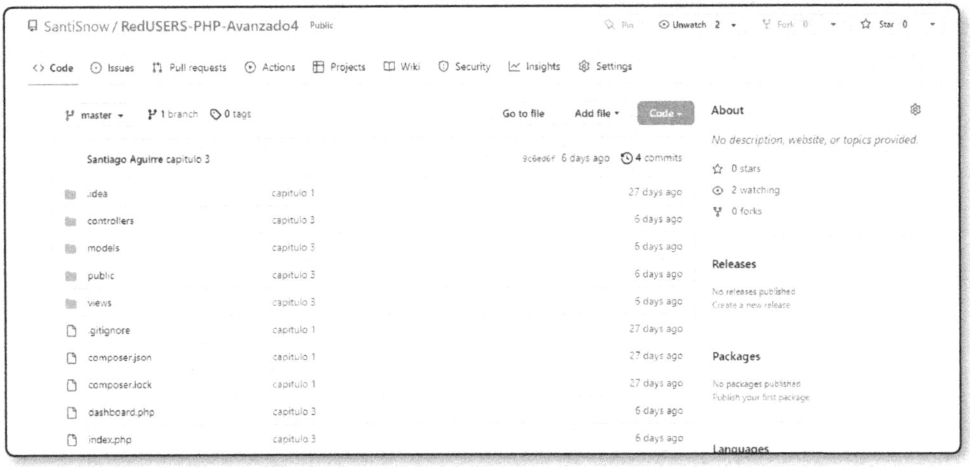

Figura 17.5. Si pusheas o realizas un fork del proyecto, podrás controlar la cantidad de commits, acceder a cambios anteriores, y más.

17.2 VER TODOS LOS USUARIOS

Ahora que has creado el registro de usuarios en el sistema, sería útil poder ver todos aquellos que están registrados, mediante una tabla organizada. Para esto, tendrás que acceder y sobrescribir uno de los métodos de la clase **Model**, que programaste en los capítulos anteriores, el método **all()**. En el caso de la clase **User**, es conveniente que esta defina un nuevo cuerpo de la función, declarando aquellas propiedades que se deben acceder en la base de datos y modificando la forma en la cual se devuelven los objetos. Para lograrlo, escribe el siguiente código en la clase **User**:

```php
public static function all(Connection $connection)
{
    $con = $connection->get_connection();
    $stmt = $con->prepare("SELECT
        id, name, email, role_id
        FROM ".self::$table);
    $stmt->execute();
    return $stmt->fetchAll(PDO::FETCH_OBJ);
}
```

Al modificar el código original de la función, especificando aquellos campos de la base de datos que se necesitan, se obtiene una consulta más compacta y con menos gasto de recursos en el servidor. Además, al especificar la constante estática **FETCH_OBJ** de la clase **PDO**, se indica que el arreglo de elementos que retorna la consulta serán objetos y podrán accederse mediante el operador de flecha. Una vez terminado este paso, crea un nuevo archivo en la raíz del proyecto con el nombre **usuarios.php**, y en su interior agrega el siguiente código:

```php
<?php

require_once './vendor/autoload.php';
require_once './models/Connection.php';
require_once './models/User.php';

session_start();
if(!isset( $_SESSION['id'] )){
    header("Location: ./login.php");
}

$connection = new Connection();
$user = $_SESSION['user'];

$users = User::all($connection);

include 'views/usuarios.php';
```

Si tu intención es ocultar a los invitados la lista de usuarios del sistema, puedes usar un condicional como los anteriores para enviarlos a otro archivo cuando intenten ingresar en este. Para finalizar, solo necesitas crear el archivo **usuarios.php** que se encuentra en la carpeta **views** del proyecto, y que muestra una tabla con los usuarios activos registrados en la base de datos:

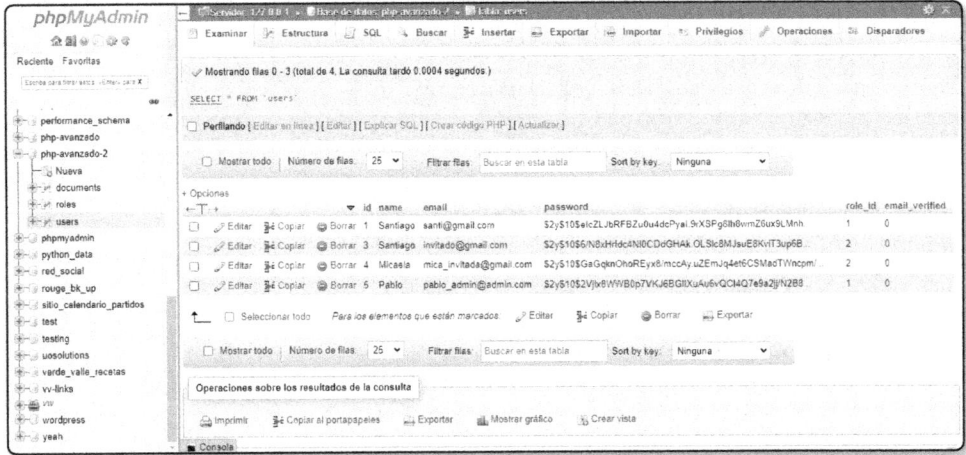

Figura 17.6. La tabla users deberá mostrarse en el sistema que has realizado.

```
<!doctype html>
<html lang="en">
<head>
    <?php include('views/shared/head.php') ?>
</head>
<body>
<div id="wrapper">
    <?php include('views/shared/sidebar.php') ?>
    <div id="content-wrapper"
        class="d-flex flex-column pt-3">
        <div class="container">
            <div class="row">
                <h1>Usuarios</h1>
            </div>
            <div class="row">
                <div class="col-10">


                </div>
            </div>
        </div>
    </div>
</div>
<?php include('views/shared/logout-modal.php') ?>
<?php include('views/shared/footer.php') ?>

</body>
</html>
```

Al igual que con el archivo de vistas anterior, coloca dentro del **<div>** con la clase **col-10** la siguiente tabla HTML:

```
<table class="table table-striped">
    <thead>
        <tr>
            <th scope="col">#</th>
            <th scope="col">Nombre</th>
            <th scope="col">Correo</th>
            <th scope="col">Rol del sistema</th>
        </tr>
    </thead>
    <tbody>
    <?php foreach ($users as $user){?>
        <tr>
            <td><?php echo $user->id; ?></td>
            <td><?php echo $user->name; ?></td>
            <td><?php echo $user->email; ?></td>
            <td><?= ($user->role_id==1)
                ? "Admin" : "Invitado"; ?></td>
        </tr>
    <?php } ?>
    </tbody>
</table>
```

Ahora, al acceder a esta vista, verás los usuarios en el sistema que se encuentran en la base de datos. Como puedes notar, al momento de mostrar el rol del usuario, puedes acceder a él mediante la propiedad **role_id**. Al hacer esto, solo obtendrás un uno o un dos, con lo cual podrías volver a la base de datos y acceder al nombre del rol de usuario. Sin embargo, para evitar volver a ella y realizar más consultas, puedes utilizar el operador ternario junto con el signo **<?=**, que te permite abreviar el código **PHP echo**, y mostrar Admin o Invitado dependiendo de si se obtiene un uno o un dos.

Figura 17.7. La tabla de usuarios en el sistema mostrará aquellos registrados en la base de datos.

17.3 MODIFICAR LOS DOCUMENTOS

Ahora que has logrado que el sistema muestre los documentos y usuarios, puedes agregar una nueva funcionalidad que te permita modificar su estado. Para esto, puedes aprovechar una forma de trabajar que utilizaste en volúmenes anteriores, que te permitía separar el código del front-end del back-end, mediante **endpoints** o una **API**, realizando peticiones AJAX. Esto se lleva a cabo mediante funciones JavaScript que realicen peticiones HTTP a un servidor, lo cual viste en la entrega anterior. Comienza por modificar la tabla de documentos en el sistema de esta manera:

```
<tbody>
   <?php
      foreach ($documents as $document){
   ?>
   <tr>
      <td scope="row">
         <?php echo $document['id']."<br />"; ?>
      </td>
      <td>
         <?php echo $document['name'] . "<br />"; ?>
      </td>
      <td>
         <?= ($document['status']==0) ?
            "Pendiente"
            : "Listo" . "<br />"; ?>
      </td>
      <td>
         <a href="public/downloads/<?php
         echo $document['file']; ?>"
            download
            class="btn btn-primary">
            Descargar Archivo</a>
      </td>
      <td>
         <button class="btn btn-warning"
            onclick="marcarComoTerminado(
            <?= $document['id'] ?>)">
            Finalizar
         </button>
      </td>
   </tr>
   <?php
      }
   ?>
</tbody>
```

A cada elemento del sistema se agrega en la tabla una llamada a la función JavaScript **marcarComoTerminado()**, la cual deberás declarar debajo:

```
</div>
<?php include('views/shared/logout-modal.php') ?>
<?php include('views/shared/footer.php') ?>

<script>
    function marcarComoTerminado(id)
    {
        console.log("Documento terminado: ", id);
    }
</script>

</body>
</html>
```

Al declararla debajo de la llamada al archivo **footer.php**, que contiene la inclusión del CDN de JQuery, puedes utilizar código de JavaScript nativo o apoyarte en esta librería.

Por el momento, esta función solo mostrará el ID del documento cliqueado por la consola del navegador.

Antes de continuar crea la función que modifica el estado del documento en la base de datos, dependiendo del ID enviado.

Para hacerlo, modifica la clase **DocumentController** con el agregado del siguiente método:

```
public static function markAsDone(Connection $connection, $id, $status)
{
    $con = $connection->get_connection();
    $stmt = $con->prepare("UPDATE documents
        SET status=".self::escapeData($status)."
        WHERE id=".self::escapeData($id));

    return $stmt->execute();
}
```

Ahora solo tendrás que crear un nuevo archivo en la raíz del proyecto llamado **mark-as-done.php**, que tenga el siguiente código en su interior:

```
<?php

require_once './vendor/autoload.php';
require_once './models/Connection.php';
require_once './models/Document.php';
```

```php
require_once './controllers/DocumentsController.php';

$connection = new Connection();

$_POST = json_decode(
    file_get_contents('php://input'),
    true
);

if( DocumentsController::markAsDone($connection, $_POST['id'], !$_
POST['status']) )
{
    echo json_encode(["Status"=>"Success"]);
}
else
{
    echo json_encode(["Status"=>"Error"]);
}
```

Al realizar peticiones al servidor con un JSON en el cuerpo, podrás recibir la data enviada y procesarla, pasándola como argumentos de la función estática del controlador. Además, puedes definir el estado de la respuesta en el encabezado del archivo, mediante la línea:

```php
header('Content-Type: application/json; charset=utf-8');
```

Por último, puedes definir la función JavaScript que realiza la petición al back-end; debería verse de este modo:

```javascript
<script>
function marcarComoTerminado(id, status)
{
    const peticion = JSON.stringify({
        "id": id,
        "status": !status
    });

    console.log(peticion);

    fetch("http://localhost/pruebas-php-2/mark-as-
        done.php", {
            method: "POST",
            headers: {
                Accept: "application/json",
            },
            body: peticion
        })
        .then((response) => response.json())
        .then(
```

```
            (result) => {
                console.log(result);
            },
            (error) => {
                console.log(error);
            }
        );
    }
</script>
```

Como puedes ver, en la función se declara un objeto que luego se transforma en formato JSON, uno de los estándares aceptados para las peticiones HTTP, y mediante una llamada a la función JS **Fetch**, se envía al back-end. Ahora, al realizar peticiones al back-end, cliqueado sobre alguno de los botones de finalizar, los documentos quedarán marcados como listos.

En este punto, ya sabes cómo trabajar mediante distintos patrones, formatos de desarrollo y orientaciones tanto a objetos como mediante arreglos en este popular lenguaje.

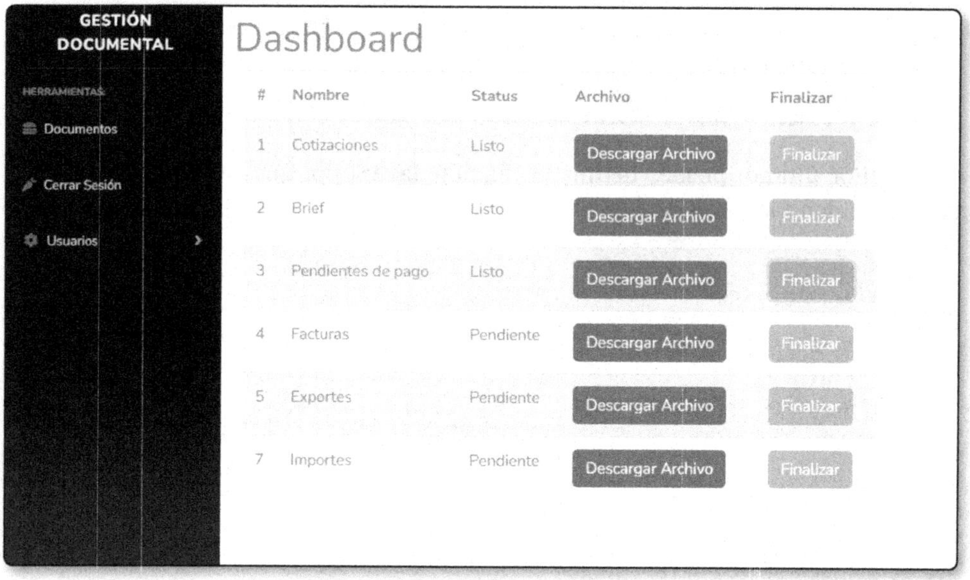

Figura 17.8. Ahora la tabla muestra botones para marcar como listos los elementos.

17.4 ACTIVIDADES

A continuación se presentan las preguntas y los ejercicios que deberías saber responder y resolver para considerar aprendido el capítulo.

17.4.1 Test de autoevaluación

1. ¿Qué partes componen el patrón de desarrollo MVC?

2. ¿Qué ventajas trae trabajar con MVC? ¿Y modularizando mediante una API?

3. ¿Qué formato de información se utiliza en las peticiones HTTP?

4. ¿Cómo puede obtenerse un objeto de una consulta SQL con PDO?

17.4.2 Ejercicios prácticos

*1. Tras realizar una petición al back-end con la función **Fetch**, muestra el resultado en la consola.*

2. En caso de tener éxito, selecciona por ID la fila de la tabla que has cliqueado.

3. Para lograr un ID único, utiliza el ID del documento y selecciónalo en una variable JS.

4. Luego de hacer esto, pinta la fila de color azul.

18

NEWSLETTERS Y CORREOS ELECTRÓNICOS

Antes de terminar el sistema, puedes agregarle una última funcionalidad, enviando newsletters o correos electrónicos informativos o similares a los usuarios, mediante la librería PHPMailer.

18.1 PHPMAILER

Dentro de la Web en general, es muy común encontrarse con sistemas que permiten enviar correos electrónicos, formularios de contacto, o similares, de manera programada. Como podrás imaginar, para realizar esta acción se requiere una casilla de correo que haga los envíos, además de la programación correspondiente que permita hacerlo cuando sea necesario o cuando el sistema operativo, de manera recurrente y automatizada, lo requiera.

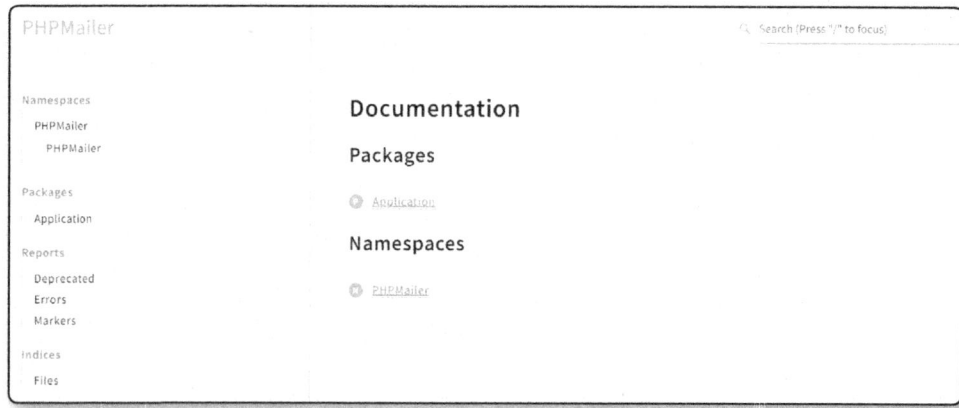

Figura 18.1. Con la librería PHPMailer, puedes realizar envíos de correos electrónicos mediante una casilla personal o laboral.

En primer lugar, verás cómo realizar estos envíos de forma masiva, a toda tu base de datos, utilizando la librería PHPMailer, una de las más utilizadas y populares para esta tarea dentro del lenguaje PHP. Para instalarla dentro de tu proyecto si aún no lo has hecho, puedes utilizar el comando **composer require phpmailer/phpmailer**. Se instalará dentro de la carpeta **vendor** todo el código necesario para que funcione. Al hacerlo, verás que, dentro del archivo **composer.json**, se agrega la dependencia requerida por el comando:

```json
{
    "require": {
        "vlucas/phpdotenv": "^5.4",
        "phpmailer/phpmailer": "^6.6"
    }
}
```

Una vez instalada la librería, el siguiente paso es crear una clase que permita manejar los envíos, manipulando la lógica con la cual se trabaja en el sistema. Para esto, crea una nueva clase llamada **Mailer**, con el siguiente constructor:

```php
<?php

use PHPMailer\PHPMailer\PHPMailer;

class Mailer
{
    protected $mailer;

    public function __construct()
    {
        $dotenv =
        Dotenv\Dotenv::createImmutable('./');
        $dotenv->load();

        $this->mail = new PHPMailer(true);
    }
}
```

Como puedes ver, en el constructor se realiza una llamada a la librería **Dotenv**, dado que la utilizarás para cargar las credenciales de tu correo electrónico. Recuerda que para utilizar la librería PHPMailer y enviar correos, precisarás un gestor de correo, ya sea de **Gmail**, **Outlook**, **GoDaddy** o cualquier otro proveedor. Dado que las contraseñas, usuarios, credenciales y datos sobre alguna cuenta de correo son confidenciales, deberías crear las tuyas y cargarlas en el archivo **.env** de la aplicación:

```
EMAIL_HOST="smtpout.secureserver.net"
EMAIL_PORT=465
MAIL_USERNAME=
MAIL_PASSWORD=
```

Una vez hecho esto, puedes cargar en la clase **Mailer** los datos de tu casilla de correo en el constructor:

```
public function __construct()
{

    $dotenv = Dotenv\Dotenv::createImmutable('./');
    $dotenv->load();

    $this->mail = new PHPMailer(true);
    $this->mail->SMTPDebug= 2;
    $this->mail->isSMTP();
    $this->mail->SMTPAuth = true;
    $this->mail->Host = $_ENV['EMAIL_HOST'];
    $this->mail->CharSet = "UTF-8";
    $this->mail->SMTPSecure = 'ssl';
    $this->mail->Port = $_ENV['port'] ;
    $this->mail->Username = $_ENV['MAIL_USERNAME'];
    $this->mail->Password = $_ENV["MAIL_PASSWORD"];
    $this->mail->From = $_ENV["MAIL_USERNAME"];
    $this->mail->FromName =
        "Gestion Documental-Noticias";
}
```

Al instanciar un nuevo objeto de la clase **Mailer**, se instanciará la clase PHPMailer dentro de un campo de la clase de este objeto, con todas sus propiedades y métodos. El siguiente paso es definir un método en la clase **Mailer** que realice un envío masivo de correos, de esta manera:

```
public function sendNewsletter($subject, $body, $recipients)
{
    $this->mail->addAddress($recipients[0]);
    foreach(array_slice($recipients[0], 1) as
        $recipient)
    {
        $this->mail->AddCC($recipient->email);
    }

    $this->mail->addReplyTo($_ENV["MAIL_USERNAME"],
        'Gestion Documental-Noticias');
    $this->mail->isHTML(true);
    $this->mail->Subject = $subject;
    $this->mail->Body = $body;
```

```
try{
    $this->mail->send();
    return true;
}
catch (\Exception $e)
{
    return $e->getMessage();
}
}
```

Como puedes ver en este método, se toman como parámetros tres variables: el asunto del correo, su cuerpo y los remitentes, que en caso de ser un **newsletter**, serán los usuarios de la base de datos. Una vez hecho esto, se agrega como primer remitente el primer usuario de la base, y luego se recorre el arreglo y se los agrega en copia para enviarles el mensaje. Luego, se utiliza el método **isHTML()** para que el cuerpo del correo pueda ser una página HTML si así lo deseas, y entonces se envía el correo, dentro del bloque **try/catch**. En caso de que no pueda hacerse, se devuelve el mensaje de error.

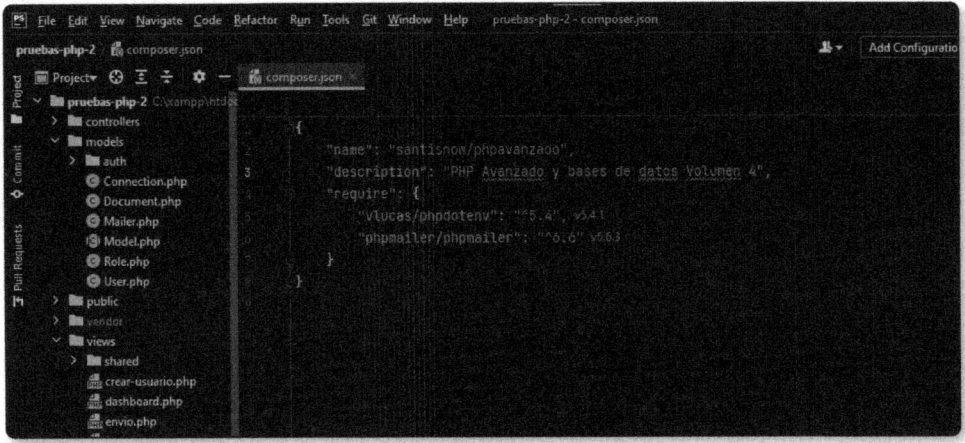

Figura 18.2. Mediante el archivo Composer.json, puedes declarar un nombre para tu proyecto y una descripción, además de sus dependencias.

18.2 EL PANEL DE ADMINISTRACIÓN

Una vez creado el método que envía los correos, es momento de generar la sección del panel de administración que se ocupa de los envíos. Al igual que en las demás secciones, deberás crear un nuevo archivo dentro de la raíz del proyecto, con el nombre **newsletter.php**, y en su interior, colocar el siguiente código:

```php
<?php

require_once './vendor/autoload.php';
require_once './models/Connection.php';
require_once './models/User.php';

session_start();
if(!isset( $_SESSION['id'] )){
    header("Location: ./login.php");
}

$connection = new Connection();
$user = $_SESSION['user'];

$users = User::all($connection);

include './views/newsletter.php';
```

Como puedes ver, aquí se llama a los archivos necesarios y, una vez incluidos, se chequea la sesión, se conecta a la base de datos y, por último, se traen todos los usuarios de la tabla necesaria. Los usuarios se mostrarán dentro de una vista del sistema, con lo cual tendrás que maquetar esta sección del panel de administración. Dentro de la carpeta **views**, coloca el siguiente código, que incluye las secciones principales de la aplicación, como **header**, **footer** y la navegación lateral:

```html
<!doctype html>
<html lang="en">
<head>
    <?php include('views/shared/head.php') ?>
</head>
<body>
<div id="wrapper">
    <?php include('views/shared/sidebar.php') ?>
    <div id="content-wrapper" class="d-flex flex-
        column pt-3">

    </div>
</div>
<?php include('views/shared/logout-modal.php') ?>
<?php include('views/shared/footer.php') ?>

<script>

</script>

</body>
</html>
```

A continuación, dentro del elemento **\<div\>** con el id **content-wrapper**, coloca otro elemento **div** con la clase **container**, otro en su interior que funcione con la clase **row**, y dos columnas anidadas en este último: una para una tabla pequeña que muestre los usuarios y otra para un formulario, que contendrá el **subject** o asunto del correo y un **\<textarea\>** para el cuerpo del mail:

```html
<div class="container">
   <div class="row">
      <h1>Newsletter</h1>
   </div>
   <div class="row">
      <div class="col-8">
         <h5>Correo</h5>
         <form action="envio-correos.php"
            method="post" class="mt-3">
         <label for="subject">Subject:</label>
         <input type="text"
            name="subject"
            class="form-control" required />
         <br />

         <label for="body">Cuerpo:</label>
         <textarea name="body"
            cols="5" class="form-control"
            required></textarea>
         <br />

         <button class="btn btn-primary">
            Enviar
         </button>
         </form>

      </div>
      <div class="col-4">
         <h5>Remitentes</h5>
         <table class="table table-striped">
            <thead>
            <tr>
               <th scope="col">#</th>
               <th scope="col">Nombre</th>
               <th scope="col">Email</th>
            </tr>
            </thead>
            <tbody>
            <?php
               foreach ($users as $user){
            ?>
            <tr>
               <td scope="row">
```

```
                 <?php echo $user->id; ?></td>
                 <td scope="row">
                 <?php echo $user->name; ?></td>
                 <td scope="row">
                 <?php echo $user->email;?></td>
           </tr>
           <?php
           }
           ?>
           </tbody>
        </table>
      </div>
    </div>
</div>
```

Figura 18.3. La nueva sección del panel de administración debería lucir de esta manera.

Ahora que has maquetado esta sección, solo necesitarás crear un archivo que se encargue de procesar el formulario, cargando la clase **Connection** y la clase **Mailer**, y luego, instanciando esta última para utilizar el método **sendNewsletter()**, de este modo:

```php
<?php

require_once './vendor/autoload.php';
require_once './models/Connection.php';
require_once './models/User.php';
require_once './models/Mailer.php';

session_start();
if(!isset( $_SESSION['id'] )){
   header("Location: ./login.php");
}
$connection = new Connection();
$user = $_SESSION['user'];
```

```php
$subject = $_POST['subject'];
$body = $_POST['body'];

$users = User::all($connection);

$mailer = new Mailer();
$mailer->sendNewsletter($subject, $body, $users);

include './views/envio.php';
```

Como puedes ver, al finalizar el envío, se muestra al usuario una vista del sistema, donde se le informa que los correos se han enviado de manera satisfactoria.

Figura 18.4. Al finalizar el envío, el panel debería mostrar el mensaje de éxito.

Para esto, crea un archivo dentro de la carpeta **views**, llamado **envio.php**, y colócale este contenido:

```php
<!doctype html>
<html lang="en">
<head>
    <?php include('views/shared/head.php') ?>
</head>
<body>
<div id="wrapper">
    <?php include('views/shared/sidebar.php') ?>
    <div id="content-wrapper"
        class="d-flex flex-column pt-3">
        <div class="container">
            <div class="row">
                <h1>Newsletter</h1>
            </div>
            <div class="row">
                <div class="col-8">
                    <h5>¡Envio exitoso!</h5>
                    <p>Continuar enviando:
```

```
                    <a class="btn btn-primary"
                        href="newsletter.php">
                        Volver</a>
                  </p>
                </div>
              </div>
            </div>
          </div>
<?php include('views/shared/logout-modal.php') ?>
<?php include('views/shared/footer.php') ?>
<script>

</script>

</body>
</html>
```

18.3 ACTIVIDADES

A continuación se presentan las preguntas y los ejercicios que deberías saber responder y resolver para considerar aprendido el capítulo.

18.3.1 Test de autoevaluación

1. *¿Qué funcionalidades permite trabajar la librería PHPMailer? ¿Cómo puedes instalarla?*

2. *¿En qué parte de la aplicación es más conveniente colocar las credenciales de acceso a un correo electrónico?*

3. *¿Qué método permite definir un correo con cuerpo en HTML?*

18.3.2 Ejercicios prácticos

1. *Agrega una maqueta HTML básica en un archivo de la aplicación.*

2. *Dentro, coloca una variable en la sección del cuerpo.*

3. *A la hora de definir el cuerpo del correo, lee ese archivo.*

4. *Suma al cuerpo del correo, el contenido del formulario, agregándole la variable que colocaste dentro del cuerpo de la maqueta.*

GLOSARIO

- **API:** interfaz de programación de aplicaciones, software o programa que permite conectar uno o varios sistemas mediante un protocolo determinado.

- **BitBucket:** servicio de repositorios que permite conectar con Git y organizar el trabajo en equipos mediante el control de versiones.

- **Buenas prácticas**: serie de prácticas y recomendaciones que, si bien no son reglas, facilitan el trabajo y permiten programar más fácilmente o de forma más organizada.

- **Camel Case**: notación utilizada para denominar propiedades en un lenguaje de programación, uniendo términos y separando las palabras con mayúsculas.

- **Commit:** confirmar, marcar o consolidar una serie de cambios en un proyecto, con fecha y mensaje, permitiendo el acceso en el futuro.

- **FETCH_OBJ:** propiedad constante de la clase PDO que permite convertir en objetos las propiedades del resultset proveniente de la consulta a la base de datos.

- **Flexbox:** conjunto de técnicas y reglas del lenguaje CSS en su última versión, que permite el desarrollo de interfaces web HTML.

- **GitLab:** servicio de repositorios en la nube orientado a la organización mediante técnicas DevOps, como la integración continua y autodeploys.

- **Hash:** función o algoritmo matemático que permite encriptar datos para su protección.

- **Intelisense:** menús que ofrecen sugerencias y marcan errores que facilitan el trabajo al desarrollador, así como también navegación rápida a funciones y propiedades en otras clases o archivos.

► **Inyección SQL**: tipo de ataque a sitios web que intenta, entre otras operaciones, vulnerar, acceder o borrar datos de una base que utiliza el lenguaje SQL, usualmente, mediante formularios web.

► **Modal:** pop-ups o ventanas emergentes en una interfaz web.

► **MVC:** patrón de diseño de desarrollo de aplicaciones, orientado a la modularización de componentes en tres partes: modelos, vistas y controladores.

► **ORM:** siglas de Mapeo de Objeto Relacional; permite convertir datos a un lenguaje de programación. En general, mediante clases modelo, permite acceder y mapear fácilmente información de una base de datos.

► **Sweet Alert**: librería de JavaScript que ofrece funciones y métodos para el uso de modales o pop-ups con opciones para el usuario.

► **VH (CSS)**: unidad de medida para el lenguaje CSS que permite definir reglas dependiendo del alto de cada pantalla.

► **VW (CSS)**: unidad de medida para CSS que permite el trabajo dependiendo del ancho de cada pantalla.

► **XXS Attack**: tipo de ataque cibernético que intenta vulnerar formularios y otros componentes web mediante la ejecución de código remoto.

MATERIAL ADICIONAL

El material adicional de este libro puede descargarlo en nuestro portal web: *https://www.ra-ma.es*.

Debe dirigirse a la ficha correspondiente a esta obra, dentro de la ficha encontrará el enlace para poder realizar la descarga.

Cuando descomprima el fichero obtendrá los archivos que complementan al libro para que pueda continuar con su aprendizaje.

INFORMACIÓN ADICIONAL Y GARANTÍA

- ▶ RA-MA EDITORIAL garantiza que estos contenidos han sido sometidos a un riguroso control de calidad.

- ▶ Los archivos están libres de virus, para comprobarlo se han utilizado las últimas versiones de los antivirus líderes en el mercado.

- ▶ RA-MA EDITORIAL no se hace responsable de cualquier pérdida, daño o costes provocados por el uso incorrecto del contenido descargable.

- ▶ Este material es gratuito y se distribuye como contenido complementario al libro que ha adquirido, por lo que queda terminantemente prohibida su venta o distribución.

SÍGUENOS EN INSTAGRAM Y ACCEDE GRATIS A NUESTRA BIBLIOTECA DIGITAL DURANTE 30 DÍAS.

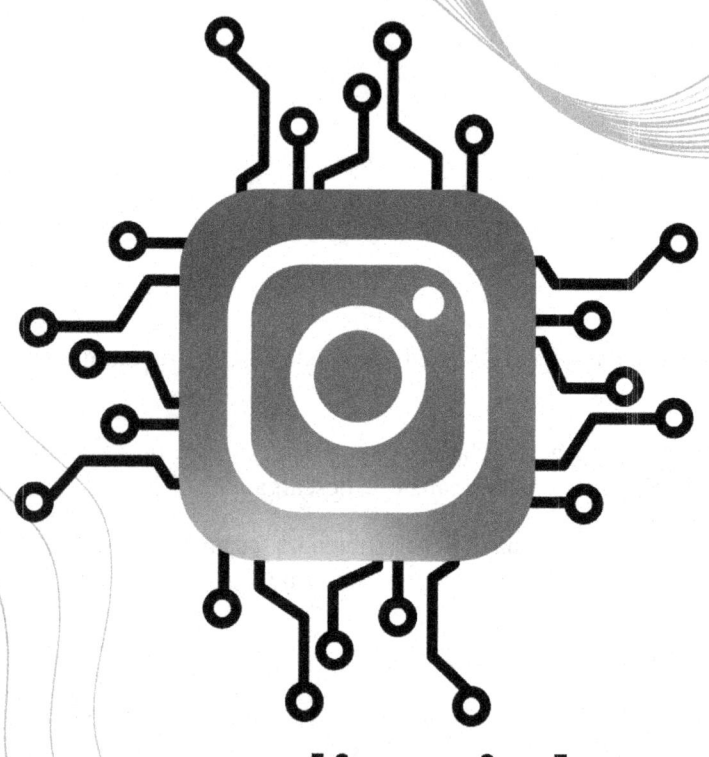

@grupoeditorialrama

¡ENVIANOS TU MAIL POR PRIVADO!

Grupo Editorial
ra-ma

40 ANIVERSARIO